DIREITO MUNICIPAL EM DEBATE

LILIAN OLIVEIRA DE AZEVEDO ALMEIDA
RAVI PEIXOTO
PAULO RIBAS
Coordenadores

Prefácio
Lafayette de Andrada

Apresentação
Marilena Indira Winter

DIREITO MUNICIPAL EM DEBATE

Volume 8

Belo Horizonte
FÓRUM
CONHECIMENTO JURÍDICO
2025

FÓRUM
CONHECIMENTO JURÍDICO

Luís Cláudio Rodrigues Ferreira
Presidente e Editor

Coordenação editorial: Leonardo Eustáquio Siqueira Araújo

Revisão: Fabiana Guimarães Coelho
Capa e projeto gráfico: Walter Santos
Diagramação: João Oliveira

Rua Paulo Ribeiro Bastos, 211 – Jardim Atlântico – CEP 31710-430
Belo Horizonte – Minas Gerais – Tel.: (31) 99412.0131
www.editoraforum.com.br – editoraforum@editoraforum.com.br

Técnica. Empenho. Zelo. Esses foram alguns dos cuidados aplicados na edição desta obra. No entanto, podem ocorrer erros de impressão, digitação ou mesmo restar alguma dúvida conceitual. Caso se constate algo assim, solicitamos a gentileza de nos comunicar através do *e-mail* editorial@editoraforum.com.br para que possamos esclarecer, no que couber. A sua contribuição é muito importante para mantermos a excelência editorial. A Editora Fórum agradece a sua contribuição.

Dados Internacionais de Catalogação na Publicação (CIP) de acordo com ISBD

D598 Direito municipal em debate / Lilian Oliveira de Azevedo Almeida, Ravi Peixoto, Paulo Ribas (coord). Belo Horizonte: Fórum, 2025. v. 8.

256 p. 14,5x21,5cm
v. 8

ISBN impresso 978-65-5518-890-5
ISBN digital 978-65-5518-891-2

1. Direito municipal. 2. Direito constitucional. 3. Direito tributário. 4. Direito processual. 5. Precatórios. 6. Direitos fundamentais. 7. Inteligência artificial. 8. Lindb. 9. Apossamento administrativo. I. Almeida, Lilian Oliveira de Azevedo. II. Peixoto, Ravi. III. Ribas, Paulo. IV. Título.

CDD: 342
CDU: 342

Ficha catalográfica elaborada por Lissandra Ruas Lima – CRB/6 – 2851

Informação bibliográfica deste livro, conforme a NBR 6023:2018 da Associação Brasileira de Normas Técnicas (ABNT):

ALMEIDA, Lilian Oliveira de Azevedo; PEIXOTO, Ravi; RIBAS, Paulo (coord.). *Direito municipal em debate*. Belo Horizonte: Fórum, 2025. 256 p. v. 8. ISBN 978-65-5518-890-5.

SUMÁRIO

PREFÁCIO

Com grande honra, apresento este breve prefácio ao oitavo volume da série "Direito Municipal em Debate". Como Deputado Federal, tendo sido anteriormente Deputado Estadual, Secretário de Estado e Vereador, tenho tido o privilégio de acompanhar de perto a importância do trabalho dos procuradores municipais. Por entender a importância desta carreira e dos temas tratados pelos artigos e pareceres que constam da presente obra, sei que a sua leitura será uma fonte de inspiração e conhecimento para todos os profissionais envolvidos na defesa dos interesses dos municípios brasileiros.

O Direito Municipal é uma área que exige não apenas conhecimento técnico, mas também uma visão estratégica e sensível às peculiaridades das cidades, que são a base do nosso Estado. Neste volume, contamos com a contribuição de procuradores de Porto Alegre, bem como com artigos e pareceres de procuradores de diversos municípios brasileiros, cujos textos oferecem uma visão aprofundada e prática sobre questões centrais que desafiam a Advocacia Pública municipal. A experiência acumulada por esses profissionais é inestimável e serve como guia para aqueles que, como eu, acreditam na importância de fortalecer as estruturas da Advocacia Pública municipal.

O Direito Municipal está em constante evolução, e os desafios que se apresentam hoje são cada vez mais complexos. A diversidade de temas abordados nesta obra reflete as múltiplas facetas dessa área, desde os limites das cobranças de tributos, atuação em políticas públicas até o enfrentamento a questões ambientais e urbanísticas. Cada artigo e parecer aqui presente são um convite à reflexão crítica e ao aprimoramento da prática jurídica.

Este livro não é apenas uma coletânea de textos acadêmicos, mas um verdadeiro manual para aqueles que buscam entender e se aprofundar nas questões que movem o Direito Municipal. Os debates aqui travados vão além das teorias e tocam na realidade prática dos municípios, oferecendo soluções concretas para problemas reais. É, portanto, uma leitura essencial para todos os advogados públicos, gestores municipais e estudiosos do Direito.

Aos leitores, deixo meu convite para que mergulhem com o entusiasmo e a curiosidade que o estudo merece. Tenho certeza de que, ao final, estarão mais preparados para enfrentar os desafios diários da Advocacia Pública municipal, fortalecendo ainda mais a justiça e a Administração Pública em nossas cidades.

Boa leitura!

Lafayette de Andrada
Deputado Federal – MG.

Município, ente autônomo e próximo do cidadão.

"Ninguém mora na União nem no Estado; todos moramos nos municípios". A frase do advogado, ex-governador e ex-senador paulista Franco Montoro, já muitas vezes repetida, vem à lembrança diante dos originais deste 8º volume de "Direito Municipal em Debate". Ela, afinal, expressa a prioridade que o gerenciamento dos municípios merece. E a questão ganha ainda mais relevo neste ano eleitoral, quando escolheremos prefeitos e vereadores em todo o país. O município é, afinal, o ente federado mais próximo dos cidadãos. Por decorrência, a Advocacia Pública municipal é uma atividade que requer imensa sensibilidade para as questões urbanas e sociais.

Por reunir contribuições de procuradores de diversos municípios do país, este 8º volume traz um olhar diverso e aprofundado sobre o tema. Num mundo em constante transformação, novas questões se apresentam com frequência nesse campo; outras ressurgem com mais camadas de complexidade. De um modo ou de outro, a gama temática presente na obra retrata os múltiplos desafios dessa área, num convite à reflexão a partir de vivências práticas. Trata-se de uma significativa contribuição para a construção de uma cultura de valorização do ente municipal como unidade autônoma da federação, um conceito erigido na Constituição Federal em 1988, mas que até hoje ainda não tem um perfeito reconhecimento.

Este volume é resultado de uma coletânea cuidadosamente organizada por Ravi Peixoto, Paulo Ribas e Lilian Azevedo para combinar reflexões teóricas e aspectos práticos, sempre de modo a ressaltar o valor dos procuradores na construção de uma verdadeira doutrina municipalista. Ressalto a generosidade dos autores que trazem ao conhecimento público e ao debate o fruto de suas pesquisas e, também, parte de suas reflexões hauridas da prática, tão relevantes para a evolução do direito público. Exemplo de abordagem prática é a feita por Valdecir Balbino da Silva sobre a transmutação do contrato de locação firmado entre particulares e a administração pública, findo e sem prorrogação expressa, em apossamento administrativo. Em outro artigo, a partir de uma análise jurisprudencial, Pablo Freire Romão, procurador do município de Fortaleza, questiona o direito à imunidade tributária recíproca diante do evidente intuito lucrativo e da previsão de distribuição de lucro aos acionistas na concessão do complexo aeroportuário da capital cearense. Questões ambientais estão em foco no texto de Alex Roberto Padovani sobre a distância especificada pelo Código Florestal (Lei Federal n° 12.651/2012) entre lotes urbanos e Áreas de Preservação Permanente (APPs). Já Marcela Vila Nova de Almeida Barbosa, também procuradora municipal em Fortaleza, trata da forma de pagamento adotada em acordos extrajudiciais quando o tema resolvido pela conciliação envolver controvérsia já submetida ao Judiciário.

O texto de Gustavo Machado Tavares traz um tema que, além de prático, reveste-se de caráter humanitário. Trata-se de um parecer sobre a aplicação de um decreto municipal de Recife que dispõe sobre o reconhecimento e a inclusão do uso do nome social de pessoas travestis e transexuais na Administração Pública Municipal, à luz do princípio da dignidade da pessoa e do respeito aos direitos fundamentais. Também pondo em foco um tema muito atual, Daniela Copetti Cravo discorre sobre o direito das pessoas afetadas pelo uso distorcido da Inteligência Artificial e sobre a observância de segredos industriais e comerciais, que no Brasil, por falta de uma definição mais clara, baseia-se nas normas criadas para coibir a concorrência desleal.

No campo teórico, a revisão bibliográfica de Hélio Augusto Teixeira Silva conduz à análise da hipótese de inconstitucionalidade por violação do pacto federativo e por quebra de decoro parlamentar na tramitação da PEC 45/2019, depois convertida na Emenda Constitucional 132/2023, que alterou o sistema tributário de modo a reduzir a autonomia financeira dos municípios. Constitucionalidade também é o tema de Rafael Ramos no texto em que discorre sobre o artigo 28 da Lei de Introdução às Normas do Direito Brasileiro (LINDB), que delimita a responsabilidade do gestor público em caso de erro. André Fabiano Guimarães de Araújo avalia as consequências do julgamento do RE 1.398.041/SP, pelo Supremo Tribunal Federal, com um olhar sobre as atribuições de titulares de cargo público e do controle político da atividade dos procuradores municipais. Em tema correlato, Robson Soares de Souza trata da inviolabilidade funcional da advocacia, fundamentada pela verticalidade institucional na Súmula Vinculante nº 142/DF.

A própria atividade dos procuradores também faz parte das reflexões presentes. Edcarlos Alves Lima se debruça sobre a tese fixada pelo STF no Tema 510, para uma análise sobre a terminologia "carreiras típicas de Estado" e para defender a necessidade da Advocacia Pública municipal como órgão central à efetivação do planejamento de políticas públicas.

Como se vê, não faltam tópicos relevantes e instigantes para fisgar o leitor neste pujante trabalho que tenho a honra de apresentar. Estou segura de que cada pessoa que mergulhar nesta obra estará, ao fim da leitura, mais apta a enfrentar os desafios de hoje e de amanhã na Advocacia Pública municipal. É dizer, estará mais capacitada a bem servir os cidadãos, fim último da Administração Pública.

Boa leitura!

Marilena Indira Winter

Mestre e Doutora em Direito pela UFPR. Advogada. Procuradora do Município de Curitiba. Professora de Direito Civil da PUCPR. Presidente da OAB Paraná 2022–2024.

AS CONSEQUÊNCIAS JURÍDICAS DA NEGATIVA DE DESOCUPAÇÃO DO IMÓVEL LOCADO PELA ADMINISTRAÇÃO PÚBLICA APÓS FINDO O SEU PRAZO DE DURAÇÃO: DA TRANSMUTAÇÃO DA RELAÇÃO *EX LOCATO* EM APOSSAMENTO ADMINISTRATIVO

VALDECIR BALBINO DA SILVA

1 Introdução

O contrato de locação de bens imóveis é um acordo entre duas partes, em que uma delas, o locador, cede o uso de um bem imóvel para a outra, o locatário, mediante pagamento de uma renda. Após o término do prazo estabelecido nesse contrato, este poderá ser extinto ou prorrogado automaticamente, sem a necessidade de nova celebração. Agora imagine-se que uma das partes signatárias seja a Administração, e esta, após o prazo previsto para sua duração, negue-se a desocupá-lo, continuando na sua utilização a pretexto de ser interesse público, agora sem a contraprestação pecuniária respectiva.

Ainda estaríamos diante de uma relação *ex locato*? Seria a ação de despejo o instrumento jurídico hábil a reaver o imóvel por parte do proprietário? Afigura-se possível o ajuizamento de ação de cobrança dos aluguéis impagos? Quais instrumentos jurídicos o proprietário do imóvel disporia para a salvaguarda de seus direitos?

2 As peculiaridades do contrato de locação celebrado entre o particular e a Administração Pública

Malgrado o instituto da locação ser um negócio de tempo variável, e assim podendo ser convencionado por prazo determinado ou indeterminado, quando a Administração é uma das partes signatárias do mesmo, essa indeterminação não é possível, eis que a ela são vedados contratos sem prazo preestabelecido. Assim sendo, ao término do prazo previsto no contrato, que não poderá ultrapassar 05 (cinco) anos, se ainda existir o interesse na utilização do imóvel objeto da locação, deverá a Administração Pública celebrar novo contrato.

Não se deve olvidar que no caso de prorrogação automática do contrato de locação prevista no artigo 47, da Lei nº 8.245/1991 (Lei do Inquilinato), estabelece-se a possibilidade de que, quando ajustada verbalmente ou por escrito e com o prazo inferior a trinta meses, findo o prazo estabelecido, a locação prorroga-se automaticamente, por prazo indeterminado.

Com efeito, dispõe citado dispositivo da Lei do Inquilinato:

> Art. 47. Quando ajustada verbalmente ou por escrito e como prazo inferior a trinta meses, findo o prazo estabelecido, a locação prorroga-se automaticamente, por prazo indeterminado, somente podendo ser retomado o imóvel:
> I – Nos casos do art. 9º;
> II – em decorrência de extinção do contrato de trabalho, se a ocupação do imóvel pelo locatário relacionada com o seu emprego;
> III – se for pedido para uso próprio, de seu cônjuge ou companheiro, ou para uso residencial de ascendente ou descendente que não disponha, assim como seu cônjuge ou companheiro, de imóvel residencial próprio;
> IV – se for pedido para demolição e edificação licenciada ou para a realização de obras aprovadas pelo Poder Público, que aumentem a área construída, em, no mínimo, vinte por cento ou, se o imóvel for destinado a exploração de hotel ou pensão, em cinqüenta por cento;
> V – se a vigência ininterrupta da locação ultrapassar cinco anos.
> §1º Na hipótese do inciso III, a necessidade deverá ser judicialmente demonstrada, se:
> a) O retomante, alegando necessidade de usar o imóvel, estiver ocupando, com a mesma finalidade, outro de sua propriedade situado na mesma localidade ou, residindo ou utilizando imóvel alheio, já tiver retomado o imóvel anteriormente;
> b) o ascendente ou descendente, beneficiário da retomada, residir em imóvel próprio.
> §2º Nas hipóteses dos incisos III e IV, o retomante deverá comprovar ser proprietário, promissário comprador ou promissário cessionário, em caráter irrevogável, com imissão na posse do imóvel e título registrado junto à matrícula do mesmo.

Ocorre que tal disposição não se aplicaria aos contratos onde haja a participação do Poder Público, já que a nova Lei de Licitações, tal qual a antiga, de regra não admite contratos verbais com a Administração, considerando-os nulos, tampouco permite a prorrogação de contratos por prazo indeterminado.

Nesse particular, dispõe a Lei nº 14.133/2021 (Nova Lei das Licitações):

> Art. 95. O instrumento de contrato é obrigatório, salvo nas seguintes hipóteses, em que a Administração poderá substituí-lo por outro instrumento hábil, como carta-contrato, nota de empenho de despesa, autorização de compra ou ordem de execução de serviço.
> I – dispensa de licitação em razão de valor;
> II – compras com entrega imediata e integral dos bens adquiridos e dos quais não resultem obrigações futuras, inclusive quanto à assistência técnica, independentemente de seu valor.
> §1º Às hipóteses de substituição do instrumento de contrato, aplica-se, no que couber, o disposto no art. 92 desta Lei.
> §2º É nulo e de nenhum efeito o contrato verbal com a Administração, salvo o de pequenas compras ou o de prestação de serviços de pronto pagamento, assim entendidos aqueles de valor não superior a R$ 10.000,00 (dez mil reais).

Assim, observa-se na Lei nº 14.133/21 que o legislador manteve a formalização do instrumento contratual por escrito, constituindo a regra, principalmente em casos de contratações com valores mais significativos. Na novel legislação, o "contrato" é obrigatório sem que esteja atrelado a nenhuma modalidade de licitação.

O objetivo principal da Administração Pública é no sentido da adoção de políticas públicas e na prestação de serviços direcionados à sociedade em geral, no foco do bem-estar da coletividade. Para tanto, utiliza-se da manifestação de vontade por meio de acordos e negócios jurídicos celebrados em diversas espécies de contratos, seja ancorado pela natureza pública de contratos administrativos ou, por vezes, via contratos regidos predominantemente por normas de direito privado.

É consenso que no caso do contrato de locação de imóvel aplicam-se as regras estipuladas na Lei Federal nº 8.245, de 1991 (Lei de Inquilinato), eminentemente de regime privado. Todavia, não afastam as formalidades, as exigências e o atendimento das normas e dos princípios de Direito Público.

Diante dessas circunstâncias, mostra-se evidente a existência de uma grande simbiose entre os regimes, privado e público, quando a Administração Pública atua como locatária do imóvel.

3 Do apossamento administrativo ou desapropriação indireta

Consoante previsão constitucional, desapropriação é a transferência compulsória da propriedade para o Poder Público com fundamento em utilidade pública, necessidade pública ou interesse social, mediante prévia e justa indenização em dinheiro, exceção feita ao pagamento em títulos da dívida pública de emissão previamente aprovada pelo Senado Federal, para a hipótese de área urbana não edificada, subutilizada ou não utilizada, e ao pagamento em títulos da dívida agrária, no caso de expropriação por interesse social para fins de reforma agrária.

De fato, nesse particular se extrai do texto constitucional:

> Art. 5º. Todos são iguais perante a lei, sem distinção de qualquer natureza, garantindo-se aos brasileiros e aos estrangeiros residentes no País a inviolabilidade do direito à vida, à liberdade, à igualdade, à segurança e à propriedade, nos termos seguintes:
> (...)
> XXIV – a lei estabelecerá o procedimento para desapropriação por necessidade ou utilidade pública, ou por interesse social, mediante justa e prévia indenização em dinheiro, ressalvados os casos previstos nesta Constituição;

Todos os bens e direitos patrimoniais, em regra, prestam-se à desapropriação e, quanto aos fundamentos de legitimidade, esta pode ser classificada como direta ou indireta.

A primeira modalidade se funda no ato pelo qual o Poder Público manifesta claramente a intenção de adquirir determinado imóvel, utilizando-se de procedimento próprio, previsto em lei, em verdadeiro Poder de império da Administração Pública.

Por sua vez, a segunda modalidade, chamada de indireta, trata-se de um verdadeiro esbulho possessório praticado pela administração, tratando-se de um ato de força.

Diante desse apossamento administrativo, ao proprietário esbulhado apenas caberá a busca pela reparação civil dessa expropriação pugnando pela via indenização pecuniária correspondente.

Ao se falar de esbulho, até poder-se-ia indagar da possibilidade de se valer dos interditos possessórios; entrementes, atuando o Poder Público, e consumada a situação, com a afetação do bem ao domínio público, impossível se mostra a reintegração ou a reivindicação, restando ao particular apenas haver a indenização correspondente.

É de se ressaltar, ainda, que não se valendo o proprietário do imóvel apossado das medidas judiciais adequadas à reparação pecuniária, isto é, caso o interessado não ingresse com a ação judicial, comumente denominada desapropriação indireta, para fazer valer o que entende de direito, hipoteticamente poderia o Poder Público, inclusive, promover ação de usucapião com o fito de, legitimando o apossamento administrativo, regularizar a titularidade da propriedade.

4 Consequências jurídicas da negativa de desocupação do imóvel locado pela Administração Pública após findo o seu prazo de duração – da transmutação da relação *ex locato* em apossamento administrativo

Como é cediço, a desapropriação indireta é toda intervenção do Estado na propriedade que venha a impossibilitar o uso e gozo de um bem, retirando-lhe o conteúdo econômico.

Ao lecionar sobre desapropriação indireta, *Celso Ribeiro Bastos* nos ensina:

> (...) que se trata do apossamento irregular do bem imóvel particular pelo Poder Público, uma vez que não obedeceu ao procedimento previsto pela lei. Esta desapropriação pode ser impedida por meio de ação possessória, sob a alegação de esbulho. Entretanto, a partir do momento em que a Administração Pública der destinação ao imóvel, este passa a integrar o patrimônio público, tornando-se insuscetível de reintegração. (BASTOS, Celso Ribeiro. *Curso de direito administrativo*. São Paulo, 1994, p. 239).

Por sua vez, das lições de *Hely Lopes Meyrelles* se extrai que não passa de esbulho da propriedade particular e, como tal, não encontra apoio em lei; entretanto, consumado o apossamento dos bens e integrados no domínio público, tornam-se, daí por diante, insuscetíveis de reintegração ou reivindicação, restando ao particular espoliado haver a indenização correspondente.

Sobre o tema oportuno, o escólio de *Silvio de Salvo Venosa*, que explicita:

> No curso da atividade de ocupação incumbiria ao proprietário ou possuidor valer-se dos meios potestativos do ordenamento, a começar pelos remédios possessórios para impedir a consumação do desapossamento. No entanto, encontrando-se a situação consumada, a coisa privada está efetivamente na posse da Administração, servindo a um fim público, como uma praça, um viaduto, uma escola, etc; a isso se consagra a denominação de desapropriação indireta. Na hipótese, ocorre a desapropriação sem o devido processo legal." (VENOSA, Silvio de Salvo. *Direito civil*: direitos reais. 5. ed. São Paulo: Atlas, 2005, p. 288).

Na mesma obra, sobre a impossibilidade de retorno do bem ao domínio privado, assevera: "se realmente a utilização da coisa preenche as finalidades da expropriação, de utilidade e necessidade pública, ou de interesse social, não será conveniente nem possível fazer com que o bem volte ao domínio privado".

Também chamando esse desapossamento em *expropriação às avessas, Silvio de Salvo Venosa* ainda leciona que, "nessas situações, cabe ao proprietário prejudicado mover ação de procedimento ordinário para haver do Poder Público a justa indenização".

Márcio Fernando Elias Rosa confirma o tipo de ação a ser ajuizada nos casos de desapropriação indireta:

> A ausência de ato declaratório e o apossamento do bem pela Administração caracteriza esbulho, legitimando o seu proprietário aos interditos possessórios (desapropriação indireta). A desapropriação indireta é também denominada pela doutrina "apossamento administrativo" ou "desapropriação extraordinária'. (ROSA, Márcio Fernandes Elias. Direito Administrativo. 9. ed. rev. e atual. São Paulo: Saraiva, 2007, p. 216)

Conforme bem aborda *Morais Salles*, invocando precedente do Supremo Tribunal Federal (RTJ 61/389) a desapropriação indireta irradia um efeito específico, diferente da desapropriação direta:

Em voto proferido no STF (RTJ 61/389), o Min. Eloy da Rocha examinou com muita acuidade a questão, afirmando: "Tem ocorrido, com frequência, que o Poder Público, sem promover a ação, realiza, pela ocupação da coisa, desapropriação de fato, que se passou a chamar desapropriação indireta. Certamente, esse comportamento não serve para afastar a garantia constitucional. O direito à indenização que, na desapropriação indireta, assiste ao proprietário, embora a ilegalidade do desapossamento administrativo, tem, na essência, o mesmo fundamento daquele inscrito como garantia constitucional, conferida ao direito de propriedade. O direito à indenização, pressuposto da desapropriação que é exercício regular de direito não pode desaparecer com a ilicitude de atos praticados pelo desapropriante. Se o desapropriante, por forma contrária à lei ordinária e à regra constitucional, toma a propriedade, daí decorrem, a mais, outros efeitos jurídicos. Ao direito à indenização, acrescenta-se, então, da desapropriação de fato, como os juros compensatórios, devidos desde a ocupação, segundo a jurisprudência do STF. A desapropriação, por nenhuma forma, inclusive pelo desapossamento administrativo, poderá ser causa de perda da propriedade, antes da prestação do desapropriante, nos termos da Constituição. O expropriado não perde a propriedade, na desapropriação indireta, pela simples ocupação; poderá perdê-la, se, decorrido o tempo previsto na lei, o desapropriante a tiver adquirido por usucapião. Os bens indiretamente expropriados, porque aproveitados para fins de necessidade ou utilidade pública, ou de interesse social, não podem ser reavidos *in natura*. Impossível vindicar o próprio bem, a ação, cujo fundamento é o direito de propriedade, visa, precipuamente, à prestação de equivalente da coisa desapropriada, que é a indenização assegurada na Constituição, como pressuposto do ato de retirada da propriedade. A denominada ação de desapropriação indireta tem assim, caráter real. Este é ponto pacífico na jurisprudência do STF". (SALLES, José Carlos de Morais. *A desapropriação à luz da doutrina e da jurisprudência*. p. 729-730)

Como se infere, na hipótese de desapossamento administrativo, havendo utilidade pública em relação ao imóvel objeto de ocupação, não se mostra possível conceder aos proprietários outra medida que não a indenização. Em outros termos, não se admite a entrega do imóvel *in natura*, seja mediante o equivocado pedido de despejo, seja por meio da ação de reintegração, porquanto ele está afeto a uma determinada finalidade pública.

Desde há muito, outro não é o entendimento do Superior Tribunal de Justiça. Veja-se:

Competência. Ação ordinária de indenização contra a União Federal e a FUNAI. 2. Parque Nacional do Xingu. 3. Desapropriação indireta. 4.

Denunciação da lide ao Estado-membro que vendeu o imóvel. Código de Processo Civil, art. 70. Hipótese em que os autores adquiriram o imóvel do Estado-membro. 5. A denunciação da lide não se faz *per saltum*. O STF, em casos semelhantes, não tem admitido a denunciação da lide ao Estado-membro e, consequentemente, afirma sua incompetência para processar e julgar, originariamente, a ação proposta. Precedentes. 6. Na desapropriação indireta, ocorre, tão-só, súplica de indenização pela perda do imóvel, cuja reivindicação se faz inviável. Não há, aí, espaço à invocação da regra do art. 70, I, do CPC. 7.Na presente hipótese, a FUNAI e a União Federal ajuizaram, à sua vez, ação declaratória incidental de nulidade dos títulos dos autores. Essa ação não é cabível, pela impossibilidade, no caso, do *simultaneus processus*. 8. Inviável, destarte, a denunciação à lide do Estado de Mato Grosso é incabível a ação declaratória incidental, exclui-se o Estado de Mato Grosso da relação processual, afirmando-se, em conseqüência, a incompetência do STF para processar e julgar, originariamente, a ação, determinando a remessa dos autos ao Juízo Federal no Estado de Mato Grosso. (STJ ACO 305 QO/MT – Mato Grosso, Questão de Ordem na Ação Cível Originária, Relator(a): Min. Néri da Silveira, Julgamento: 07.10.1999, Órgão Julgador: Tribunal Pleno)

Ainda no âmbito do Superior Tribunal de Justiça:

RECURSO ESPECIAL – ADMINISTRATIVO E PROCESSUAL CIVIL – DESAPROPRIAÇÃO INDIRETA – CONVOLAÇÃO DE AÇÃO DE REIVINDICAÇÃO EM AÇÃO DE INDENIZAÇÃO – ALEGAÇÃO DE JULGAMENTO "EXTRA PETITA". NÃO-OCORRÊNCIA – O TRIBUNAL "A QUO", EM FACE DA IMPOSSIBILIDADE DA DEVOLUÇÃO DO IMÓVEL AOS ANTIGOS PROPRIETÁRIOS, CONVERTEU A AÇÃO DE REIVINDICAÇÃO EM AÇÃO DE INDENIZAÇÃO PERDAS E DANOS PERDA DA PROPRIEDADE – AUSÊNCIA DE CONTRARIEDADE AOS ARTIGOS 128 E 460 DO CPC.
1 – Não há ofensa aos artigos 128 e 460, do CPC a convolação da Ação Reivindicatória em Ação de Indenização por perdas e danos, pois já não é possível a devolução do bem imóvel ao proprietário.
2 – Ocorreu, "in casu", Desapropriação Indireta. O Poder Público cometeu um ato ilícito, pois se apossou e não pagou. Construção pretoriana, criada a partir de ações possessórias e reivindicatórias convertidas em indenizatórias, diante do princípio da intangibilidade da obra pública. Recurso especial improvido." (REsp 770.098/RS, Rel. Ministro Humberto Martins, Segunda Turma, julgado em 22.08.2006, DJ 13.09.2006, p. 276)

Em outro julgamento no âmbito do Superior Tribunal de Justiça, cuja relatoria coube ao Ministro *Humberto Martins*, também se pacificou o entendimento nesse sentido. Vejamos:

ADMINISTRATIVO. DESAPROPRIAÇÃO INDIRETA. REQUISITOS. EFETIVO APOSSAMENTO E IRREVERSIBILIDADE DA SITUAÇÃO. PERDA DA PROPRIEDADE DO PARTICULAR. DESTINAÇÃO PÚBLICA DO BEM. PROVA DA TITULARIDADE DO BEM. CORREÇÃO DO LAUDO PERICIAL. SÚMULA 7/STJ. MOMENTO OPORTUNO PARA JUNTADA DE DOCUMENTOS. SÚMULA 283/STF. JUROS MORATÓRIOS. TERMO INICIAL.

1. No caso dos autos, houve o efetivo apossamento de imóvel por parte do Município de Campo Grande, que o utilizou como um depósito de resíduos sólidos urbanos durante mais de 15 anos. Após esse período, o Poder Público encerrou as atividades no local e promoveu ações na tentativa de recuperar a área. 2. A tese defendida pelo Poder Público é a de que, em decorrência da utilização da área ter sido apenas temporária, o particular não teria perdido a propriedade em caráter definitivo e, portanto, faltaria um dos requisitos essenciais para a configuração da desapropriação indireta. O que teria ocorrido, segundo o recorrente, foi mera restrição da propriedade, cuja ação para buscar eventuais prejuízos prescreveria no prazo de cinco anos, e não no prazo vintenário, próprio da ação de desapropriação indireta. 3. Assiste razão ao recorrente quando afirma que são requisitos configuradores da desapropriação indireta o efetivo apossamento do bem pelo Poder Público, e a irreversibilidade ou definitividade da situação. Precedente (EREsp 628.588/SP, Rel. Min. Eliana Calmon, Primeira Seção, julgado em 10.12.2008, DJe 9.2.2009). 4. Todavia, a definitividade ou irreversibilidade da situação apta a ensejar a desapropriação indireta não se relaciona unicamente com o tempo que o Poder Público irá permanecer na posse do bem. O lapso temporal pode ser apenas um indicativo de que houve a perda da propriedade, mas não é o único. A situação se torna definitiva e irreversível quando o particular perde a propriedade do bem e, para isto, basta que o Poder Público confira uma destinação pública ao imóvel apossado. 5. Tanto é assim que, ocorrido o apossamento, se o particular não impedir no momento oportuno, deixando que a administração lhe dê uma destinação pública, não mais poderá reivindicar o imóvel, pois houve a incorporação do bem ao patrimônio público (DI PIETRO, Maria Sylvia Zanella. *Direito administrativo*. 23. ed., São Paulo, Atlas, 2010, p. 184.).

6. No caso dos autos, a utilização do bem por mais de 15 anos como depósito de resíduos sólidos urbanos evidencia a destinação pública conferida ao imóvel pela administração e é suficiente para incorporá-lo ao patrimônio público. A ocorrência da desapropriação indireta é hialina.

7. Não há como infirmar as conclusões do Tribunal de origem a respeito da prova da titularidade dos bens e da correção do laudo pericial sem a incursão na seara fático-probatória, o que é vedado a esta Corte Superior, em sede de recurso especial, pela Súmula 7/STJ.

8. O acórdão valeu-se de dois fundamentos para desconsiderar os documentos juntados pelo recorrente. Apesar disso, o recorrente

impugnou apenas um dos fundamentos da decisão, o que faz atrair, por analogia, a incidência da Súmula 283/STF.
9. O recurso especial merece provimento unicamente no que se refere ao termo a quo dos juros moratórios. Isto porque a Primeira Seção, quando do julgamento do REsp 1.118.103, julgado em 24.2.2010; DJU 8.3.2010, submetido ao regime dos recursos repetitivos, decidiu que "o termo inicial dos juros moratórios em desapropriações é o dia 1º de janeiro do exercício seguinte àquele em que o pagamento deveria ser feito, nos termos do art. 100 da Constituição". Recurso especial conhecido em parte e parcialmente provido. (STJ REsp 1154751/MS, Rel. Ministro Humberto Martins, Segunda Turma, julgado em 17.03.2011, DJe 29.03.2011)

Na esteira desse entendimento, caminha o Tribunal de Justiça do Estado de Mato Grosso do Sul:

APELAÇÃO CÍVEL – AÇÃO DE DESAPROPRIAÇÃO INDIRETA –ADEQUADA – REIVINDICATÓRIA DE DOMÍNIO – NÃO CABIMENTO –PRESCRIÇÃO VINTENÁRIA – SÚMULA 119 DO STJ – INÍCIO DO PRAZO – DATA DO ESBULHO – RECURSO CONHECIDO E IMPROVIDO. 1. No curso da atividade de ocupação incumbiria ao proprietário ou possuidor valer-se dos meios potestativos do ordenamento, a começar pelos remédios possessórios para impedir a consumação do desapossamento. No entanto, encontrando-se a situação consumada, a coisa privada está efetivamente na posse da Administração, servindo a um fim público, como uma praça, um viaduto, uma escola, etc; a isso se consagra a denominação de desapropriação indireta. Na hipótese, ocorreu a desapropriação sem o devido processo legal, o apossamento irregular do bem imóvel particular pelo Poder Público, quando não obedeceu ao procedimento previsto pela lei. Esta desapropriação pode ser impedida por meio de ação possessória, sob a alegação de esbulho. Entretanto, a partir do momento em que a Administração Pública der destinação ao imóvel, este passa a integrar o patrimônio público, tornando-se insuscetível de reintegração. (...) (TJMS-5ª CC., Proc. 2011.010299-9, Rel. Sideni Soncini Pimentel, Jul. 28.4.2011)

Ainda no âmbito do Tribunal de Justiça do Estado de Mato Grosso do Sul, em caso particularmente relevante, o E. Desembargador *Marco André Nogueira Hanson*, por ocasião do julgamento da Apelação Cível 0045355-74.2010.8.12.0001 (TJMS, 3ª Câmara Cível, julgado em 19 de fevereiro de 2013), bem consignou que a jurisprudência pátria consagrou o entendimento no sentido de que, em havendo apossamento administrativo de bem particular, somente seria admissível ao prejudicado ajuizar ação de indenização por perdas e danos, conhecida como ação de desapropriação indireta.

Consignou ainda que, diante do interesse da Administração, esta se vale de seu poder de império para se apropriar de bem particular, transferindo ao proprietário o ônus de buscar a indenização cabível, e que tal fato jurídico, apesar de lamentável, restou corroborado por meio de construção pretoriana, tudo em razão da aplicação do princípio da intangibilidade da obra pública.

E conclui que se encerrou o vínculo contratual de locação, passando o Poder Público, da mera detenção locatícia, a desapossar administrativamente a propriedade.

Em outras palavras, houve a transmutação da natureza jurídica da posse exercida pelo Poder Público sobre o bem particular, encerrando a anterior detenção locatícia e assumindo verdadeiro caráter de apossamento administrativo.

Assim, careceriam os proprietários do interesse processual de vindicar o pagamento de aluguéis mensais, cabendo-lhes tão somente cobrar a justa indenização que lhes é devida em razão do desapossamento.

Persiste ainda, na doutrina remansosamente majoritária, a ideia do sacrifício de um interesse privado em benefício de outro, público, superior portanto.

Nesta trilha, uma vez que o proprietário se viu desapossado do imóvel que lhe pertencia, faleceria o interesse de cobrar aluguéis, porque devida a indenização constitucional, bem como faleceria também o interesse de pedir o despejo, porque o imóvel não é passível de reivindicação, em razão da aplicação do princípio da intangibilidade da obra pública.

Bem de se ver, portanto, que ao amparo do proprietário ter-se-iam as disposições do artigo 35 do Decreto-Lei nº 3.365, de 21 de junho de 1941, o qual dispõe:

> Art. 35. Os bens expropriados, uma vez incorporados à Fazenda Pública, não podem ser objeto de reivindicação, ainda que fundada em nulidade do processo de desapropriação. Qualquer ação, julgada procedente, resolver-se-á em perdas e danos.

5 Considerações finais

Considera-se, pois, que quando não houver a perfectibilização da desapropriação, mediante justa e prévia indenização ao proprietário, mas o Poder Público continuar na posse de imóvel do particular, sem a respectiva contraprestação pecuniária e sem contrato, dando-lhe a destinação adequada ao interesse público, estaríamos diante da chamada desapropriação indireta.

Partindo-se da premissa de desnaturalização da relação *ex locato*, em virtude do apossamento administrativo/desapropriação indireta perpetrado pela Administração Pública, findo o prazo contratualmente previsto, ocorre a transmutação da natureza jurídica da posse exercida pelo Poder Público sobre o bem particular, encerrando a anterior detenção locatícia e assumindo verdadeiro caráter de apossamento administrativo.

Não caberia a propositura de ação de despejo, tampouco de cobrança de aluguéis e, ainda que estas tivessem sido propostas e julgadas procedentes, qualquer controvérsia haveria de ser resolvida em perdas e danos, fazendo valer a força normativa do artigo 35 do Decreto-Lei nº 3.365, de 21 de junho de 1941.

Referências

BRASIL. *Constituição da República Federativa do Brasil*, 1988, Brasília, DF, Presidência da República. Disponível em: http://www.planalto.gov.br/ccivil_03/Constituicao/Constituiçao.htm. Acesso em: 18 mar. 2024.

BASTOS, Celso Ribeiro. *Curso de direito administrativo*. São Paulo, 1994, p. 239.

VENOSA, Silvio de Salvo. *Direito civil:* direitos reais. 5. ed. São Paulo: Atlas, 2005, p. 288.

ROSA, Márcio Fernandes Elias. *Direito administrativo*. 9. ed. rev. e atual. São Paulo: Saraiva, 2007, p. 216.

SALLES, José Carlos de Morais. *A desapropriação à luz da doutrina e da jurisprudência*, p. 729-730.

SUPERIOR TRIBUNAL DE JUSTIÇA. ACO 305 QO/MT – Mato Grosso, Questão de Ordem na Ação Cível. Relator: Min. Néri da Silveira. Julgamento: 07.10.1999. Órgão Julgador: Tribunal Pleno. Disponível em: http://www.stj.jus.br/jurisprudencia. Acesso em: 18 mar. 2024.

SUPERIOR TRIBUNAL DE JUSTIÇA. *REsp 770.098/RS*. Rel. Ministro Humberto Martins. Segunda Turma. Julgado em 22.08.2006. DJ 13.09.2006, p. 276. Disponível em: http://www.stj.jus.br/jurisprudencia. Acesso em: 18 mar. 2024.

SUPERIOR TRIBUNAL DE JUSTIÇA. *REsp 1154751/MS*. Rel. Ministro Humberto Martins. Segunda Turma. Julgado em 17.03.2011. *DJe* 29.03.2011. Disponível em: http://www.stj.jus.br/jurisprudencia. Acesso em: 18 mar. 2024.

TRIBUNAL DE JUSTIÇA DO ESTADO DE MATO GROSSO DO SUL. 5 Câmara Cível. *Apelação Cível nº 2011.010299*-9. Relator: Desembargador Sideni Soncini Pimentel. Julgado em: 28.4.2011. Disponível em: http://www.tjms.jus.br/jurisprudencia. Acesso em: 18 mar. 2024.

A ESSENCIALIDADE DA ADVOCACIA PÚBLICA MUNICIPAL PARA A CONCRETIZAÇÃO DAS POLÍTICAS PÚBLICAS LOCAIS E ALCANCE DO DESENVOLVIMENTO NACIONAL

EDCARLOS ALVES LIMA

Introdução

A busca pela etimologia do vocábulo advogado, que deriva do latim *ad-vocatus* e significa aquele que é chamado em defesa, leva-nos a compreender o relevante e fundamental papel que o advogado exerce para a manutenção do Estado de Direito. É através do advogado que se busca garantir os direitos subjetivos violados ou cuja concretização, de algum modo, venha a ser negada ao cidadão.

Nesse contexto, previu o poder constituinte originário, no texto da Carta Política de 1988, que o advogado é indispensável à administração da justiça, sendo inviolável por seus atos e manifestações no exercício de seu mister (*ex vi* art. 133).

É de se destacar que a missão do advogado, dita pelo próprio art. 133, não se restringe à defesa de interesses subjetivos, mas à do próprio Estado de Direito e da Justiça, assim como dos valores fundamentais de nossa República.

A indispensabilidade tratada pelo texto constitucional não se refere apenas ao advogado privado, mas a todo aquele que é chamado à defesa dos interesses daquele que teve o seu direito subjetivo violado, seja ele cidadão ou os próprios entes da federação.

Aliás, à advocacia pública, também inserida no Capítulo IV, que trata das funções essenciais à justiça, foram atribuídas as relevantíssimas atribuições de exercer as atividades de consultoria e assessoramento, assim como de representação judicial e extrajudicial dos entes da federação.

Muito embora o art. 132 da Constituição Federal não tenha contemplado, de forma expressa, a advocacia pública dos Municípios, é indiscutível a essencialidade da presença de corpo jurídico burocrático para o exercício das atividades advocatícias em prol de tais entes, que, embora menosprezados no contexto das diversas discussões legislativas travadas no Congresso Nacional, representam verdadeiros laboratórios da democracia brasileira.

E é nesse contexto que pretendemos, a partir das reflexões propostas neste arrazoado, debater a essencialidade da advocacia pública municipal para a concretização dos valores e direitos fundamentais em favor de políticas públicas mais justas, acessíveis e de qualidade no âmbito dos Municípios brasileiros.

1 O município, o planejamento e a concretização das políticas públicas

A República Federativa do Brasil é formada pela união indissolúvel dos Estados e Municípios e do Distrito Federal, nos termos do cristalino texto contido no art. 1º da Constituição Federal.

Ademais, o art. 18 da Constituição prescreve a organização político-administrativa da federação brasileira,[1] assim como declara a autonomia dos entes que a compõem, que deve ser exercida de forma harmônica e em prol da concretização dos objetivos fundamentais do art. 3º.

De acordo com Uadi Lammêgo Bulos, a federação nada mais é do que "uma genuína técnica de distribuição do poder, destinada a coordenar competências constitucionais das pessoas políticas de direito público interno, que, no Brasil, equivalem à União, Estados, Distrito Federal e Municípios".[2]

A federação brasileira é formada, desse modo, pela União (ente central), 26 Estados-membros (entes regionais), um Distrito

---

[1] Ao comentar o significado da palavra "Federação", Uadi Lammêgo Bulos explica se tratar de "uma unidade dentro da diversidade. A unidade é ela, a federação, enquanto a diversidade é inerente às partes que a compõem, isto é, os Estados, com seus caracteres próprios dentro da unidade que é o Estado Federal". *In* BULOS, Uadi Lammêgo. *Curso de direito constitucional.* 11. ed. São Paulo: Saraiva Educação, 2018 p. 936.

[2] BULOS, Uadi Lammêgo. *Op cit.*, p. 937.

Federal e 5.568 municípios (entes locais),[3] tendo a Constituição, ao longo de seu texto, tratado das particularidades de cada um deles, bem como estabelecido suas competências, administrativas e legislativas, atribuições, encargos etc.

Em matéria de distribuição de competências, é válido ponderar que o constituinte se norteou pelo primado da predominância do interesse, segundo o qual à União competem as matérias e questões de dominante interesse geral e nacional, ao passo em que a competência dos Estados e Municípios se voltam às matérias cujos assuntos sejam, predominantemente, de interesses regional e local, respectivamente.

Nesse arrazoado, voltaremos os nossos olhares aos municípios, que também são pessoas jurídicas de direito público interno, dotadas de capacidade de auto-organização, autogoverno, autoadministração e poder normativo próprio (autolegislação), sendo uma verdadeira *"célula mater"* do pacto federativo estabelecido pela Constituição de 1988.

Concordando ou não com a consagração dos municípios à categoria de entes da federação,[4] fato é que, por opção legítima do

---

[3] BRASIL. Instituto Brasileiro de Geografia e Estatísticas. Agência IBGE. *IBGE atualiza dados geográficos de estados e municípios brasileiros.* Disponível em: https://agenciadenoticias.ibge.gov.br/agencia-noticias/2012-agencia-de-noticias/noticias/36532-ibge-atualiza-dados-geograficos-de-estados-e-municipios-brasileiros. Acesso em: 2 jun. 2023.

[4] Para José Afonso da Silva, houve um equívoco na consagração, pela Constituição, dos municípios como entidades federativas de terceiro grau, integrantes, necessariamente, do sistema federativo brasileiro. Segundo o autor, *verbis*: "*Data venia*, essa é uma tese equivocada, que parte de premissas que não podem levar à conclusão pretendida. Não é porque uma entidade territorial tenha autonomia político-constitucional que necessariamente integre o conceito de entidade federativa. Nem o Município é essencial ao conceito de federação brasileira. Não existe federação de Municípios. Existe federação de Estados. Estes é que são essenciais ao conceito de qualquer federação. Não se vá, depois, querer criar uma câmara de representantes dos Municípios. Em que muda a federação brasileira com o incluir os Municípios como um de seus componentes? Não muda nada. Passaram os Municípios a ser entidades federativas? Certamente que não, pois não temos uma federação de Municípios. Não é uma união de Municípios que forma a federação. Se houvesse uma federação de Municípios, estes assumiriam a natureza de Estados-membros, mas poderiam ser Estados-membros (de segunda classe?) dentro dos Estados federados? Onde estaria a autonomia federativa de uns ou de outros, pois esta pressupõe território próprio, não compartilhado? Dizer que a República Federativa do Brasil é formada de união indissolúvel dos Municípios é algo sem sentido, porque, se assim fora, ter-se-ia que admitir que a Constituição está provendo contra uma hipotética secessão municipal. Acontece que a sanção correspondente a tal hipótese é a intervenção federal que não existe em relação aos Municípios. A intervenção neles é da competência dos Estados, o que mostra serem ainda vinculados a estes. Prova que continuam a ser divisões político-administrativas dos Esta-

constituinte originário, tais entes ganharam relevância a partir da promulgação da Constituição Federal.

Não por outro motivo, já que, conforme o conhecido pensamento difundido por André Franco Montoro, "ninguém vive na União ou no estado. As pessoas vivem no município".[5]

Com efeito, desde o momento do nascimento até o de sua morte, a pessoa reside, cresce, estuda, desenvolve-se, trabalha e usufrui de serviços públicos das mais diversas categorias, como educação, saúde, transporte público, todos, de alguma forma, direta ou indiretamente prestados por um ente municipal.

Destarte, é nos municípios que a vida do cidadão acontece na prática, de modo que se deve reconhecer que as políticas públicas de maior impacto na vida em sociedade são aquelas instituídas (ou não implementadas) pelos governos locais.

A satisfação dos anseios da sociedade é garantida, em certa medida, pela atuação do Estado na prestação dos serviços públicos, na intervenção no domínio econômico e social, no exercício regular do poder de polícia e no fomento das atividades de interesse público e social.

Todas as formas de atuação do Estado, todavia, devem ser precedidas do necessário planejamento, desde a identificação das necessidades sociais até as estratégias de sua atuação, de modo a garantir maior legitimidade, eficiência e economicidade às ações adotadas e a eficaz alocação de recursos públicos.

Sob essa ótica, a concretização das políticas públicas envolve a implementação de ações e programas que visem à promoção do bem-estar social, o atendimento de necessidades da população e a garantia do desenvolvimento sustentável da municipalidade, que, decerto, contribui para o desenvolvimento nacional do país.

É indiscutível, portanto, a importância do município na concretização das políticas públicas, notadamente considerando

---

dos, não da União. Se fossem divisões políticas do território da União, como ficariam os Estados, cujo território é integralmente repartido entre os seus Municípios? Ficariam sem território próprio? Então, que entidades seriam os Estados? Não resta dúvida que ficamos com uma federação muito complexa, com entidades superpostas". SILVA, José Afonso da. *Curso de direito constitucional positivo*. 39. ed., rev. e atual. até Emenda Constitucional n. 90, de 15.9.2015. São Paulo: Malheiros, 2016 p. 479.

5 BARBOSA, Rubens. André Franco Montoro. *O globo*, São Paulo, 8 de agosto de 2006, p. 7. Disponível em: https://oglobo.globo.com/acervo/. Acesso em: 2 jun. 2023.

que, no Brasil, adota-se a ideia geral de federalismo cooperativo, que reforça a importância do município como ente autônomo, capaz de contribuir, de forma significativa, para a construção de uma sociedade mais justa e igualitária.

O caráter cooperativo da federação brasileira é, de outro lado, um vetor relevante para que sejam implementados os objetivos fundamentais estabelecidos pela Constituição Federal, conforme assevera Marco Marrafon:

> Se a República é formada pela união indissolúvel entre seus entes federativos (artigo 1º) e juntos devem atuar em prol do desenvolvimento nacional (artigo 3º, II), com competências comuns relevantes, tais como políticas de saúde, acesso à educação, proteção do meio ambiente e do patrimônio público, saneamento básico, dentre outras (artigo 23), o caráter cooperativo se torna importante vetor interpretativo que deve reger as relações federativas no Brasil.[6]

Como é notório, a concretização das políticas públicas em qualquer dos entes da federação requer um planejamento adequado, com o necessário envolvimento dos atores da sociedade civil, assim como articulação com os demais entes da federação, a fim de que o uso dos escassos recursos públicos seja feito de forma eficiente.

O planejamento, concebido como um instrumento da "dimensão temporal" para a gestão pública de longo prazo, é a ferramenta necessária ao alinhamento dos comportamentos econômicos pretendidos pelo Estado aos sujeitos de direito existentes em seu território, de modo a tornar *"compreensível a atividade global dos vários atores, vertidos aos mesmos fins"*.[7]

Além de conferir transparência e consistência às ações estatais, o planejamento busca racionalizar, de forma coordenada, as opções disponíveis para a concretização de políticas e valores fundamentais de nossa República.

---

6 MARRAFON, Marco Aurélio. Federalismo cooperativo exige reciprocidade entre entes federativos. *Revista Consultor Jurídico*. Disponível em: https://www.conjur.com.br/2018-jul-09/constituicao-poder-federalismo-cooperativo-exige-reciprocidade-entre-entes-federativos. Acesso em: 15 jan. 2024.

7 OCTAVINI, Alessandro. O direito econômico e a pandemia: a disciplina jurídica com dimensão de tempo, escala e escopo para resolver situações de complexidade sistêmica. *In* WARDE, Walfrido; VALIM, Rafael *et al. As consequências da Covid-19 no direito brasileiro.* São Paulo: Editora Contracorrente, 2020.

Ademais, forçoso registrar que a atividade de planejamento é obrigatória ao Estado,[8] devendo ser desenvolvida a partir de diagnósticos técnicos, econômicos e estudos prospectivos, a fim de orientar a escolha das políticas públicas a serem concretizadas em um determinado espaço e tempo.

Não há como se concretizar uma política pública e/ou idealizar a prestação de um serviço público sem o devido planejamento estratégico, não só para definir o campo de atuação do Estado, mas também, conforme sobredito, a eficiente alocação dos recursos públicos que, como sabemos, são finitos.

2 As dificuldades reais dos entes subnacionais na gestão pública: a necessidade de uma burocracia técnica e estável

Em que pese a atividade de planejamento esteja intimamente ligada à gestão da coisa pública, ela ainda é, atualmente, muito precária e banalizada, fazendo com que não se alcance eficácia e efetividade nas atividades desenvolvidas pelo Estado.

Uma das possíveis causas da precariedade aventada pode resultar do próprio modelo da federação brasileira, em que a "unidade" deve conviver com a "diversidade", surgindo, desse modo, disparidades políticas, sociais e econômicas existentes entre os entes que a compõem.

Muito embora possuam as mesmas responsabilidades no que concerne ao planejamento, implementação e execução das políticas públicas espraiadas no texto constitucional, os municípios brasileiros não têm as mesmas realidades culturais, de infraestrutura e de pessoal.

Para analisar a precariedade acima referida, fez-se um recorte metodológico para serem avaliados os dados de eficiência na gestão dos municípios que se encontram no mais rico Estado da Federação

---

[8] Na forma prevista pelo art. 174 da Constituição Federal, *verbis*: "Como agente normativo e regulador da atividade econômica, *o Estado exercerá, na forma da lei, as funções de fiscalização, incentivo e planejamento*, sendo este determinante para o setor público e indicativo para o setor privado".

Brasileira, qual seja, o Estado de São Paulo. Para tanto, foram utilizados os dados do IEG-M divulgados pelo Tribunal de Contas do Estado de São Paulo (TCE/SP).

O IEG-M foi criado pela Corte de Contas Paulista com a finalidade de medir a qualidade e eficiência das políticas públicas em torno de sete dimensões da execução do orçamento público: planejamento, gestão fiscal, educação, saúde, meio ambiente, cidade (proteção aos cidadãos – Defesa Civil) e tecnologia da informação.[9]

Os resultados são obtidos a partir das notas alcançadas nas dimensões do IEG-M e classificados de acordo com as seguintes faixas: "A", quando a gestão é altamente efetiva (pelo menos 90% da nota máxima e, no mínimo, 5 dimensões com a nota A); "B+", quando for muito efetiva (entre 75% a 89,9% da nota máxima); "B", quando for efetiva (entre 60,0% a 74,9% da nota máxima); "C+", quando estiver em fase de adequação (entre 50,0% e 59,9% da nota máxima); e "C", quando houver baixo nível de adequação (for menor ou igual a 49,9%).

Conforme os dados divulgados pelo TCE/SP, no dia 18.01.2024, dos 644 municípios que se encontram sob a jurisdição da referida Corte de Contas, 369 possuem nota C (baixo nível de adequação) e 223, nota C+ (em fase de adequação) no Índice Geral do ano de 2023 (ano base de 2022), o que representa o total de 592 entes subnacionais com problemas gerais na efetivação de suas polícias públicas.

No que toca à dimensão do planejamento – aspecto que mais interessa a este breve arrazoado e que permeia os demais indicadores –, verifica-se que, segundo os mesmos dados divulgados, 552 municípios paulistas possuem nota C (baixo nível de adequação) e apenas 48 figuraram com a nota C+ (em fase de adequação).

Em outras palavras, pode-se concluir que 600 municipalidades não possuem um nível maduro, eficaz e eficiente de planejamento de suas políticas públicas, o que representa algo em torno de 93% do total de Municípios existentes no Estado de São Paulo.[10]

---

9 SÃO PAULO (Estado). Tribunal de Contas do Estado de São Paulo. *Índice de Efetividade da gestão municipal*. Manual 2023, dados do exercício de 2022. Disponível em: https://www.tce.sp.gov.br/sites/default/files/publicacoes/Manual%20do%20IEGM%202023%20-%20ano%20base%202022%20vFinal.pdf. Acesso em: 22 jan. 2024.

10 Nos anos anteriores, os dados divulgados foram os seguintes: em 2022, 602 municípios possuíam notas C e C+; 2021, 511 figuraram com notas C e C+; e 2020, 443 municípios

Com efeito, os entes subnacionais, independentemente do porte, infraestrutura ou orçamento que possuam, são responsáveis pela implementação da grande maioria de políticas públicas e da prestação de serviços públicos que impactam, conforme dito alhures, a vida dos cidadãos brasileiros.

O planejamento mal executado – ou sequer realizado – ocasiona, como consequência, a implementação de serviços públicos ineficientes e que não atingem o grau de satisfação esperado pelos cidadãos.

Nesse cenário, o baixo nível de adequação de ações e serviços prestados em âmbito municipal ao princípio constitucional do planejamento é um dado alarmante e preocupante, que deve ser mais bem refletido pelos gestores públicos.

Desse modo, a criação (ou inserção) de uma cultura de planejamento de tais atividades é, sem sombra de dúvidas, medida a ser urgentemente adotada, notadamente por se tratar de um vetusto vetor constitucional, assim como fundamental alicerce para a boa aplicação da nova de licitações e contratos, que, a partir de 2024, tornou-se o principal diploma para viabilizar as contratações governamentais.[11]

O "agir planejadamente", de modo a bem concretizar as políticas públicas, requer a existência de uma burocracia estável e competente, a fim de garantir que os serviços públicos colocados à disposição dos cidadãos sejam contínuos e permanentes, além de atingirem melhores níveis de qualidade e satisfação.

Isso porque, conforme defendemos nas linhas anteriores, o município desempenha um papel central na concretização das políticas públicas, sendo responsável por traduzir as demandas e necessidades locais em ações concretas que promovam o desenvolvimento e o bem-estar da população, além do fomento às práticas eco sustentáveis em seu território.

---

estavam com notas C e C+. Os dados demonstram que, ao longo dos anos, os municípios paulistas estão regredindo em termos de planejamento, o que pode resultar em políticas públicas sem resultados positivos aos cidadãos.

11 Isso porque, na forma do art. 193 da Lei nº 14.133, de 1º de abril de 2021, com nova redação dada pelo art. 3º da Lei Complementar nº 193, de 28 de junho de 2023, as Leis nº 8.666/1993, 10.520/2002 e arts. 1º a 47-A da Lei nº 12.462/2011 foram definitivamente revogados em 30 de dezembro de 2023.

É por intermédio de uma estrutura técnica e de recursos humanos competentes que poderão os entes subnacionais atender aos anseios sociais com eficiência e qualidade, buscando inovar em suas ações para o pleno desenvolvimento nacional sustentável.[12]

Assim, há um desafio enorme aos 5.568 municípios brasileiros, dos quais em torno de 70% são de pequeno porte, assim entendido aqueles que possuem até 20 mil habitantes e, na sua grande maioria, não contam com um corpo técnico especializado, estável e permanente para garantir o adequado planejamento das ações do governo municipal.

Para que tal concretização se realize de forma efetiva, há que existir um corpo técnico permanente, que pense e respire a administração pública municipal, sob os vieses efetivos do planejamento não só do ponto de vista orçamentário, mas de execução das políticas públicas municipais.

No âmbito da gestão pública, notadamente na área municipal, a gestão dos recursos humanos – ativo necessário à execução das diversas políticas públicas a cargo da administração pública local – é um assunto um tanto quanto delicado.

Isso porque o órgão responsável pela gestão de pessoas, muitas vezes, limita-se ao exercício de funções rotineiras e emergenciais, enquanto tarefas de cunho estratégico, a exemplo do aperfeiçoamento dos meios de seleção, capacitação e remuneração, são relegadas ao segundo plano.

Além disso, não é raro existir, no setor público municipal, grande defasagem no quadro de servidores públicos, seja pela desvalorização da mão de obra, com baixos salários e atrativos que, decerto, afastam os bons profissionais, seja pelo uso indevido do comissionamento para o exercício de atividades puramente burocráticas e permanentes, violando o preceito do art. 37, inciso V, da Constituição Federal.

---

[12] Tanto a inovação quanto o desenvolvimento nacional sustentável são objetivos gerais a serem buscados nas compras governamentais (*ex vi* art. 11 da Lei nº 14.133/2021), devendo o gestor público observar tais diretrizes no cumprindo de seu dever de planejamento seja na formulação ou na avaliação de resultados a serem atingidos pelas políticas públicas executadas no âmbito do Município. Sobre a inovação e inteligência no processo de implementação das políticas públicas, ver LIMA, Edcarlos Alves. *Inovação e contratações públicas inteligentes*. Belo Horizonte: Fórum, 2023.

Desse modo, a ausência da gestão efetiva e estratégica de pessoas no âmbito do setor público faz com que se crie uma imagem de uma burocracia custosa e ineficiente, ideia falsa – diga-se de passagem – que sempre pauta as discussões em torno da reforma administrativa do aparato estatal.

A fim de corrigir tal distorção, e considerando que grande parte das políticas públicas e dos serviços públicos prestados pelos entes da federação devem ser precedidos de regular processo licitatório, salvo nas hipóteses legalmente admitidas, a Lei nº 14.133, de 1º de abril de 2023, trouxe um importante parâmetro, direcionado à alta administração, para a efetivação da gestão de pessoas por competências.

A gestão de competências a que nos referimos não é aquela tratada pelo Direito Administrativo, mas sim aquela inerente ao conjunto de conhecimentos (saber o que e por que fazer), habilidades (saber como fazer) e atitudes (querer fazer) que um determinado indivíduo deve possuir para o seu desempenho profissional e estratégico dentro da organização a que pertence.[13]

É por meio da definição da competência para o exercício de cada função dentro do município que se possibilita a correta e eficiente alocação de seus recursos humanos. Desse modo, tal modelo deve ser adotado para que se busque o alcance da eficiência e efetividade na prestação dos serviços públicos, sobretudo no atual contexto das tecnologias disruptivas, que tornam mais rápida a evolução das necessidades da sociedade brasileira e influenciam a implementação das políticas públicas.

3 O papel da advocacia pública em âmbito municipal

O contexto apresentado no tópico anterior, no que concerne à gestão de pessoas no setor público, também atinge os cargos públicos que se entendem estar compreendidos nas denominadas "carreiras típicas de Estado" e que são relevantes para que os entes da federação atinjam suas finalidades existenciais.

---

[13] Sobre o tema, ver LIMA, Edcarlos Alves. *Gestão por competências na nova lei de licitações e a culpa* in elegendo. Disponível em: https://www.jota.info/opiniao-e-analise/artigos/gestao-por-competencias-na-nova-lei-de-licitacoes-e-a-culpa-in-eligendo-30122022. Acesso em: 22 jan. 2024.

Aliás, a terminologia acima referida está, historicamente, associada à necessidade de realização de concurso público e de submissão do servidor ao regime estatutário, tendo como marco normativo as disciplinas constantes dos arts. 2º e 3º da Lei nº 6.185/1974:

> Art. 2º Para as atividades inerentes ao Estado como Poder Público sem correspondência no setor privado, compreendidas nas áreas de Segurança Pública, Diplomacia, Tributação, Arrecadação e Fiscalização de Tributos Federais e Contribuições Previdenciárias, Procurador da Fazenda Nacional, Controle Interno, e no Ministério Público, só se nomearão servidores cujos deveres, direitos e obrigações sejam os definidos em Estatuto próprio, na forma do art. 109 da Constituição Federal.
> Art. 3º Para as atividades não compreendidas no artigo precedente só se admitirão servidores regidos pela legislação trabalhista, sem os direitos de greve e sindicalização, aplicando-se-lhes as normas que disciplinam o Fundo de Garantia do Tempo de Serviço.

Não obstante, verifica-se que não há, no texto da Constituição Federal de 1988, a definição de quais cargos compõem o rol de carreiras típicas de Estado. O art. 247, com a redação conferida pela Emenda à Constituição nº 19/1998, apenas passou a prever o estabelecimento, por meio de legislação infraconstitucional – que, até o momento, não foi editada –, de critérios e garantias especiais para a perda do cargo do servidor que "desenvolva atividades exclusivas do Estado".[14]

[14] O Fórum Nacional Permanente das Carreiras Típicas de Estado – Fonacate traz o seguinte conceito para tal expressão: "As carreiras típicas, ou exclusivas, de Estado são aquelas que não têm correspondência no setor privado, como forma de manifestação e representação do Poder Público. Genericamente falando, essas carreiras são aquelas responsáveis pelas atividades que requerem maior capacitação e concentração nas áreas relativas à Administração Pública". FÓRUM NACIONAL PERMANENTE DAS CARREIRAS TÍPICAS DE ESTADO – Fonacate. *Cartilha sobre as carreiras típicas de estado*. Disponível em: https://fonacate.org.br/wp-content/uploads/2020/04/panfleto_carreiras_t.pdf. Acesso em: 28 jun. 2023. Destaca-se que a famigerada Proposta de Emenda à Constituição nº 32/2020, denominada PEC da Reforma Administrativa, que se encontra em estado de dormência na Câmara dos Deputados, pretendida definir, no art. 247, o que poderia ser compreendido como "carreiras típicas de Estado". Vejamos o texto da referida proposta: "A lei prevista no §7º do art. 169 tratará de forma diferenciada servidores públicos investidos em cargo exclusivo de Estado, assim compreendidos os que exerçam diretamente atividades finalísticas afetas à segurança pública, à manutenção da ordem tributária e financeira, à regulação, à fiscalização, à gestão governamental, à elaboração orçamentária, ao controle, à inteligência de Estado, ao serviço exterior brasileiro, à advocacia pública, à defensoria pública e à atuação

É indiscutível que, independente de previsão expressa, a advocacia pública está interligada ao desenvolvimento das atividades típicas e exclusivas do Estado, já que a ela incumbe o relevante papel de orientar e prestar consultoria ao planejamento, à execução e à fiscalização de políticas públicas no âmbito de todos os entes da federação.

Nesse contexto, trataremos, com maior detalhamento, sobre o relevante papel da advocacia pública não só para as tarefas acima destacadas, mas também para a defesa dos direitos fundamentais dos próprios cidadãos que residem no território do ente ao qual representa.

De acordo com a clássica e conhecida teoria da tripartição, adotada como estratégia para a desconcentração do poder político, o Estado é composto pelos Poderes Executivo, Legislativo e Judiciário, todos independentes e harmônicos entre si.

Ainda, a literatura propõe a distinção dos Poderes do Estado, basicamente, por meio de três funções típicas, quais sejam, a executiva (administrativa), a legislativa e a jurisdicional.

Como é cediço, a teoria da tripartição dos poderes foi expressamente adotada pelo art. 2º da Constituição Federal. Não obstante, da leitura do Título IV, que versa sobre a Organização dos Poderes, verifica-se ter havido a sua divisão em 4 Capítulos, a saber: do Poder Legislativo, do Poder Executivo, do Poder Judiciário e das Funções Essenciais à Justiça. Ou seja, ao lado dos Poderes do Estado, o Constituinte acrescentou o rol de funções essenciais à Justiça, nele tendo incluído, de forma inovadora, o Ministério Público, a Advocacia Pública, a Advocacia em geral e a Defensoria Pública.

Destarte, previu o poder constituinte originário, no texto da Carta Política de 1988, a institucionalização da advocacia pública como uma das funções essenciais à justiça, tendo-lhe atribuído relevantíssimas funções, notadamente voltadas às atividades de consultoria e assessoramento, assim como de representação judicial e extrajudicial dos entes da federação. Eis a redação constante do art. 132 da Carta Constitucional:

---

institucional do Poder Legislativo, do Poder Judiciário, incluídas as exercidas pelos oficiais de justiça, e do Ministério Público". BRASIL. Câmara dos Deputados. Proposta de Emenda à Constituição nº 32-B, de 2020. Altera disposições sobre servidores, empregados públicos e organização administrativa. Disponível em: https://www.camara.leg.br/proposicoesWeb/prop_mostrarintegra?codteor=2079133. Acesso em: 28 jun. 2023.

> Art. 132. Os Procuradores dos Estados e do Distrito Federal, organizados em carreira, na qual o ingresso dependerá de concurso público de provas e títulos, com a participação da Ordem dos Advogados do Brasil em todas as suas fases, exercerão a representação judicial e a consultoria jurídica das respectivas unidades federadas.
> Parágrafo único. Aos procuradores referidos neste artigo é assegurada estabilidade após três anos de efetivo exercício, mediante avaliação de desempenho perante os órgãos próprios, após relatório circunstanciado das corregedorias.

Ao comentar o dispositivo constitucional acima transcrito, André Rodrigues Cyrino propõe que:

> Este verbete tem como escopo primordial a Advocacia de Estado, a qual constitui, por excelência (e pela dicção constitucional) a Advocacia Pública. A Advocacia de Estado está prevista nos arts. 131 e 132 da Constituição de 19882, dentro do Título IV, Capítulo IV, destinado às Funções Essenciais à Justiça, as quais abrangem, ainda, o Ministério Público, a Defensoria Pública e a Advocacia Privada. Os arts. 131 e 132 preveem um corpo técnico permanente, bem como dois eixos de competências advocatícias fundamentais: a representação judicial e a consultoria jurídica dos três graus da Federação.[15]

É de se asseverar, portanto, que a missão do advogado, seja ele público ou privado, não se restringe à defesa de interesses e direitos subjetivos das partes que representam, mas à do próprio Estado de Direito e da Justiça, assim como dos valores e objetivos fundamentais de nossa República.

Nesse sentido, destaca-se a compreensão sempre lembrada de Diogo de Figueiredo Moreira Neto acerca da advocacia pública:

> Como é, hoje, amplamente reconhecido, as atividades-fim visam ao estabelecimento, manutenção, cumprimento e aperfeiçoamento da ordem jurídica, enquanto que as atividades-meio englobam todas as

[15] CYRINO, André Rodrigues. Advocacia Pública. Enciclopédia jurídica da PUC-SP. CAMPILONGO, Celso Fernandes *et al.* (coords.). *Tomo: Direito Administrativo e Constitucional.* Vidal Serrano Nunes Jr., Maurício Zockun, Carolina Zancaner Zockun, André Luiz Freire (coord. de tomo). 2. ed. São Paulo: Pontifícia Universidade Católica de São Paulo, 2021. Disponível em: https://enciclopediajuridica.pucsp.br/verbete/541/edicao-2/advocacia-publica-. Acesso em: 15 jan. 2024.

> demais ações de aparelhamento necessárias para que o Estado seja eficaz e eficiente na execução daquelas atividades-fim.
> Ora, as atividades desenvolvidas pelos Advogados do Estado se situam inequivocamente no plano das atividades-fim, ou seja: são ações voltadas ao estabelecimento, à manutenção, ao cumprimento e ao aperfeiçoamento da ordem jurídica e, apenas secundariamente, referidas ao aparelhamento do Estado.
> Com efeito, o dever precípuo cometido aos Advogados e Procuradores de qualquer das entidades estatais é indiscutivelmente o de sustentar e de aperfeiçoar a ordem jurídica, embora secundariamente, mas sem jamais contrariar essa primeira diretriz constitucional, possam esses agentes atuar em outras missões de natureza jurídica ou administrativa voltadas às atividades-meio, com, por exemplo, aquelas que se desenvolvam em sustentação às medidas governamentais, à assessoria jurídica, à direção de corpos jurídicos etc.[16]

São valiosas, ainda sobre esse aspecto, as lições de Derly Barreto e Silva Filho, para quem:

> Ao lado dos controles que o Legislativo e o Judiciário exercem sobre a Administração, a Constituição de 1988 criou um outro, que ainda não revelou todas as suas potencialidades.
> Considerando que o Estado passou a disciplinar os mais diversos aspectos da vida social e econômica por meio de políticas públicas de saúde, educação, tributação, finanças, comércio, meio ambiente, energia, transporte, segurança, entre outras, e dos respectivos atos de execução (deferimento de licenças ambientais, aprovação de empréstimos públicos, venda de títulos do Tesouro Nacional, concessão de isenções, anistias e benefícios fiscais, entre outros), tornou-se indispensável, além dos controles exteriores à Administração Pública (os controles parlamentar e judicial), o estabelecimento de formas de fiscalização interiores (controles intraorgânicos), vocacionadas a acautelar, promover e defender o interesse público dentro do Poder Executivo.
> Nos artigos 131 e 132, a Carta Política reservou essa atribuição, em caráter privativo, à advocacia pública.[17]

---

16 MOREIRA NETO, Diogo de Figueiredo. A Advocacia de Estado revisitada: essencialidade ao Estado Democrático de Direito. *Revista de Direito dos Advogados da União*, Brasília, v. 4, n. 4, p. 36-65, out. 2005.

17 FILHO, Derly Barreto e Silva. A advocacia pública e o controle de juridicidade das políticas públicas. *Revista da Procuradoria Geral do Estado de São Paulo*, São Paulo, n. 71:85-109, jan./jun. 2010.

Muito embora o art. 132 da Constituição Federal não tenha contemplado, de forma expressa, a advocacia pública dos entes menores da federação, os municípios, é válido ponderar que o Supremo Tribunal Federal já se posicionou, no julgamento do Recurso Extraordinário nº 663.696, que a expressão "Procuradores" também compreende os procuradores municipais. Vejamos a tese fixada no Tema 510, com repercussão geral, *verbis*:

> A expressão "Procuradores", contida na parte final do inciso XI do art. 37 da Constituição da República, compreende os Procuradores Municipais, uma vez que estes se inserem nas funções essenciais à Justiça, estando, portanto, submetidos ao teto de noventa inteiros e vinte e cinco centésimos por cento do subsídio mensal, em espécie, dos Ministros do Supremo Tribunal Federal.[18]

Para além da tese fixada e acima destacada, colhe-se, da ementa do voto condutor do acórdão prolatado no RE nº 663.696, a relevância da procuradoria municipal, a qual integra, de forma inequívoca, a "categoria da Advocacia Pública inserida pela Constituição da República dentre as cognominadas funções essenciais à Justiça, na medida em que também atuam para a preservação dos direitos fundamentais e do Estado de Direito".

O assessoramento, consultoria, representação judicial e extrajudicialmente de todos os entes da federação – sem exceção – configuram atividades típicas e necessárias ao desenvolvimento do papel do Estado e, no contexto da divisão político-administrativa feita pela Constituição, dos municípios em particular, de forma que descabe aventar a tese de desnecessidade do advogado público municipal efetivo para cumprir tal mister.

É indiscutível, desse modo, a essencialidade da presença de corpo técnico-jurídico burocrático para o exercício das atividades advocatícias em prol dos municípios brasileiros, que, embora menosprezados no contexto das diversas discussões legislativas

---

[18] 'BRASIL. Supremo Tribunal Federal. Recurso *Extraordinário nº 663.696*. Disponível em: https://portal.stf.jus.br/jurisprudenciaRepercussao/verAndamentoProcesso.asp?incidente=4168352&numeroProcesso=663696&classeProcesso=RE&numeroTema=510. Acesso em: 25 jun. 2023.

travadas no Congresso Nacional, representam verdadeiros laboratórios da democracia nacional.

4 A necessidade de defesa da existência de órgão permanente de advocacia pública nos municípios

Nas linhas antecedentes deste artigo, verificou-se que, a partir da Constituição Federal de 1988, houve uma crescente responsabilidade dos municípios no que toca à execução de políticas públicas e à prestação de serviços públicos básicos e essenciais, que, decerto, impactam significativamente a vida dos cidadãos.

Isso porque os municípios são os entes da federação que se encontram mais próximos dos cidadãos, sendo capazes de atender aos anseios e interesses públicos locais com maior pontualidade, eficiência e efetividade.

Não obstante, não se presta um eficiente serviço público ou se executa políticas públicas sem que haja, no âmbito do ente subnacional, uma adequada gestão da mão de obra, por meio da existência de corpo técnico permanente e com competência para desenvolver o planejamento e o dimensionamento das funções concernentes à implementação das políticas públicas.

As políticas públicas, notadamente desenvolvidas na seara municipal, como por exemplo as de saúde, educação, transporte coletivo, ambiental e social, impactam significativamente a vida e o cotidiano dos cidadãos e, nesta senda, necessitam ser estruturadas e concebidas em compasso com o delineamento previsto na ordem jurídica vigente.

Ou seja, por mais bem intencionado que seja o administrador público, há previsões inseridas em seu plano político de governo que podem esbarrar na juridicidade, de forma que a sua avaliação prévia, seja do ponto de vista técnico ou jurídico, evita juízos de reprovação *a posteriori* e prejuízos de diversas naturezas.

André Rodrigues Cyrino defende que, por meio da dupla função prevista constitucionalmente (representação judicial e consultoria jurídica), os órgãos de advocacia pública de Estado possuem a incumbência de estabelecer o diálogo permanente entre os subsistemas e do direito e da democracia representativa.[19]

Assim, na visão do precitado autor, aos advogados públicos compete, no âmbito dos respectivos entes da federação, "a missão institucional de compatibilizar as políticas públicas desenhadas pelos representantes eleitos do povo, às molduras do ordenamento jurídico".[20]

Não por outro motivo, previu o constituinte, como meio de evitar as ingerências políticas indevidas, a necessidade de um corpo técnico estável, profissional e permanente para compor a advocacia pública de Estado, de forma a atender às necessidades inerentes a uma sociedade cada vez mais complexa.

Os entes municipais, de acordo com as reflexões feitas neste arrazoado e com a doutrina abalizada, integram o pacto e compõem a federação brasileira, possuindo direitos, incumbências e competências que devem ser defendidas, inclusive, muitas vezes, em face do próprio gestor público.

Assim, é incompreensível que se possa defender a autonomia municipal em face da configuração mínima dos quadros das carreiras que são típicas e necessárias ao desempenho do papel fundamental que se deve exercer em âmbito local.

Se, por exemplo, voltarmos o nosso olhar sobre o Direito Tributário, ramo da ciência jurídica "integrado pelo conjunto das proposições jurídico-normativas que correspondam, direta ou indiretamente, à instituição, arrecadação e fiscalização de tributos",[21] perceberemos que a Constituição Federal reservou aos municípios competências e tributos próprios, a fim de garantir alguns dos meios necessários ao financiamento das políticas públicas a eles atribuídas.

A indagação que se faz é a seguinte: como garantir o correto exercício dessa importante competência tributária, relevante para a idealização dos valores fundamentais da República, sem a presença de um quadro permanente e qualificado para planejar, instituir, arrecadar e exercer a fiscalização impessoal dos tributos municipais?

---

19 CYRINO, André Rodrigues. *Op cit.*

20 CYRINO, André Rodrigues. *Op cit.*

21 CARVALHO, Paulo de Barros. *Curso de direito tributário.* 24. ed. São Paulo: Saraiva, 2012 p. 47.

O serviço fazendário, portanto, deve ser executado por servidores recrutados pelo sistema do concurso público,[22] assim como organizados em carreira, de forma a bem executar as tarefas concernentes à arrecadação de tributos.

Ademais, há cargos dentro da realidade municipal que devem estar inseridos e contemplados na compreensão de "carreiras típicas de Estado", a exemplo daquelas voltadas ao planejamento e fiscalização tributária e de políticas públicas, assim como das funções inerentes ao assessoramento e orientação jurídica, inclusive das tarefas anteriormente fixadas.

Na contramão do entendimento que ora defendemos e dos incentivos que o legislador nacional poderia criar para que os entes municipais instituíssem órgãos jurídicos próprios e permanentes, verifica-se um grande movimento de precarização e de privatização das atividades jurídicas prestadas em prol dos interesses públicos municipais.

Para corroborar essa afirmação, cita-se a ideia contida nas entrelinhas da Lei nº 14.341, de 18 de maio de 2022, que, ao dispor sobre a associação de representação de Municípios, promoveu alterações no art. 75 do Código de Processo Civil e passou a prever que a representação do município em juízo poderia ser feita pelo prefeito, procurador ou associação, quando expressamente autorizada.

A precitada investida em face das frágeis advocacias públicas municipais não passou despercebida da literatura administrativista.

Vanice Valle, após tecer outras críticas ao texto legal, expõe o entendimento de que a lei produz um verdadeiro "desincentivo à instituição, naqueles municípios desprovidos ainda de representação,

---

[22] Ainda que haja críticas na literatura, o concurso público ainda se mostra a via mais adequada para que os entes da federação recrutem pessoas para a composição dos quadros efetivos dentro da Administração Pública. Conforme bem explicita Irene Patrícia Diom Nohara, o concurso público "é a forma de oportunizar a todos os cidadãos o acesso aos cargos e empresas públicos que mais prestigia o critério do mérito. Sociedades meritocráticas são aquelas nas quais as posições sociais hierárquicas são conquistadas em função do merecimento individual, ou seja, do talento e do esforço das pessoas. (...). No concurso público, todos podem participar em igualdade de condições, selecionando a Administração Pública para o exercício do cargo ou emprego público aqueles que se saírem melhor no certame". NOHARA, Irene Patrícia Diom. *Direito administrativo*. 11. ed. Barueri: Atlas, 2022 p. 625.

da estrutura organizacional própria a promover a defesa do interesse público confiado à sua cura".[23]

Já José Eduardo Martins Cardozo foi mais incisivo e direto ao criticar as intenções contidas na calamitosa lei nacional. Para o referido autor:

> (...) uma das questões que mais me chama a atenção nesse momento é a evidente desfaçatez com que esse diploma legal visa a possibilitar a "ambicionada" privatização das causas judiciais de entes públicos. Por meio de uma manobra legislativa ardilosa, torna possível que se retire dos Procuradores Municipais a sadia exclusividade de atuarem na defesa da dos interesses municipais em juízo. Advogados escolhidos pela "Associação" e por aqueles que nela mandarem ou sobre ela tiverem influência, atuarão privadamente para a defesa dos interesses públicos municipais, recebendo polpudos honorários pagos pelo povo. Com isso, restará aberta a porta para eventuais conluios, falcatruas, desvios, perdas de prazos, acordos espúrios, uma vez que estarão afastados os "incômodos" controles administrativos e as "perigosas" responsabilidades funcionais dos servidores públicos. A saudável inviolabilidade constitucional dos advogados poderá então ser abusivamente utilizada para acobertar interesses pouco republicanos. O patrocínio de causas públicas, enfim, deixará de ser controlado eficazmente na qualidade da defesa técnica dos seus interesses, na estratégia jurídica a ser perseguida, e, em certa perspectiva, em relação à própria probidade que deve orientar o seu exercício. A coisa pública será atingida e os interesses da coletividade completamente desatendidos.[24]

Embora seja possível reconhecer a real discrepância estrutural e econômica entre os municípios que compõem a federação brasileira, não se pode admitir que o problema seja resolvido com a precarização e/ou privatização de uma carreira peculiar e necessária ao correto desempenho dos serviços públicos locais.

Os dados divulgados pelo 1º Diagnóstico da Advocacia Pública Municipal no Brasil indicam que apenas 34,4% dos

---

[23] VALLE, Vanice. Advocacia pública e municípios: o que esperar da Lei 14.341/2022. *Revista Consultor Jurídico*, 3 de junho de 2022. Disponível em: https://www.conjur.com.br/2022-jun-03/vanice-valle-advocacia-publica-municipios-lei-14341. Acesso em: 15 jan. 2024.

[24] CARDOZO, José Eduardo Martins. A Associação de Representação de Municípios e a Lei Federal nº 14.341, de 18 de maio de 2022. *Voz do Associado ANPM*, 28 de junho de 2022. Disponível em: https://anpm.com.br/voz-do-associado/a-associacao-de-representacao-de-municipios-e-a-lei-federal-n-14-341-de-18-de-maio-de-2022. Acesso em: 14 jan. 2024.

municípios contam com procurador efetivo, ou seja, recrutado por meio do concurso público constitucionalmente determinado, dentre os quais apenas 27,3% são municípios de pequeno porte (até 20 mil habitantes).[25]

Ademais, os dados constantes do relatório nos relevam o seguinte cenário quando analisados os municípios com procurador concursado por Índice de Desenvolvimento Humano (IDH), senão vejamos:

> Verificou-se, nesse caso, que uma maior proporção de cidades conta com procuradores efetivados por meio de concurso público específico para a carreira entre o conjunto de municípios com níveis mais elevados de desenvolvimento humano (45,7%). Entre aquelas com IDHM médio, esse percentual é de 30,4%, e de apenas 24,1% nos municípios com baixo IDHM. As regiões Sul e Sudeste, nas quais se identificaram maiores percentuais de municípios com concursados, são aquelas que também possuem níveis mais elevados de desenvolvimento humano, o que reforça a correlação entre esses fatores.[26]

Outro fator relevante é que nos municípios com procurador concursado há resultados melhores em indicadores de gestão pública, assim considerados os Índices de Governança Municipal do Conselho Federal de Administração (IGM-CFA) e o de Gestão Fiscal da Federação das Indústrias do Estado do Rio de Janeiro (IFGF).[27]

A presença de um órgão de advocacia pública ou, de acordo com a realidade da estrutura municipal, de um procurador concursado, garante maior segurança ao gestor público na tomada das complexas decisões administrativas a seu cargo, além de corroborar para que políticas públicas sejam instituídas de acordo com as normas jurídicas vigentes.

---

[25] MENDONÇA, Clarisse Corrêa de *et al.* *1º diagnóstico da advocacia pública municipal no Brasil*. Belo Horizonte: Fórum; Herkenhoff & Prates, 2018 p. 28.

[26] MENDONÇA, Clarisse Corrêa de *et al.* *Op cit.*, p. 32

[27] Segundo consta do relatório, os "resultados do cruzamento dos índices de qualidade da gestão pública com a existência de procuradores municipais concursados demonstram a relação positiva entre esses fatores. Quanto maior a qualidade da gestão pública, apurada segundo a metodologia específica de cada um desses índices, maior o percentual de cidades cuja Advocacia Pública municipal conta com ao menos um procurador concursado". MENDONÇA, Clarisse Corrêa de *et al.* *Op cit.*, p. 34

Destarte, é urgente a defesa da institucionalização das advocacias públicas municipais na maioria dos municípios brasileiros que, a despeito dos relevantes serviços públicos que prestam, ainda não acordaram para essa necessária materialização.

Considerações finais

Conforme se pôde depreender do exposto nas linhas antecedentes deste ensaio, a despeito de os entes municipais terem sido alçados, pela Constituição de 1988, à categoria de entes da federação, com competências e responsabilidades próprias e cada vez mais crescentes, há um necessário aprimoramento a ser efetivado na concretização das políticas públicas, que, infelizmente, ainda não são planejadas adequadamente.

Os desafios da realidade municipal são diversos e significativos e vão além de questões puramente orçamentárias para efetivação das políticas públicas a seu cargo. Trata-se de desafios de infraestrutura, sobretudo tecnológica, e de pessoal, fazendo com que sejam refletidos meios adequados para que se implemente uma cultura organizacional de gestão por competências, pois o planejamento apropriado, feito por servidor capaz, poderá acarretar economicidade para a ampliação de políticas públicas municipais.

O planejamento é vetor constitucional e se constitui obrigação inseparável da gestão da coisa pública, de forma que a sua realização deve ser acompanhada de controle de juridicidade, por meio de órgão jurídico permanente e com compromisso com o interesse público, de modo a realizar a verdadeira advocacia de Estado.

Nesse contexto, verificou-se a necessidade de os entes municipais contarem com o assessoramento e a consultoria prestada por meio de órgão permanente de advocacia pública, cujos integrantes sejam recrutados segundo o sistema de mérito e que estejam comprometidos em zelar pelo erário e pelo interesse público da municipalidade, defendendo, assim, em última análise, os próprios cidadãos que são impactados com as políticas públicas executadas pelo município.

Finalmente, em decorrência da importância que possui para a defesa não só dos interesses do ente municipal, mas do próprio Estado Democrático de Direito, deve-se assumir a defesa premente da institucionalização, nos municípios que ainda não a possuem, da advocacia pública municipal.

Referências

BARBOSA, Rubens. André Franco Montoro. *O Globo*, São Paulo, 8 de agosto de 2006, p. 7. Disponível em: https://oglobo.globo.com/acervo/. Acesso em: 2 jun. 2023.

BRASIL. Câmara dos Deputados. *Proposta de Emenda à Constituição nº 32-B, de 2020*. Altera disposições sobre servidores, empregados públicos e organização administrativa. Disponível em: https://www.camara.leg.br/proposicoesWeb/prop_mostrarintegra?codteor=2079133. Acesso em: 28 jun. 2023

BRASIL. Instituto Brasileiro de Geografia e Estatísticas. Agência IBGE: *IBGE atualiza dados geográficos de estados e municípios brasileiros*. Disponível em: https://agenciadenoticias.ibge.gov.br/agencia-noticias/2012-agencia-de-noticias/noticias/36532-ibge-atualiza-dados-geograficos-de-estados-e-municipios-brasileiros. Acesso em: 2 de jun. 2023.

BRASIL. Supremo Tribunal Federal. *Recurso Extraordinário nº 663.696*. Disponível em: https://portal.stf.jus.br/jurisprudenciaRepercussao/verAndamentoProcesso.asp?incidente=4168352&numeroProcesso=663696&classeProcesso=RE&numeroTema=510. Acesso em: 25 jun. 2023.

BULOS, Uadi Lammêgo. *Curso de direito constitucional*. 11. ed. São Paulo: Saraiva Educação, 2018.

CARDOZO, José Eduardo Martins. A Associação de Representação de Municípios e a Lei Federal nº 14.341, de 18 de maio de 2022. *Voz do Associado ANPM*, 28 de junho de 2022. Disponível em: https://anpm.com.br/voz-do-associado/a-associacao-de-representacao-de-municipios-e-a-lei-federal-n-14-341-de-18-de-maio-de-2022. Acesso em: 14 jan. 2024.

CARVALHO, Paulo de Barros. *Curso de direito tributário*. 24. ed. São Paulo: Saraiva, 2012.

CYRINO, André Rodrigues. *Advocacia Pública*. Enciclopédia jurídica da PUC-SP. Celso Fernandes Campilongo *et al*. (coords.). Tomo: Direito Administrativo e Constitucional. Vidal Serrano Nunes Jr., Maurício Zockun, Carolina Zancaner Zockun, André Luiz Freire (coord. de tomo). 2. ed. São Paulo: Pontifícia Universidade Católica de São Paulo, 2021. Disponível em: https://enciclopediajuridica.pucsp.br/verbete/541/edicao-2/advocacia-publica-. Acesso em: 15 jan. 2024.

FILHO, Derly Barreto e Silva. A advocacia pública e o controle de juridicidade das políticas públicas. *Revista da Procuradoria Geral do Estado de São Paulo*, São Paulo, n. 71:85-109, jan./jun. 2010.

FÓRUM NACIONAL DAS CARREIRAS TÍPICAS DE ESTADO – FONACATE. *Cartilha sobre as carreiras típicas de estado*. Disponível em: https://fonacate.org.br/wp-content/uploads/2020/04/panfleto_carreiras_t.pdf. Acesso em: 28 jun. 2023.

LIMA, Edcarlos Alves. *Gestão por competências na nova lei de licitações e a culpa* in elegendo. Disponível em: https://www.jota.info/opiniao-e-analise/artigos/gestao-por-competencias-na-nova-lei-de-licitacoes-e-a-culpa-in-eligendo-30122022. Acesso em: 22 jan. 2024.

LIMA, Edcarlos Alves. *Inovação e contratações públicas inteligentes*. Belo Horizonte: Fórum, 2023.

MARRAFON, Marco Aurélio. Federalismo cooperativo exige reciprocidade entre entes federativos. *Revista Consultor Jurídico*. Disponível em: https://www.conjur.com.br/2018-jul-09/constituicao-poder-federalismo-cooperativo-exige-reciprocidade-entre-entes-federativos. Acesso em: 15 jan. 2024.

MENDONÇA, Clarisse Corrêa de *et al. 1º diagnóstico da advocacia pública municipal no Brasil*. Belo Horizonte: Fórum; Herkenhoff & Prates, 2018.

MOREIRA NETO, Diogo de Figueiredo. A Advocacia de Estado revisitada: essencialidade ao Estado Democrático de Direito. *Revista de Direito dos Advogados da União*, Brasília, v. 4, n. 4, p. 36-65, out. 2005.

NOHARA, Irene Patrícia Diom. *Direito administrativo*. 11. ed. Barueri: Atlas, 2022.

OCTAVINI, Alessandro. O direito econômico e a pandemia: a disciplina jurídica com dimensão de tempo, escala e escopo para resolver situações de complexidade sistêmica. *In:* WARDE, Walfrido; VALIM, Rafael et al. *As consequências da Covid-19 no Direito brasileiro*. São Paulo: Editora Contracorrente, 2020.

SÃO PAULO (Estado). Tribunal de Contas do Estado de São Paulo. *Índice de Efetividade da gestão municipal*. Manual 2023, dados do exercício de 2022. Disponível em: https://www.tce.sp.gov.br/sites/default/files/publicacoes/Manual%20do%20IEGM%202023%20-%20ano%20base%202022%20vFinal.pdf. Acesso em: 22 jan. 2024.

SILVA, José Afonso da. *Curso de direito constitucional positivo*. 39. ed., rev. e atual. até Emenda Constitucional n. 90, de 15.9.2015. São Paulo: Malheiros, 2016.

VALLE, Vanice. Advocacia pública e municípios: o que esperar da Lei 14.341/2022. *Revista Consultor Jurídico*, 3 de junho de 2022. Disponível em: https://www.conjur.com.br/2022-jun-03/vanice-valle-advocacia-publica-municipios-lei-14341. Acesso em: 15 jan. 2024.

AS INCONSTITUCIONALIDADES DA EMENDA CONSTITUCIONAL 132/2023

HÉLIO AUGUSTO TEIXEIRA SILVA

Introdução

A Câmara dos Deputados aprovou, na madrugada do dia 07.07.2023, em segundo turno, a criação de um novo e moderno sistema tributário para o Brasil. A Proposta de Emenda à Constituição (PEC) nº 45/2019, que deu origem à Reforma Tributária, foi aprovada por 375 votos a favor, 113 contrários e 3 abstenções.

Posteriormente, o texto foi encaminhado ao Senado Federal, que, tendo apresentado 34 Emendas,[1] aprovou, em 08.11.2023, em dois turnos, pela votação de 53 votos favoráveis à aprovação, 24 contrários e nenhuma abstenção. A Casa dos representantes dos Estados brasileiros enviou, portanto, o texto, e em 20.12.2023 foi promulgada a PEC 132/2023, que deu origem à Reforma Tributária.

Trata-se da primeira iniciativa de reforma tributária após a promulgação da Constituição de 1988 e a modificação drástica do modelo instituído na década de 1960, que passou por modificações e tem sido criticado pelo fato de que o sistema de tributação sobre o consumo tornou-se cada vez mais complexo e disfuncional. Sua ineficiência e falta de equilíbrio têm gerado uma carga tributária pesada e injusta para os cidadãos e as empresas do país.

Segundo o Ministério da Fazenda, em linhas gerais, do ponto de vista prático, a PEC aprovada prevê a substituição de cinco tributos, que segundo ele são extremamente disfuncionais, existentes hoje no Brasil: PIS, Cofins e IPI – tributos federais; ICMS – estadual; e ISS – municipal. Esses tributos serão substituídos por dois impostos sobre o valor adicionado (IVA).

---

1 *Vide*: https://www25.senado.leg.br/web/atividade/materias/-/materia/158930

Já o ICMS e o ISS serão incorporados no Imposto sobre Bens e Serviços (IBS). Os estados e municípios serão responsáveis pela gestão do tributo. Já a União ficará encarregada da Contribuição sobre Bens e Serviços (CBS). O tributo unificará o Programa de Integração Social (PIS), a Contribuição para o Financiamento da Seguridade Social (Cofins) e o Imposto sobre Produtos Industrializados (IPI).

Ainda, conforme o Ministério da Fazenda, a CBS e o IBS serão cobrados no local em que ocorrer o consumo (princípio do destino) e serão não cumulativos. A PEC propõe a criação de um Imposto Seletivo para desestimular o consumo de produtos e serviços prejudiciais à saúde e ao meio ambiente.

Já no tocante a marcos constitucionais vigentes desde 1988, a PEC 45/2019 apresenta indícios de violação à cláusula pétrea do princípio federativo prevista no inciso I do §4º do art. 60 da CF/1988, que determina:

> Art. 60. A Constituição poderá ser emendada mediante proposta:
> (...)
> §4º Não será objeto de deliberação a proposta de emenda tendente a abolir:
> I – a forma federativa de Estado;

Segundo Leite (2019), há críticas também quanto ao grande número de dispositivos constitucionais que seriam alterados e o longo período de transição entre o atual sistema e o novo, que conviveriam em conjunto por dez anos sem que houvesse, em tese, aumento da carga tributária.

Ainda segundo o referido autor (2019), a PEC 45/2019 teria o condão de violar a cláusula pétrea do princípio federativo previsto no já citado inciso I do §4º do art. 60 da CF/1988, que consiste, de acordo com o art. 1º da CF/1988, na adoção, pelo Estado brasileiro, da forma de federação, conforme se vê:

> Art. 1º A República Federativa do Brasil, formada pela união indissolúvel dos Estados e Municípios e do Distrito Federal, constitui-se em Estado Democrático de Direito e tem como fundamentos: (...)

Outro ponto de destaque acerca da inconstitucionalidade da PEC 45/2019 diz respeito ao processo legislativo para sua aprovação junto à Câmara dos Deputados. Segundo Hirabahasi (2023), o governo de Luiz Inácio Lula da Silva (PT) liberou, no dia 04.07.2023, a maior quantidade de recursos em emendas parlamentares durante a atual gestão. Ao todo, foram liberados R$ 2,1 bilhões em um único dia.

A liberação se deu às vésperas da semana mais importante para o governo no ano, com a possibilidade de aprovação final do arcabouço fiscal e da reforma tributária na Câmara dos Deputados.

Já no dia 05.07.2023, veio um novo recorde no empenho de emendas de congressistas em 1 (um) dia. Foram R$ 5,4 bilhões reservados no Orçamento no dia 05.07.2023. As emendas Pix (Sistema do Banco Central de pagamentos instantâneos), que são transferências especiais que caem diretamente na conta dos municípios, são a maioria: R$ 5,3 bilhões. Segundo Ribas e Moura (2023), ao todo, os esforços para contemplar demandas dos parlamentares totalizaram R$ 7,3 bilhões apenas na primeira semana do mês de julho.

Verificou-se, portanto o esforço financeiro e político do governo para que a reforma tributária fosse aprovada na Câmara dos Deputados em tempo recorde, sem as devidas discussões necessárias e pertinentes a uma tão sensível matéria que afeta os cidadãos e os entes federativos de forma direta. Com isso, tem-se a possibilidade de haver, em tese, uma emenda constitucional inconstitucional em razão da quebra de decoro parlamentar.

Feito o presente introito, o presente artigo visa abordar as referidas inconstitucionalidades que podem estar presentes na tramitação da PEC 45/2019, no tocante à quebra da cláusula pétrea do Pacto federativo e quebra de decoro parlamentar na votação realizada mediante o despejo de verbas para emendas parlamentares, notadamente em sua tramitação junto à Câmara dos Deputados.

1 A cláusula pétrea do princípio federativo: a forma federativa do Estado brasileiro

Segundo Mendes (2017), as cláusulas pétreas são princípios constitucionais que foram impostos, pelo poder constituinte originário, designando limitações materiais à modificação do texto constitucional pelo poder constituinte derivado, de modo a ser preservada a identidade básica da ordem constitucional em vigor.

Como dito, no ordenamento jurídico brasileiro, entre as cláusulas pétreas encontra-se o princípio federativo, cuja previsão está no inciso I do §4º do art. 60 da CF/1988, que consiste, de acordo com o art. 1º da CF/1988, na adoção, pelo Estado brasileiro, da forma de Estado federativo.

Esse Estado federativo é organizado político-administrativamente, nos termos do artigo 18 da Constituição de 1988. O referido artigo determina que a República Federativa do Brasil é compreendida pela União, pelos Estados, pelo Distrito Federal e pelos Municípios, entes dotados de autonomia.

Segundo Sarlet (2017), essa autonomia é conferida pelos poderes de auto-organização e autogoverno, correspondentes, respectivamente, às atribuições de elaborarem suas constituições e suas leis orgânicas, assim como de organizarem e gerirem seus serviços públicos, observados os limites estabelecidos na CF/1988.

A fim de financiar as referidas atividades legislativas e executivas, atribuiu-se aos entes federativos competências para instituir, arrecadar, fiscalizar e gerir tributos, dos quais assumem maior relevância os impostos e as contribuições.

A Constituição de 1988 repartiu entre os entes as competências tributárias em relação aos impostos. Nos artigos 153 e 154 estão as competências em relação à União; no artigo 155, em relação aos Estados e ao Distrito Federal, e no artigo 156, em relação aos Municípios, conforme abaixo se vê:

> Art. 153. Compete à União instituir impostos sobre: (...)
> Art. 154. A União poderá instituir: (...)
> Art. 155. Compete aos Estados e ao Distrito Federal instituir impostos sobre: (...)
> Art. 156. Compete aos Municípios instituir impostos sobre: (...)

Segundo Leite (2019), no tocante à espécie tributária das contribuições, divididas em sociais, de intervenção no domínio econômico e de interesse das categorias profissionais ou econômicas, a competência para sua instituição foi atribuída exclusivamente à União, nos termos do artigo 149 da CF/1988.

> Art. 149. Compete exclusivamente à União instituir contribuições sociais, de intervenção no domínio econômico e de interesse das categorias profissionais ou econômicas, como instrumento de sua atuação nas respectivas áreas (...)

Já a competência tributária residual para instituição de impostos não previstos no artigo 153 da CF/1988, bem como para instituir novas contribuições sociais para o financiamento da seguridade social, foi atribuída também à União, na forma dos artigos 154, inciso I, e 195, §4º, da CF/1988.

> Art. 154. A União poderá instituir:
> I – mediante lei complementar, impostos não previstos no artigo anterior, desde que sejam não cumulativos e não tenham fato gerador ou base de cálculo próprios dos discriminados nesta Constituição; (...)
> Art. 195. A seguridade social será financiada por toda a sociedade, de forma direta e indireta, nos termos da lei, mediante recursos provenientes dos orçamentos da União, dos Estados, do Distrito Federal e dos Municípios, e das seguintes contribuições sociais: (...)
> §4º A lei poderá instituir outras fontes destinadas a garantir a manutenção ou expansão da seguridade social, obedecido o disposto no art. 154, I

Assim, através de lei ordinária, os entes federativos podem instituir os tributos de sua competência, nos termos do artigo 150, inciso I, da CF/1988, bem como legislar de forma suplementar sobre eles. A União detém a competência para estabelecer regras gerais, na forma do art. 24, inciso I e §1º, da CF/1988, que em matéria tributária devem ser previstas em lei complementar, de acordo com o art. 146, inciso III, da CF/1988.

Além da competência para arrecadar, os entes federativos ainda têm, em seu favor, a repartição das receitas tributárias arrecadadas por outros entes. Esse compartilhamento entre os entes federativos ocorre, em alguns casos, de acordo com as regras de repartição estabelecidas nos artigos 157 e seguintes da CF/1988.

Na lição de Leite (2019), tem-se a seguinte caracterização da Federação brasileira, quanto aos aspectos fiscais:

> a) a República Federativa do Brasil é formada pela União, pelos Estados, pelo Distrito Federal e pelos Municípios, entes dotados de autonomia, relativa aos Poderes Legislativo e Executivo próprios;

b) para financiar as referidas atividades legislativa e executiva, foram atribuídas aos entes federativos competências para instituir, arrecadar, fiscalizar e gerir tributos;
c) além das receitas próprias decorrentes da arrecadação dos tributos de sua competência, os entes compartilham receitas de acordo com as regras de repartição previstas na CF/1988.

Segundo Machado (2013), a adoção da forma federativa de Estado pressupõe, assim, a autonomia financeira dos entes federativos para que estes possam realizar suas atribuições, o que, no caso brasileiro, advém da discriminação de competências tributárias e das receitas próprias decorrentes da arrecadação dos tributos; e das transferências de receitas realizadas por outros entes federativos.

Isso porque, segundo Canado (2013), apesar de os Estados e os Municípios possuírem poder para instituir, arrecadar, fiscalizar e gerir os tributos de sua competência, muitas vezes a estrutura da Administração Fazendária é precária, ou a economia local/regional é pouco desenvolvida, de modo que as receitas próprias tornam-se insuficientes para financiar as atividades legislativa e executiva, sendo a autonomia financeira dos referidos entes federativos conferida, nesses casos, também pelo compartilhamento de receitas, de acordo com as regras de repartição previstas nos artigos 157 e seguintes da CF/1988.

Desse modo, a CF/1988 optou por assegurar a autonomia financeira dos entes federativos não só por meio de receitas próprias, decorrentes da arrecadação dos tributos de suas competências, mas também por meio do compartilhamento de receitas entre os entes.

Tratou-se de um marco da Constituição de 1988 a conferência de autonomia financeira e federativa aos Municípios, os quais, atualmente, totalizam-se, segundo o IBGE (2023), em 5.568, além do distrito insular de Fernando de Noronha e do Distrito Federal.

Segundo Scaff (2022), a grande novidade do anteprojeto da Constituição de 1988 surge no art. 1º, constando que:

> A República Federativa do Brasil é constituída pela união indissolúvel da União Federal, dos Estados, do Distrito Federal e dos municípios, todos eles autônomos em suas respectivas esferas de competência.

Observe-se que a ideia básica de federação em três níveis foi acatada pela Assembleia Nacional Constituinte (ANC), ficando o texto final com a seguinte redação, no que tange a esse específico aspecto, inclusive, na lição de Scaff (2022), grafando "Municípios" com "M" maiúsculo:

> Art. 1º A República Federativa do Brasil, formada pela união indissolúvel dos Estados e Municípios e do Distrito Federal, constitui-se em Estado Democrático de Direito e tem como fundamentos: (...)

Nesse ponto, Scaff (2019) entende que foi alterada a história do federalismo brasileiro, pois criou-se um modelo em três dimensões, e consagrando o Município como um ente político dotado de autonomia constitucional, não apenas limitado a normas infraconstitucionais.

Portanto, os Municípios não foram criados para serem coadjuvantes na história do Federalismo brasileiro, nem tampouco para estarem submetidos à vontade política dos Estados e da União, na medida em que o exercício dos serviços públicos mais sensíveis ao cidadão brasileiro, tais como saúde, educação básica, transporte público e saneamento básico, estão sob a batuta do ente municipal.

Conforme já mencionado anteriormente, as cláusulas pétreas são limitações materiais à modificação da Constituição de 1988 pelo poder constituinte derivado. Segundo Leite (2019), em relação ao princípio federativo, considerado cláusula pétrea por força do art. 60, §4º, inciso I, da Constituição, tem-se que a autonomia dos entes federativos para financiar suas atividades legislativa e executiva é elemento essencial da forma federativa de Estado.

A repartição de competências tributárias, por sua vez, seria elemento que apenas circunscreveria a autonomia financeira dos entes, uma vez que não se trata da única fonte de receitas destes, sendo suscetível de alterações por meio de emenda constitucional.

Assim, ensina-nos Leite (2019) que, uma vez mantidas as condições dos entes de realizar suas atribuições, de modo a permanecerem autônomos, não haveria que se falar, em ofensa à cláusula pétrea do princípio federativo no caso de modificação das regras de competências tributárias.

No entanto, há um temor em relação à quebra dessa já tão combalida autonomia, pois a Emenda Constitucional 132/2023 previu que a extinção das competências tributárias do IPI, da Contribuição ao PIS/PASEP, da COFINS, do ICMS e do ISS, bem como a criação das competências tributárias do IBS e dos impostos seletivos não comprometeriam os recursos dos entes federativos para estes desempenharem suas atividades legislativas e executiva.

Leite (2019) ensina que não haveria comprometimento porque restariam mantidas as receitas decorrentes dos tributos de sua competência, com destaque para os seguintes impostos e contribuições: o II, o IE, o IR, o IOF, o ITR, o IGF, caso instituído, e as contribuições sociais, interventivas e de interesse das categorias profissionais ou econômicas, em relação à União; o ITCMD e o IPVA, em relação aos Estados e ao Distrito Federal; e o IPTU e o ITBI, em relação aos Municípios.

Na lição de Souza (2019), tais receitas não seriam suficientes para financiar as atividades dos Estados, do Distrito Federal e dos Municípios, uma vez que a maior parte da sua arrecadação decorreria dos tributos que seriam extintos, o que acarretaria a perda da autonomia dos referidos entes, violando a cláusula pétrea do princípio federativo, prevista no art. 60, §4º, inciso I, da CF/1988.

Tal argumento funda-se no fato de que, segundo o Ministério da Economia, a composição da carga tributária brasileira no ano de 2017, a participação dos tributos estaduais na arrecadação tributária é de 25,72%, sendo 20,73% de ICMS, enquanto dos tributos municipais é de 6,26%, sendo 2,65% de ISS.

Ocorre que a perda da arrecadação dos Estados, do Distrito Federal e dos Municípios por meio da extinção dos referidos tributos seria compensada na Emenda 132/2023 no cálculo das alíquotas de referência do IBS, na forma do art. 119 que seria acrescentado ao ADCT.

Esse ponto foi analisado pela CCJ, que entendeu não haver violação da cláusula pétrea, conforme parecer:

> Consideramos que a manutenção da autonomia estadual e municipal, com a autonomia para alteração das alíquotas de referência para mais ou para menos conforme suas necessidades é indicativo mais do que suficiente da manutenção do núcleo essencial do Pacto Federativo.

Notadamente tratou-se de uma análise sob o aspecto da manutenção da autonomia dos entes federativos em razão da competência legislativa a estes atribuída, para determinar as alíquotas singulares do IBS, sem aprofundar as demais questões referentes à sua autonomia financeira.

Leite (2019) ensina que a receita do IBS seria distribuída entre a União, os Estados, o Distrito Federal e os Municípios de forma proporcional ao saldo líquido entre débitos e créditos do imposto atribuível a cada ente, tratando-se de recurso próprio destes, como fonte da sua autonomia financeira.

A arrecadação, a fiscalização e a gestão do IBS caberão, ainda, ao comitê gestor nacional, o qual será criado pela lei complementar instituidora do imposto, sendo integrado por representantes dos entes federativos, que terão atuação coordenada, tendo em vista o caráter nacional do referido tributo.

Segundo Orair e Gobetti (2019), a migração para o novo IBS, sob uma gestão conjunta e uma legislação uniforme no território nacional, inevitavelmente reduzirá os graus de liberdade dos entes federados em comparação com a situação atual, na qual cada um gere seus impostos autonomamente. Alguns críticos chegam a levantar a tese de que a proposta fere o pacto federativo por retirar dos estados e munícios a autonomia de gestão dos seus orçamentos.

Nesse cenário, portanto, os Estados assumem a responsabilidade pelo IBS, com o compartilhamento de receitas com os demais entes, e a União fica com um IS de base mais ampla, que amenizaria um pouco sua perda arrecadatória. A autonomia de gestão do principal imposto do país, o IBS estadual, será restringida pela legislação uniforme no território nacional, e sua regulamentação ocorrerá pelo Comitê Gestor Nacional, que exigirá a observância de um conjunto de condicionalidades, como a vedação à concessão de benefícios fiscais – salvo exceções previstas na lei nacional. Nesse caso, o Comitê Gestor do IBS será integrado apenas por representantes dos entes subnacionais (e não da União).

Os referidos autores (2019) mencionam ainda que, em relação aos municípios, a compensação se dará pela ampliação das transferências intergovernamentais de impostos sobre a propriedade. Os municípios perdem a competência para tributar os serviços e recebem em troca um montante mais do que compensatório de receitas de transferências.

Trata-se, portanto, de uma proposta mais pragmática, para contornar resistências dos entes federados, o que coloca, simultaneamente, os governos estaduais na posição proeminente do novo modelo e amplia a fatia de receitas dos municípios, a fim de compensá-los.

Há, portanto, um cenário de incerteza que, aliado ao longo período de transição, coloca os Municípios em situação de vulnerabilidade tendo em conta, ainda, que estar-se-á a desprezar toda a *expertise* arrecadatória dos Municípios referente aos serviços e propriedade territorial urbana, iniciando um novo cenário sem qualquer fundamento anterior.

2 Da inconstitucionalidade por quebra de decoro

Segundo Lenza (2014), o sistema jurídico de um determinado Estado é regido por leis e outros atos normativos. Dentre eles, a Constituição Federal de 1988 integra o ordenamento jurídico brasileiro, destacando-se em razão de ser condição de validade de todo sistema infraconstitucional.

Conforme Mendes (2017), a validade das normas infraconstitucionais está condicionada aos preceitos constitucionais, tendo em vista que possui regramentos essenciais à sociedade e ao Estado, mas não se limitando, às condições de elegibilidade de parlamentares que representarão o povo; a estrutura básica da administração pública e dos poderes em geral; além dos direitos e garantias fundamentais, os quais asseguram a liberdade e resguardam os direitos básicos do cidadão.

A Constituição Federal, em seu artigo 55, trata da perda do mandato de parlamentares em decorrência de determinados atos abusivos por eles praticados. Na lição de Alves (2019), uma das possibilidades, que é essencial a este estudo, está alocada no inciso II e §1º. Trata-se do decoro parlamentar, instituto expressamente mencionado, porém pouco destrinchado tanto na Constituição Federal quanto nos regimentos da Câmara dos Deputados e Senado. Assim, há margem para interpretações vagas dificultando sua conceituação e limitações.

Com efeito, não se pode olvidar ser possível se extrair a essência do instituto, tendo por parâmetro os documentos acima esposados. Quando a Constituição afirma, no inciso II do artigo 55, que "Perderá o mandato o Deputado ou Senador: ... II – cujo procedimento for declarado incompatível com o decoro parlamentar", e no parágrafo primeiro do mesmo artigo, considera que "É incompatível com o decoro parlamentar, além dos casos definidos no regimento interno, o abuso das prerrogativas asseguradas a membro do Congresso Nacional ou a percepção de vantagens indevidas", leva a crer que o instituto visa preservar a moralidade do poder representativo do cargo perante a sociedade e a própria casa legislativa.

Segundo Maciel e Almeida (2019), objetivando dignificar a atividade legiferante, o decoro parlamentar guarda relação com a exigência de um comportamento ético aos olhos da sociedade, da Constituição Federal e seus preceitos garantidores.

Logo é insuscetível a conceituação objetiva do instituto, tendo em vista que não poderiam os próprios parlamentares impor quais atos feririam o decoro, em razão de serem os únicos destinatários, sendo "assente que o ato ofensivo ao decoro parlamentar não é aquilo que os membros de determinada Casa legislativa assim decidam que seja, mas, sim, aquilo que ofenda objetivamente a moralidade institucional do Poder Legislativo".[2]

Segundo Pereira (2006), é dever do parlamentar se submeter ao decoro em todas as situações vivenciadas, seja de caráter pessoal ou profissional. Trata-se de conduta praticada em decorrência do cargo, logo "deve ser mantido o respeito pelo parlamentar, não podendo deixar de guardar a relação existente entre o seu comportamento e a investidura de representante da soberania popular".[3]

Portanto, a higidez nas votações realizadas pelos parlamentares, em sede de processo legislativo, é condição de toque para que não haja aprovação de leis, em sentido amplo, que contenham qualquer vício que possa macular sua aplicação.

O vício de quebra de decoro parlamentar foi suscitado na Ação Direta de Inconstitucionalidade nº 4.889, em razão de que alguns parlamentares, quando da votação para aprovação da Emenda Constitucional nº 41/2003, teriam sido influenciados em detrimento de

---

2 SOARES, Alessandro de Oliveira. *Do processo de cassação de mandato parlamentar por quebra de decoro*. 2011, p. 23

3 PEREIRA, Wolgran Junqueira. *Comentários à Constituição de 1988*. São Paulo: Julex Livros, 1989, p. 562 *apud* Processo nº 8, Conselho de ética e Decoro parlamentar. Rel. Dep. Jairo Carneiro, j.9-2-2006. Disponível em: https://www.camara.leg.br/sileg/integras/379689.pdf. Acesso em: 10 out. 2023.

vantagens que lhes beneficiaram ilegalmente, conforme as investigações e colheita de provas quando da tramitação da Ação Penal 470.

A Ação Penal 470 tratou de um dos maiores escândalos de corrupção da história da política brasileira, em que foram praticados vários crimes conforme acórdão proferido pelo Supremo Tribunal Federal. Ao longo do inquérito se constatou um esquema de votos de parlamentares para que aprovassem projetos de interesse de determinado grupo, no caso, o Partido dos Trabalhadores (PT). Em troca eram oferecidos cargos ministeriais, dinheiro público, fraude em licitações entre outros.

Todas essas práticas foram provadas em sede de inquérito e ao longo do processo. A partir daí, alguns juristas questionaram sobre a possibilidade de vício em leis elaboradas ao longo do esquema de corrupção, pois os votos foram maculados, violando a ética, a moralidade e, de maneira geral, o decoro parlamentar.

Na lição de Alves (2019), surge, assim, a inconstitucionalidade por vício de decoro parlamentar, que seria a nulidade de lei que sobreveio em decorrência de votos de parlamentares que seguiram determinada decisão em busca de interesses financeiros, infringindo a ética de conduta perante o Congresso Nacional. Enfatiza-se, portanto, o rigoroso controle de leis que deve ser feito com objetivo de evitar esse tipo de conduta, a fim de que as leis atendam aos verdadeiros anseios sociais.

No caso da votação da PEC 45/2019, verificou-se ter havido uma grande liberação de empenhos em favor de emendas parlamentares na semana da sua votação. Nesse aspecto, ter-se-ia em tese a configuração dos elementos indicativos de que a votação só transcorreu após a liberação dos valores, o que poderia configurar a materialização da inconstitucionalidade por quebra de decoro.

Considerações finais

Verifica-se, portanto, que a PEC 45/2019, aprovada pela Câmara dos Deputados e pelo Senado em dois turnos e convertida na Emenda Constitucional 132 de 2023, pode padecer de inconstitucionalidade por violação do pacto federativo, uma vez que pode representar uma quebra na autonomia dos entes federados, notadamente os Municípios, bem como ser inconstitucional por quebra de decoro parlamentar, na medida em que o Executivo liberou, em favor dos deputados, a título de emendas parlamentares, quase R$ 8 bilhões na semana da votação da referida PEC.

Referências

ALVES, Felipe Andrade. *Inconstitucionalidade por vício de decoro parlamentar*. 2019. Monografia de Especialização (Especialização em Direito Constitucional) – Faculdade de Direito da Pontifícia Universidade Católica de São Paulo, São Paulo, 2019. Disponível em: https://repositorio.pucsp.br/handle/handle/34071. Acesso em: 14 out. 2023.

BRASIL. *Constituição da República Federativa do Brasil de 1988*. Disponível em: https://www.planalto.gov.br/ccivil_03/constituicao/constituicao.htm. Acesso em: 12 out. 2023.

BRASIL. *Relatório da PEC n. 45/2019*. Comissão de Constituição e Justiça. Brasília/DF: Câmara dos Deputados, 2019, p. 17. Disponível em: https://www.camara.leg.br/proposicoesWeb/prop_mostrarintegra?codteor=1747193&filename=Parecer-CCJC-14-05-2019. Acesso em: 12 out. 2023.

BRASIL. *Carga tributária no Brasil 2017*. Secretaria da Receita Federal do Brasil. Brasília/DF: Ministério da Economia, 2018, p. 13. Disponível em: http://receita.economia.gov.br/noticias/as-com/2018/dezembro/carga-tributaria-bruta-atingiu-32-43-do-pib-em-2017/carga-tributa-ria-2017-1.pdf. Acesso em: 12 out. 2023.

BRASIL. Câmara dos Deputados. *Regimento Interno, estabelecido pela Resolução n. 17, de 1989*. Art. 240. Perde o mandato o Deputado: II – cujo procedimento for declarado incompatível com o decoro parlamentar. Disponível em: http://www2.camara.gov.br/legislacao/regimentointerno.html . Acesso em: 12 out. 2023.

BRASIL. Senado Federal. *Regimento Interno, estabelecido pela Resolução n. 93, de 1970. Art. 25*. Se algum Senador praticar, dentro do edifício do Senado, ato incompatível com o decoro parlamentar ou com a compostura pessoal, a Mesa dele conhecerá e abrirá inquérito, submetendo o caso ao Plenário, que sobre ele deliberará, no prazo improrrogável de dez dias úteis e Art. 32. §1º É incompatível com o decoro parlamentar o abuso das prerrogativas asseguradas ao Senador e a percepção de vantagens indevidas (Const., art. 55, §1º). Disponível em: www.senado.gov.br/sf/legislacao/regsf/RegSFVolI.pdf . Acesso em: 12 out. 2023.

BUSS, Gabriel; SOARES, Gabriella. *Lula libera emendas e Câmara aprova reforma tributária*. Disponível em: https://www.poder360.com.br/congresso/lula-libera-emendas-e-camara-aprova-reforma-tributaria/. Acesso em: 15 out. 2023.

CANADO, Vanessa Rahal. Competência tributária dos municípios: da ausência de autonomia financeira à guerra fiscal horizontal e vertical. *Revista Direito Tributário Atual*, v. 24. São Paulo: Dialética e IBDT, 2010, p. 578-583.

HIRABAHASI, Gabriel. *Às vésperas de votação da reforma tributária, governo libera recorde de emendas em um único dia*: R$ 2,1 bilhões. Disponível em: https://www.cnnbrasil.com.br/politica/as-vesperas-de-votacao-da-reforma-tributaria-governo-libera-recorde-de-emendas-em-um-unico-dia-r-21-bilhoes/. Acesso em: 15 out. 2023.

LENZA, Pedro. *Direito constitucional esquematizado*. São Paulo: Saraiva, 2014.

MACHADO, Raquel Cavalcanti Ramos. *Competência tributária*: entre a rigidez do sistema e a atualização interpretativa. Tese (Doutorado em Direito Econômico, Financeiro e Tributário) – Faculdade de Direito de São Paulo, Universidade de São Paulo. São Paulo, 2013.

MACIEL, Everardo. *Um elefante em loja de louças*. Disponível em: https://economia.estadao.com.br/noticias/geral,um-elefante-em-loja-de-loucas,70002858449. Acesso em: 12 out. 2023.

MACIEL; ALMEIDA. *A contradição moral da Constituição Federal*. Disponível em: http://publicadireito.com.br/artigos/?cod=3d50a489984362c7. Acesso em: 10 out. 2023.

MENDES, Gilmar Ferreira; BRANCO, Paulo Gustavo Gonet. *Curso de direito constitucional*. 12. ed. São Paulo: Saraiva, 2017.

ORAIR, Rodrigo Octávio; GOBETTI, Sérgio Wulff. *Reforma tributária e federalismo fiscal:* uma análise das propostas de criação de um novo imposto sobre o valor adicionado para o Brasil. Disponível em: https://www.econstor.eu/bitstream/10419/240725/1/td-2530.pdf. Acesso em: 14 out. 2023.

PEREIRA, Wolgran Junqueira. *Comentários à Constituição de 1988*. São Paulo: Julex Livros, 1989, p. 562 *apud* Processo nº 8, Conselho de ética e Decoro parlamentar. Rel. Dep. Jairo Carneiro, j.9-2-2006. Disponível em https://www.camara.leg.br/sileg/integras/379689.pdf. Acesso em: 10 out. 2023.

RIBAS, Sílvio; MOURA, Isabella Mayer de. *Governo libera mais R$ 5,3 bilhões em emendas parlamentares antes da votação da reforma tributária*. Disponível em:https://www.gazetadopovo.com.br/republica/governo-libera-mais-r-53-bilhoes-em-emendas-parlamentares-antes-da-votacao-da-reforma-tributaria/. Acesso em: 15 out. 2023.

SARLET, Ingo Wolfgang; MARINONI, Luiz Guilherme; MITIDIERO, Daniel. *Curso de direito constitucional*. 7. ed. São Paulo: Saraiva, 2017.

SCAFF, Fernando Facury. O surgimento do município como ente federado na constituinte de 1988. *Revista Fórum de Direito Financeiro e Econômico* – RFDFE, Belo Horizonte, v. 11, n. 21, p. 25-38, mar./ago. 2022.

SCAFF, Fernando. *Reforma tributária, a cláusula pétrea do federalismo e o STF*. Disponível em: https://www.conjur.com.br/2019-abr-16/contas-vista-reforma-tributaria-clausula-petrea-federa-lismo-stf. Acesso em: 12 out. 2023.

SOARES, Alessandro de Oliveira. *Do processo de cassação de mandato parlamentar por quebra de decoro*. 2011, p. 23.

SOUZA, Hamilton Dias de. *Reforma tributária*: a PEC 45/19 afronta o pacto federativo. Disponível em: https://www.jota.info/opiniao-e-analise/artigos/reforma-tributaria-a-pec-45-19-afronta--o-pacto-federativo-03072019. Acesso em: 10 out. 2023.

SUPREMO TRIBUNAL FEDERAL. STF. *Ação Direta de Inconstitucionalidade nº 4.889*. Rel. Ministra: Cármem Lúcia.

SUPREMO TRIBUNAL FEDERAL. STF. *Ação Penal nº 470*. Rel. Ministro: Joaquim Barbosa. Data de julgamento: 02 de agosto de 2012.

THALER, Teixeira Leite. V. (2019). A cláusula pétrea do princípio federativo e a PEC n. 45/2019. *Revista Direito Tributário Atual*, (43), 440–453. Disponível em: https://revista.ibdt.org.br/index.php/RDTA/article/view/712. Acesso em: 15 out. 2023.

ANÁLISE DA DECISÃO DO SUPREMO TRIBUNAL FEDERAL NO RECURSO EXTRAORDINÁRIO 1.398.041/SP: EFEITOS NORMATIVOS E REPERCUSSÕES PRÁTICAS NA SEARA DOS FATOS

ANDRÉ FABIANO GUIMARÃES DE ARAÚJO

Introdução

Compreender o papel da Advocacia Pública constitui uma importante tarefa da literatura jurídica contemporânea, que cabe precipuamente aos estudiosos do Direito Público. Nesse sentido, busca-se evidenciar essa Função Essencial à Justiça a partir da visão dos diversos âmbitos que a ordem jurídica vigente suscita.

Este artigo realiza uma análise acerca das consequências do julgamento do Recurso Extraordinário (RE) 1.398.041/SP pelo Supremo Tribunal Federal (STF) para os órgãos e atores envolvidos nesse processo judicial, notadamente quanto aos seus efeitos normativos e suas repercussões práticas na seara dos fatos.

A origem do julgamento se deu a partir da propositura de ação direta de inconstitucionalidade (ADI) ajuizada pela Associação dos Procuradores Municipais de Campinas (APMC) contra expressões contidas na Lei Complementar Municipal (LCM) 255/2020, que instituiu, organizou e dispôs sobre competências da Procuradoria-Geral do Município de Campinas enquanto instituição permanente e essencial à Administração Pública Municipal – ADI 2103427-47.2021.8.26.0000.[1]

[1] SÃO PAULO (Estado). Tribunal de Justiça do Estado de São Paulo. *ADI 2103427-47.2021.8.26.0000*, Relator: Des. Matheus Fontes, Órgão Julgador: Órgão Especial. Data do Julgamento: 27.04.2022. Data de Registro: 02.05.2022, fls. 50-51.

O pedido da ADI 2103427-47.2021.8.26.0000 foi redigido nos seguintes termos (inclusive destaques):

> *66.* Face ao exposto, requer-se seja julgado *procedente* o pedido veiculado nesta ação direta para declarar a inconstitucionalidade das expressões normativas *"juridicamente", "promover ações de defesa do consumidor" e "jurídica"*, constantes do *artigo 1º* da Lei Complementar 255/2020, que deu nova redação ao *Anexo I* da Lei Ordinária 10.248/99, ambas do Município de Campinas; *"ao secretário municipal de Justiça"*, nos termos do *artigo 3º, III,* da Lei Complementar Municipal 255/2020 (LCM); *"após análise da Secretaria Municipal de Justiça"*, nos termos do *artigo 4º, caput,* da LCM 255/2020; *"ao secretário municipal de Justiça"*, nos termos do *artigo 9º, §1º, IV,* da LCM 255/2020; *"e finalmente ao secretário municipal de Justiça"*, nos termos do *artigo 9º, §1º, V,* da LCM 255/2020; *"ao secretário municipal de Justiça"*, constantes do *artigo 10, III, V, XII e XIV,* da LCM 255/2020; *"ao secretário municipal de Justiça"*, nos termos do *artigo 14, II, IV, VIII, IX, X, XV,* da LCM 255/2020; *"bem como aquelas que lhe forem delegadas pelo secretário municipal de Justiça"*, constante do *artigo 14, VI,* da LCM 255/2020; *"após manifestação do secretário municipal de Justiça"*, disposta no *artigo 14, VII,* da LCM 255/2020; *"quando solicitado pelo secretário municipal de Justiça"*, prevista no *artigo 14, XII e XIII,* da LCM 255/2020; *"que irá submetê-las ao secretário municipal de Justiça"*, constante do *artigo 16, I e III,* da LCM 255/2020; *"para aprovação do secretário municipal de Justiça"*, nos termos do *artigo 36, caput,* da LCM 255/2020; *"e ato contínuo encaminhará ao secretário municipal de Justiça"*, disposta no *artigo 37, §1º,* da LCM 255/2020; *"e aprovação do secretário municipal de Justiça"*, prevista no *artigo 44* da LCM 255/2020 e, por fim, *"DA SECRETARIA MUNICIPAL DE JUSTIÇA"*, prevista no *Anexo I* da LCM 255/2020.[2]

O Tribunal de Justiça do Estado de São Paulo (TJ/SP) julgou improcedente o pedido da ação.[3]

Em sede de Recurso Extraordinário (RE 1.398.041/SP), alegou-se ofensa aos arts. 18, 29 e 132 da Constituição da República Federativa do Brasil (CRFB). O pedido do RE 1.398.041/SP foi redigido nos seguintes termos (inclusive destaques em itálico e negrito):

---

[2] SÃO PAULO (Estado). Tribunal de Justiça do Estado de São Paulo. *ADI 2103427-47.2021.8.26.0000.* Relator: Des. Matheus Fontes. Órgão Julgador: Órgão Especial. Data do Julgamento: 27.04.2022. Data de Registro: 02.05.2022, fls. 50-51.

[3] SÃO PAULO (Estado). Tribunal de Justiça do Estado de São Paulo. *ADI 2103427-47.2021.8.26.0000.* Relator: Des. Matheus Fontes. Órgão Julgador: Órgão Especial. Data do Julgamento: 27.04.2022. Data de Registro: 02.05.2022, fls. 2702.

> *75.* Face ao exposto, requer-se seja *dado provimento* ao recurso extraordinário, *reformando-se* o acórdão local, para declarar a inconstitucionalidade das ***expressões normativas*** impugnadas, ante a frontal ofensa aos artigos 18, 29 e 132 da Constituição Federal.
> *76.* Na eventualidade de não se declarar a inconstitucionalidade das ***expressões normativas*** impugnadas, que se dê *provimento* ao recurso extraordinário para emprestar *interpretação conforme* de modo a, observando os artigos 18, 29 e 132 da Constituição Federal, consignar que por ***elas*** *não se autoriza, não se delega e não se atribui* ao agente político comissionado titular de outra pasta secretarial o exercício de funções típicas de representação judicial e assessoramento jurídicos do Município de Campinas, reservadas exclusivamente ao procuradores titulares de cargo público, uma vez existente Instituição organizada em carreira, subordinada *somente* ao Sr. Prefeito, Chefe do Poder Executivo Municipal, destinatário final das manifestações do corpo técnico.[4]

No julgamento do RE 1.398.041/SP, o Ministro Relator original, Ricardo Lewandowski, proferiu decisão na qual deu provimento ao recurso extraordinário nos termos do art. 21, §2º, do Regimento Interno do STF – que autoriza o Relator a prover desde logo recurso extraordinário que esteja em manifesta divergência com a jurisprudência do STF – para conferir interpretação conforme ao texto normativo da LCM 255/2020 e excluir do âmbito de atribuições do Secretário Municipal de Justiça quaisquer atividades de consultoria e assessoramento ao Poder Executivo Municipal, atividades típicas de titulares de cargo público, e de controle político da atividade dos Procuradores Municipais. Confira-se o dispositivo da decisão:

> Isso posto, dou provimento ao recurso (art. 21, §2º, do RISTF) para conferir interpretação conforme ao texto normativo e exclui do âmbito de atribuições do Secretário Municipal de Justiça atividades de consultoria e assessoramento ao Poder Executivo Municipal, atividades típicas de titulares de cargo público, e de controle político da atividade dos procuradores municipais.[5]

O Prefeito do Município de Campinas opôs embargos de declaração, os quais foram recebidos como agravo regimental pelo

---

[4] SÃO PAULO (Estado). Tribunal de Justiça do Estado de São Paulo. *ADI 2103427-47.2021.8.26.0000*. Relator: Des. Matheus Fontes. Órgão Julgador: Órgão Especial. Data do Julgamento: 27.04.2022. Data de Registro: 02.05.2022, fls. 2702.

[5] BRASIL. Supremo Tribunal Federal. *RE 1.398.041/SP*. Relator: Min. Ricardo Lewandowski. Decisão Monocrática, julgado em 10.04.2023, DJe 11.04.2023.

Ministro Cristiano Zanin, novo Relator do feito no STF. Em seu voto, o Ministro Relator negou provimento ao agravo regimental, mantendo a decisão recorrida por seus próprios fundamentos, por considerá-la apoiada na jurisprudência do STF sobre a controvérsia em exame. O voto do relator foi acolhido por unanimidade pelos membros da Primeira Turma da Corte, na Sessão Virtual de 25.08.2023 a 01.09.2023.[6]

Uma das etapas de desenvolvimento deste estudo consistirá justamente em compreender o sentido que a decisão do STF deu aos conceitos de "consultoria e assessoramento" e de "controle político", num esforço com o propósito de permitir que o texto judicial, em sua condição de meio linguístico, comunique algo, sem que essa mensagem desapareça pela transliteração das pré-compreensões tomadas a partir de vieses cognitivos, numa interpretação que não revelaria nada do texto, senão apenas a posição prévia dos próprios intérpretes.[7]

Assim, objetiva-se deixar que o texto judicial transmita a mensagem, sem se incutir na interpretação a pré-compreensão pura e simples. Essa é uma tarefa inarredável de respeito ao dever constitucional de fundamentação das decisões judiciais previsto no inciso IX do art. 93 da Constituição Federal, que precisa ser empreendida na busca do sentido jurídico do ato judicial interpretado.

1 Considerações preliminares

A decisão do STF em sede de controle abstrato de constitucionalidade opera efeitos normativos que, por sua vez, possuem repercussões práticas na seara dos fatos que estão regidos pelas disposições normativas a ele relacionadas. Por essa razão, a análise jurídica das consequências do julgamento que ora se analisa passa, necessariamente, pela verificação da eficácia que ela opera em ambos os campos.

---

[6] BRASIL. Supremo Tribunal Federal. *EDcl no RE 1.398.041/SP*, Relator: Min. Cristiano Zanin, Primeira Turma, julgado na Sessão Virtual de 25.08.2023 a 01.09.2023.

[7] ECO, Umberto. *Interpretação e superinterpretação*. 2. ed. São Paulo: Martins Fontes, 2005, p. 53-78.

De fato, tendo em consideração que a Administração Pública é regida pelos princípios da legalidade, impessoalidade, moralidade, publicidade e eficiência (CRFB, art. 37, *caput*), a força da eficácia da decisão do STF no plano normativo possui importância reforçada na seara dos fatos.

2 Do momento em que o julgamento do STF passou a produzir efeitos

Desde o julgamento da Questão de Ordem na ADI 711/AM, o STF tem adotado o critério segundo o qual a decisão proferida no julgamento de mérito de ação direta de inconstitucionalidade é válida a partir da data da publicação no Diário da Justiça da ata da sessão de julgamento.[8] A oposição de embargos de declaração, cuja consequência fundamental é a interrupção do prazo para interposição de outros recursos (CPC, art. 1026, *caput*), não impede a implementação de decisão de mérito proferida pelo STF em ação direta de inconstitucionalidade.

A orientação mencionada no parágrafo anterior também tem sido adotada em julgamentos de recursos extraordinários nos quais declara a inconstitucionalidade de atos normativos, conforme se verifica no RE 949.297/CE e no RE 955.227/BA, pois o STF considera que a publicação da ata de julgamento em controle direto ou incidental de constitucionalidade equivale ao primeiro dia de vigência da nova norma que decorre de seu julgamento.[9]

No caso de que trata este artigo, ocorreu até o julgamento dos embargos de declaração, de modo que não resta qualquer dúvida quanto ao fato de que a decisão do STF que ora se analisa já está a produzir efeitos.

---

[8] BRASIL. Supremo Tribunal Federal. *ADI 711 QO/AM*. Relator: Min. Néri da Silveira, Tribunal Pleno, julgado em 05.08.1992, DJ 11.06.1993. No mesmo sentido: BRASIL. Supremo Tribunal Federal. *Rcl 2576/SC*, Relatora: Min. Ellen Gracie, Tribunal Pleno, julgado em 23.06.2004, DJ 20.08.2004; BRASIL. Supremo Tribunal Federal. *Rcl 3473 AgR/DF*, Relator: Min. Carlos Velloso, Tribunal Pleno, julgado em 31.08.2005, DJ 09.12.2005.

[9] BRASIL. Supremo Tribunal Federal. *RE 949.297/CE*, Relator: Min. Edson Fachin, Relator p/ Acórdão: Min. Roberto Barroso, Tribunal Pleno, julgado em 08.02.2023, DJe 28.04.2023; BRASIL. Supremo Tribunal Federal. *RE 955.227/BA*, Relator: Min. Roberto Barroso, Tribunal Pleno, julgado em 08.02.2023, DJe 28.04.2023.

3 Precedentes do STF e considerações doutrinárias pertinentes

Cada ciência possui sua linguagem, e isso vale para a ciência do Direito. Às vezes, as expressões correntes, de uso comum do povo, adquirem, no mundo jurídico, um sentido técnico especial, tal como ocorre com a palavra "competência", que, na linguagem comum, significa a aptidão de um indivíduo para atuar numa área na qual é versado, mas na linguagem jurídica significa a qualidade legítima de jurisdição ou autoridade, conferida a um órgão judicial, para conhecer e julgar certo feito submetido à sua deliberação dentro de determinada circunscrição judiciária.[10]

As expressões "consultoria e assessoramento" e "controle político" podem ser consideradas conceitos analógicos, cujo significado não é unívoco, o que embasa sua compreensão como enunciados singularmente sujeitos às mais diversas interpretações.[11]

Verifica-se que o dispositivo da decisão do STF faz uso dessas conceituações sem fazer maiores considerações a respeito delas. Assim, tais expressões se afiguram como conceitos vagos ou indeterminados, caracterizados por não permitirem comunicação perfeitamente clara e delimitada em razão de polissemia, vaguidade, ambiguidade, porosidade ou esvaziamento. Os conceitos jurídicos indeterminados são termos ou expressões presentes em textos jurídicos que não são exatos em seus sentidos. Por isso, comportam significação mutável e considerável espaço para atribuição de conteúdo pelo intérprete, a exemplo de expressões como "ordem pública", "bons costumes" ou "interesse público".[12]

Em sua decisão, o Ministro Ricardo Lewandowski mencionou como precedente o Recurso Extraordinário com Agravo (ARE) 1.181.766/ES, também de sua relatoria, que "discutiu questão

---

[10] REALE, Miguel. *Lições preliminares de direito*. 25. ed. São Paulo: Saraiva, 2001, p. 7-8.

[11] DOOYEWEERD, Herman. Os conceitos analógicos. Traduzido da versão inglesa de Robert Knudsen por Guilherme Vilela Ribeiro de Carvalho. *Diálogo & Antítese*: Revista de Religião e Transdisciplinaridade, Belo Horizonte (L'Abri Fellowship), v. 1, n. 1, p. 54-68, maio 2009.

[12] CARVALHO, Caio Augusto Nunes de. *Conceitos vagos ou indeterminados na fundamentação de decisões judiciais*. Dissertação (Mestrado em Direito) – Pontifícia Universidade Católica de São Paulo, São Paulo, 2018.

em tudo semelhante à matéria aqui tratada. Lá apreciou-se a constitucionalidade da Lei Complementar 04/96, do Município de Barra de São Francisco que instituíra a criação de cargo em comissão para Procurador-Geral Adjunto".[13]

No precedente mencionado, o Ministro Lewandowski afirmou não haver lugar para nomeações em comissão de pessoas, estranhas aos quadros da Advocacia de Estado, que venham a ser designadas, no âmbito do Poder Executivo, para o exercício de funções de assistência, de assessoramento e/ou de consultoria na área jurídica. Afirmou, ainda, que a exclusividade da função de consultoria jurídica remanesce, agora, na esfera institucional da Advocacia Pública, a ser exercida pelas Procuradorias-Gerais e pelos membros que as compõem, uma vez regularmente investidos, por efeito de prévia aprovação em concurso público de provas e de títulos, em cargos peculiares à Advocacia de Estado, o que tornaria inadmissível a investidura, mediante livre provimento em funções ou em cargos em comissão, de pessoas para o desempenho, no âmbito do Poder Executivo do Estado-membro, de atividades de consultoria ou de assessoramento jurídicos.[14]

4 Análise da decisão do STF no RE 1.398.041/SP

A decisão colegiada no julgamento dos EDcl no RE 1.398.041/SP negou provimento ao agravo regimental, mantendo a decisão recorrida por seus próprios fundamentos, por considerá-la apoiada na jurisprudência do STF sobre a controvérsia em exame. Portanto, o conteúdo da decisão da qual emana o comando judicial que vincula o julgamento no plano normativo está contido na decisão proferida pelo Ministro Ricardo Lewandowski, Relator original do RE 1.398.041/SP.

Conforme já mencionado, a decisão do Ministro Ricardo Lewandowski deu provimento ao recurso extraordinário nos

---

[13] BRASIL. Supremo Tribunal Federal. *RE 1.398.041/SP*, Relator: Min. Ricardo Lewandowski, Decisão Monocrática, julgado em 10.04.2023, DJe 11.04.2023.

[14] BRASIL. Supremo Tribunal Federal. *ARE 1.181.766/ES*, Relator: Min. Ricardo Lewandowski. Decisão monocrática, julgado em 09.06.2020, DJe 15.06.2020.

termos do art. 21, §2º, do Regimento Interno do STF – que autoriza o Relator a prover desde logo recurso extraordinário que esteja em manifesta divergência com a jurisprudência do STF – para conferir interpretação conforme ao texto normativo da LCM 255/2020 e excluir do âmbito de atribuições do Secretário Municipal de Justiça quaisquer atividades de consultoria e assessoramento ao Poder Executivo Municipal, atividades típicas de titulares de cargo público, e de controle político da atividade dos Procuradores Municipais.

Emana do dispositivo que foi dado provimento ao recurso extraordinário para conferir interpretação conforme a Constituição ao texto normativo da LCM 255/2020 para excluir do âmbito de atribuições do Secretário Municipal de Justiça quaisquer atividades de: (i) consultoria e assessoramento ao Poder Executivo Municipal, atividades típicas de titulares de cargo público; (ii) controle político da atividade dos Procuradores Municipais.

Apontam-se, a seguir, trechos da decisão que, em síntese, tratam de cada uma das espécies de atividades que foram excluídas do âmbito de atribuições do Secretário Municipal de Justiça de Campinas.

> (i) No contexto normativo que emerge do art. 132 da Constituição, e numa análise preliminar do tema, compatível com o juízo de delibação ora exercido, parece não haver lugar para nomeações em comissão de pessoas, estranhas aos quadros da Advocacia de Estado, que venham a ser designadas, no âmbito do Poder Executivo, para o exercício de funções de assistência, de assessoramento e/ou de consultoria na área jurídica.
> A exclusividade dessa função de consultoria remanesce, agora, na esfera institucional da Advocacia Pública, a ser exercida, no plano dos Estados-membros, por suas respectivas Procuradorias-Gerais e pelos membros que as compõem, uma vez regularmente investidos, por efeito de prévia aprovação em concurso público de provas e de títulos, em cargos peculiares à Advocacia de Estado, o que tornaria inadmissível a investidura, mediante livre provimento em funções ou em cargos em comissão, de pessoas para o desempenho, no âmbito do Poder Executivo do Estado-membro, de atividades de consultoria ou de assessoramento jurídicos.
> Essa prerrogativa institucional, que é de ordem pública, encontra assento na própria Constituição Federal. Não pode, por isso mesmo, comportar exceções nem sofrer derrogações sequer previstas ou autorizadas pelo próprio texto da Lei Fundamental.
> (ii) O acórdão recorrido, contudo, ao julgar improcedente o pedido deduzido nesta ação e divergir dos precedentes do STF, concluiu que:

> "(...)
> E a vinculação meramente administrativa da Procuradoria Geral do Município à Secretaria Municipal de Justiça, respeitado entendimento contrário, em nada afeta ou retira a autonomia técnica e independência dos dignos Procuradores Municipais, ausente qualquer ingerência que pudesse ser considerada indevida ou mesmo subterfúgio para supervisionar ou fiscalizar-lhe as atribuições, senão que melhor busca isto sim organizar a estrutura administrativa municipal.
> Com efeito, das expressões impugnadas pelo requerente verifica-se não haver invasão de competência inerente à advocacia pública pela Secretaria ou Secretário de Justiça Municipal. Não se retira da Procuradoria Municipal o atributo de instituição de natureza essencial à administração da Justiça e à Administração Pública; e não afeta a garantia de independência técnica dos Procuradores, bem como não exclui desses profissionais – nem atribui à Secretaria Municipal de Justiça – atividades que seriam típicas de Advocacia Pública."

Verifica-se, assim, que a decisão determinou ser vedado ao Secretário Municipal de Justiça exercer as funções de assistência, de assessoramento e/ou de consultoria na área jurídica, bem como rechaçou a vinculação administrativa da Procuradoria-Geral do Município à Secretaria Municipal de Justiça – pois reformou a decisão do TJ/SP que havia considerado tal vinculação legítima.

5 Da norma judicial que se extrai da decisão do RE 1.398.041/SP

A *ratio decidendi* é a parcela vinculante de uma decisão judicial que irradia eficácia prospectiva para casos futuros que a ela se refiram, constituindo-se como norma jurídica que vinculará os destinatários de seu comando, referindo-se, especificamente, às razões de decidir ou às razões para decisão. Qualifica-se, pois, como regra necessária à solução do caso ou questão jurídica.[15]

Vista como um precedente, a decisão precisa projetar em seu conteúdo normativo, veiculado pelas razões utilizadas para atingimento da conclusão judicial do caso concreto, o significado das

[15] MIRANDA, Victor Vasconcelos. *Precedentes judiciais*: a construção da *ratio decidendi* e o controle de aplicabilidade dos precedentes. Dissertação (Mestrado em Direito) – Pontifícia Universidade Católica de São Paulo, São Paulo, 2017.

pautas de condutas exigíveis dos jurisdicionados, eis que se inserem na ordem jurídica constituindo o direito que regula as relações sociais. Por essa razão, não se pode extrair a ideia da *ratio decidendi* do precedente mediante a revelação do conteúdo de seu texto, mas sim mediante a construção da norma diante dos aspectos relevantes na dimensão fático-jurídica que importaram na conclusão normativa alcançada.[16]

A partir das considerações dos dois parágrafos precedentes, verifica-se a necessidade e a importância de se analisar os incidentes processuais antecedentes do feito, o que será feito a seguir.

Inicialmente, é fundamental que se tenha em mente que foi atendido o pedido recursal para "que se dê *provimento* ao recurso extraordinário para emprestar *interpretação conforme* de modo a, observando os artigos 18, 29 e 132 da Constituição Federal, consignar que por ***elas*** *não se autoriza, não se delega e não se atribui* ao agente político comissionado titular de outra pasta secretarial o exercício de funções típicas de representação judicial e assessoramento jurídicos do Município de Campinas, reservadas exclusivamente ao procuradores titulares de cargo público, uma vez existente Instituição organizada em carreira, subordinada ***somente*** ao Sr. Prefeito, Chefe do Poder Executivo Municipal, destinatário final das manifestações do corpo técnico".

O Ministério Público Federal (MPF) exarou parecer pelo provimento do recurso, "conferindo-se interpretação conforme ao texto normativo, excluindo-se do âmbito de atribuições do Secretário Municipal de Justiça atividades de consultoria e assessoramento ao Poder Executivo Municipal, atividades típicas de titulares de cargo público, e de controle político da atividade dos procuradores municipais". *Ressalta-se que o parecer foi no mesmo sentido da decisão do Ministro Relator do RE 1.398.041/SP, de modo que seu conteúdo serve de elemento adicional de integração normativa da decisão que ora se analisa.*[17]

O parecer da Procuradoria-Geral da República afirmou não haver dúvidas de que a LCM 255/2020 ultrapassou os lindes da

---

[16] MARINONI, Luiz Guilherme. *Precedentes obrigatórios*. 5. ed. São Paulo: Revista dos Tribunais, 2016. p. 162-163.

[17] BRASIL. Ministério Público Federal/Procuradoria-Geral da República. *Parecer MPF/PGR nº 36.950/CS – RE 1.398.041/SP*. Subscrevente: Subprocuradora-Geral da República Cláudia Sampaio Marques. Brasília, 20 de setembro de 2022.

auto-organização do Município, afrontando a regra constitucional que atribui à Advocacia Pública as atividades de consultoria e assessoramento jurídico do Poder Executivo e que deve ser, conforme também expresso no texto constitucional, organizada em carreiras, cujo ingresso se dá mediante concurso público de provas e títulos, com a participação da Ordem dos Advogados do Brasil em todas as suas fases, nos termos do art. 132 da Constituição Federal, ao atribuir ao Secretário Municipal de Justiça a função de assessoramento ao Poder Executivo, conforme claramente expresso nos seguintes trechos: "assessorar juridicamente o Prefeito na condução das ações políticas e municipais" e "promover ações de defesa do consumidor, assistência jurídica básica e de proteção contra as discriminações em matéria afeta à proteção do consumidor". Para o MPF, "tal salvaguarda destina-se, em verdade, à configuração da necessária qualificação técnica e independência funcional desses especiais agentes públicos [os Procuradores]".

Tendo em vista o pedido recursal (que foi acolhido pelo STF), o parecer da PGR (aqui usado apenas como elemento de integração da decisão) e o dispositivo da decisão do Ministro Ricardo Lewandowski (da qual emana o comando que vincula seus destinatários), conclui-se que as seguintes expressões normativas da LCM 255/2020 devem observar a determinação segundo a qual estão excluídas do âmbito de atribuições do Secretário Municipal de Justiça quaisquer atividades de (i) consultoria e assessoramento ao Poder Executivo Municipal, atividades típicas de titulares de cargo público e de (ii) controle político da atividade dos Procuradores Municipais:

- "juridicamente", "promover ações de defesa do consumidor" e "jurídica", constantes do art. 1º da LCM 255/2020, que deu nova redação ao Anexo I da Lei 10.248/99, ambas do Município de Campinas;
- "ao secretário municipal de Justiça", nos termos do art. 3º, III, da LCM 255/2020;
- "após análise da Secretaria Municipal de Justiça", nos termos do art. 4º, *caput*, da LCM 255/2020;
- "ao secretário municipal de Justiça", nos termos do art. 9º, §1º, IV, da LCM 255/2020;
- "e finalmente ao secretário municipal de Justiça", nos termos do art. 9º, §1º, V, da LCM 255/2020;

- "ao secretário municipal de Justiça", constantes do art. 10, III, V, XII e XIV, da LCM 255/2020;
- "ao secretário municipal de Justiça", nos termos do art. 14, II, IV, VIII, IX, X, XV, da LCM 255/2020;
- "bem como aquelas que lhe forem delegadas pelo secretário municipal de Justiça", constante do art. 14, VI, da LCM 255/2020;
- "após manifestação do secretário municipal de Justiça", disposta no art. 14, VII, da LCM 255/2020;
- "quando solicitado pelo secretário municipal de Justiça", prevista no art. 14, XII e XIII, da LCM 255/2020;
- "que irá submetê-las ao secretário municipal de Justiça", constante do art. 16, I e III, da LCM 255/2020;
- "para aprovação do secretário municipal de Justiça", nos termos do art. 36, *caput*, da LCM 255/2020;
- "e ato contínuo encaminhará ao secretário municipal de Justiça", disposta no art. 37, §1º, da LCM 255/2020;
- "e aprovação do secretário municipal de Justiça", prevista no art. 44 da LCM 255/2020; e
- "DA SECRETARIA MUNICIPAL DE JUSTIÇA", prevista no Anexo I da LCM 255/2020.

Portanto, o STF determinou a exclusão das seguintes atividades do âmbito da Secretaria Municipal de Justiça de Campinas, por considerá-las incluídas no âmbito das atividades de consultoria e assessoramento ao Poder Executivo Municipal (que, por sua vez, são atividades típicas de titulares de cargo público de Procurador):

- assessorar juridicamente o Prefeito na condução das ações políticas e municipais;
- promover ações de defesa do consumidor e assistência jurídica básica contra as discriminações em matéria afeta à proteção do consumidor.

O STF também considerou inconstitucional o controle político da Secretaria Municipal de Justiça em relação à Procuradoria-Geral do Município (PGM), isto é, considerou inconstitucionais as seguintes disposições contidas na LCM 255/2020:

- a disposição que estabelece como função institucional da Procuradoria-Geral do Município propor estudos *ao*

Secretário Municipal de Justiça acerca da orientação jurídica da Administração Municipal, visando fixar a interpretação das leis a ser uniformemente seguida pelos órgãos e entidades da Administração Municipal direta, mediante a edição de súmulas administrativas, nos termos do art. 4º desta Lei Complementar – ***tal função institucional é exclusiva da PGM***;

- a prescrição segundo a qual a súmula da Procuradoria-Geral do Município, que após ser aprovada pelo Prefeito, terá caráter obrigatório para todos os órgãos municipais da Administração direta, *deverá ser analisada pela Secretaria Municipal de Justiça* – ***a edição de tal súmula está adstrita à análise da PGM***;
- a previsão normativa que obriga o Procurador-Chefe a encaminhar os controles de frequência dos Procuradores e servidores sob sua chefia *ao Secretário Municipal de Justiça* para serem remetidos à secretária de Recursos Humanos – ***tal encaminhamento deve ser feito ao Procurador-Geral do Município***;
- a disposição que estabelece a competência do Procurador-Chefe para resolver os conflitos internos dentro de sua esfera de competência e, se a solução não lhe competir, levar o caso à Corregedoria-Geral do Município ou ao Procurador-Geral do Município *e finalmente ao Secretário Municipal de Justiça*, conforme o caso – ***a instância final dessa competência é o Procurador-Geral do Município***;
- as prescrições segundo as quais compete ao Conselho Superior da Procuradoria-Geral do Município: *sugerir ao Secretário Municipal de Justiça* a edição de súmulas administrativas e o valor mínimo do débito inscrito em dívida ativa a ser objeto de execução fiscal; *opinar ao Secretário Municipal de Justiça* sobre a realização de concursos para o provimento de cargos de Procurador do Município; avaliar o desempenho do Procurador em estágio probatório, *encaminhar relatório ao Secretário Municipal de Justiça*, que o remeterá ao órgão competente da Secretaria Municipal de Recursos Humanos para a aquisição ou não de estabilidade no cargo; *opinar ao Secretário Municipal de Justiça* sobre a aplicação de pena de demissão ou cassação de

aposentadoria a Procurador do Município – ***tais prescrições são direcionadas ao Procurador-Geral do Município***;

- as determinações pelas quais compete ao Procurador-Geral do Município: convocar e presidir o Conselho Superior da Procuradoria-Geral do Município, bem como garantir suas prerrogativas funcionais *e oficiar ao Secretário Municipal de Justiça* a fim de fazer cumprir suas determinações; *propor ao Secretário Municipal de Justiça* as medidas judiciais e administrativas que julgar necessárias; *indicar ao Secretário Municipal de Justiça* o substituto do Procurador-Geral Adjunto nos seus impedimentos legais e eventuais; *opinar ao Secretário Municipal de Justiça* sobre a nomeação ou designação de Procurador do Município para ocupar cargo em comissão ou prestar serviços fora das unidades da Procuradoria-Geral do Município; *propor ao Secretário Municipal de Justiça* a declaração de nulidade de atos administrativos da Administração direta e das autarquias e fundações de direito público municipais; *dar ciência ao Secretário Municipal de Justiça* das ações judiciais ajuizadas contra a Municipalidade e/ou seus agentes públicos que possam ter repercussões sobre as políticas públicas em execução; exercer especificamente outras competências previstas em legislação especial, *bem como aquelas que lhe forem delegadas pelo Secretário Municipal de Justiça*; exercer, *após manifestação do Secretário Municipal de Justiça,* o poder disciplinar e correicional superior, exceto nas penas de demissão e cassação de aposentadoria; opinar, *quando solicitado pelo Secretário Municipal de Justiça,* sobre a abertura de concursos para Procuradores do Município; opinar, *quando solicitado pelo Secretário Municipal de Justiça,* sobre a eventual contratação de serviços jurídicos a serem prestados por advogados estranhos à carreira, em caráter excepcional e em razão de manifesto interesse público, para emitir parecer ou prestar outros serviços jurídicos relevantes – ***tais competências são do Procurador-Geral do Município***;
- a previsão segundo a qual compete ao Núcleo Técnico-Legislativo: analisar minutas de projetos de lei e de decretos e encaminhá-las ao Procurador-Geral do Município, *que*

irá submetê-las ao Secretário Municipal de Justiça; analisar os projetos de lei submetidos à sanção ou veto do Prefeito, elaborando, se for o caso, razões de veto a serem encaminhadas ao Procurador-Geral do Município, *que irá submetê-las ao Secretário Municipal de Justiça* – ***a submissão dessas matérias jurídicas é endereçada ao Procurador-Geral do Município***;

- a determinação de acordo com a qual *o Secretário Municipal de Justiça deverá aprovar parecer opinativo* que permitirá o acesso aos níveis superiores da carreira – ***tal aprovação deve ser dada pelo Procurador-Geral do Município***;
- a disposição pela qual o cumprimento dos requisitos objetivos para progressão na carreira será avaliado pelo Procurador-Geral do Município *e, ato contínuo, encaminhado ao Secretário Municipal de Justiça* para efetivação junto à Administração Municipal – ***tal expediente não deverá ser encaminhado ao Secretário Municipal de Justiça, pois é matéria exclusiva da carreira de Procurador do Município, cujo superior hierárquico é o Procurador-Geral do Município, que é o responsável final pela sua aprovação***;
- a previsão de que o valor mínimo dos débitos tributários e não tributários a serem cobrados judicialmente por meio de execução fiscal deverá ser aprovada pelo Secretário Municipal de Justiça – ***tal atribuição é do Prefeito Municipal, Chefe do Poder Executivo***.
- a disposição segundo a qual o quadro de funções de confiança e dos cargos em comissão previsto no Anexo I da LCM 255/2020 pertence à Secretaria Municipal de Justiça – ***tal quadro pertence à Procuradoria-Geral do Município de Campinas***.

6 Dos efeitos práticos da decisão do STF no RE 1.398.041/SP

No plano prático, a decisão ora analisada enseja a adoção de providências pela Administração Municipal, notadamente relacionadas ao cumprimento da decisão do STF. De fato, a substancial redução das competências da Secretaria Municipal de

Justiça deve levar a uma redução proporcional em sua dotação orçamentária e em seu quadro de servidores. Por sua vez, a ampliação das competências da Procuradoria-Geral do Município deve ser acompanhada de um aumento em sua dotação orçamentária e em seu quadro de servidores.

A mensuração dos impactos orçamentários e de pessoal mencionada no parágrafo anterior deve ser objeto de avaliação de impacto da decisão judicial, a qual deverá ser realizada com o uso de metodologias que sirvam de suporte para a racional alocação de recursos públicos tanto na PGM quanto na Secretaria de Justiça. Tal dever está amparado na legitimidade que deve nortear os gastos públicos, pois a legitimidade da conduta do administrador não se decide em abstrato, mas resulta do confronto com o caso concreto. Se uma despesa resulta de um comportamento cuja falta de razoabilidade evidencia manifesto descompasso com o sentido da lei, dadas as circunstâncias concretas do caso, o Tribunal de Contas está autorizado a exercer seu respectivo controle de legitimidade. Afinal, apreciar um ato de gestão quanto à sua legitimidade envolve a formulação de um juízo de valor, uma avaliação das circunstâncias em que o ato foi praticado, uma ponderação da prioridade relativa entre a despesa efetuada e as outras necessidades de gastos públicos.[18]

Para que passe a estar em conformidade com a decisão do STF no RE 1.398.041/SP, a Administração Municipal deverá: a) promover análise e revisão de rotinas e procedimentos que têm sido encaminhados ao Secretário Municipal de Justiça porque, em princípio, configuram controle político da atividade dos Procuradores Municipais; b) promover análise e revisão de seus atos normativos infralegais, a fim de excluir do âmbito de atribuições do Secretário Municipal de Justiça quaisquer atividades de consultoria e assessoramento ao Poder Executivo Municipal, atividades típicas de titulares de cargo público, e de controle político da atividade dos Procuradores Municipais.

A decisão objeto de análise deste estudo restaura o respeito do Município de Campinas à Constituição, às leis e instituições democráticas (legalidade), e assegura plena independência técnica

---

[18] LIMA, Luiz Henrique. *Controle externo*: teoria e jurisprudência para os Tribunais de Contas. 7. ed. São Paulo: Método, 2018, p. 72.

à Procuradoria-Geral do Município (impessoalidade), por atribuir ao órgão que detém a exclusividade das competências atinentes à consultoria e ao assessoramento jurídico do Poder Executivo Municipal as competências relacionadas à análise jurídica de suas atividades, devidamente fundamentadas e disponíveis para apreciação da sociedade e dos órgãos de controle (publicidade), sem controle político (moralidade) por parte de agentes comissionados.

A decisão do STF analisada neste texto rechaçou o controle político exercido por agente comissionado em relação às atividades da Procuradoria-Geral do Município, pois a única explicação possível para que tantos expedientes administrativos de caráter estritamente jurídico sejam encaminhados ao Secretário Municipal de Justiça é a evidente manifestação de controle político, tendo em vista que, do contrário, tais previsões estariam em manifesta contrariedade ao princípio da eficiência, o qual deverá nortear a análise de impacto da decisão judicial cuja realização se recomenda. Assim, a decisão de que trata este artigo restaura, também, a eficiência na Administração Pública do Município de Campinas.

Conclusões

Considerando-se a fundamentação exposta, conclui-se que:

(i) a decisão do STF em sede de controle abstrato de constitucionalidade opera efeitos normativos que, por sua vez, possuem repercussões práticas na seara dos fatos que estão regidos pelas disposições normativas a ele relacionadas;

(ii) o STF tem adotado o critério segundo o qual a decisão proferida no julgamento de mérito de ação direta de inconstitucionalidade é válida a partir da data da publicação no Diário da Justiça da ata da sessão de julgamento, e essa orientação também tem sido adotada em julgamentos de recursos extraordinários nos quais declara a inconstitucionalidade de atos normativos, pois considera que a publicação da ata de julgamento em controle direto ou incidental de constitucionalidade equivale ao primeiro dia de vigência da nova norma que decorre de seu julgamento;

(iii) a decisão do STF no RE 1.398.041/SP já está a produzir efeitos;

(iv) a decisão do STF no RE 1.398.041/SP determinou ser vedado ao Secretário Municipal de Justiça exercer as funções de assistência, de assessoramento e/ou de consultoria na área jurídica, bem como rechaçou a vinculação administrativa da Procuradoria-Geral do Município à Secretaria Municipal de Justiça – pois reformou a decisão do TJ/SP que havia considerado tal vinculação legítima;

(v) diversas expressões normativas da LCM 255/2020 – mencionadas na fundamentação – devem observar a determinação segundo a qual estão excluídas do âmbito de atribuições do Secretário Municipal de Justiça quaisquer atividades de (a) consultoria e assessoramento ao Poder Executivo Municipal, atividades típicas de titulares de cargo público e de (b) controle político da atividade dos Procuradores Municipais;

(vi) no plano prático, a decisão ora analisada enseja a adoção de providências pela Administração Municipal, notadamente relacionadas ao cumprimento da decisão do STF. De fato, a substancial redução das competências da Secretaria Municipal de Justiça deve levar a uma redução proporcional em sua dotação orçamentária e em seu quadro de servidores. Por sua vez, a ampliação das competências da Procuradoria-Geral do Município deve ser acompanhada de um aumento em sua dotação orçamentária e em seu quadro de servidores;

(vii) a mensuração dos impactos orçamentários e de pessoal mencionada no tópico precedente deve ser objeto de avaliação de impacto da decisão judicial, a qual deverá ser realizada com o uso de metodologias que sirvam de suporte para a racional alocação de recursos públicos tanto na PGM quanto na Secretaria de Justiça;

(viii) para que passe a estar em conformidade com a decisão do STF no RE 1.398.041/SP, a Administração Municipal deverá: a) promover análise e revisão de rotinas e procedimentos que têm sido encaminhados ao Secretário Municipal de Justiça porque, em princípio, configuram controle político da atividade dos Procuradores Municipais; b) promover análise e revisão de seus atos normativos infralegais, a fim de excluir do âmbito de atribuições do Secretário Municipal de Justiça quaisquer atividades de consultoria e assessoramento ao Poder Executivo Municipal, atividades típicas de titulares de cargo público, e de controle político da atividade dos Procuradores Municipais;

(ix) a decisão objeto de análise deste artigo restaura o respeito do Município de Campinas à Constituição, às leis e instituições democráticas (legalidade), e assegura plena independência técnica à Procuradoria-Geral do Município (impessoalidade), por atribuir ao órgão que detém a exclusividade das competências atinentes à consultoria e ao assessoramento jurídico do Poder Executivo Municipal as competências relacionadas à análise jurídica de suas atividades, devidamente fundamentadas e disponíveis para apreciação da sociedade e dos órgãos de controle (publicidade), sem controle político (moralidade) por parte de agentes comissionados;

(x) a decisão do STF analisada neste texto rechaçou o controle político exercido por agente comissionado em relação às atividades da Procuradoria-Geral do Município, pois a única explicação possível para que tantos expedientes administrativos de caráter estritamente jurídico sejam encaminhados ao Secretário Municipal de Justiça é a evidente manifestação de controle político, tendo em vista que, do contrário, tais previsões estariam em manifesta contrariedade ao princípio da eficiência, o qual deverá nortear a análise de impacto da decisão judicial cuja realização se recomenda. Assim, a decisão de que trata este estudo restaura, também, a eficiência na Administração Pública do Município de Campinas.

Referências

BRASIL. Ministério Público Federal/Procuradoria-Geral da República. *Parecer MPF/PGR nº 36.950/CS – RE 1.398.041/SP*. Subscrevente: Subprocuradora-Geral da República Cláudia Sampaio Marques. Brasília, 20 de setembro de 2022.

BRASIL. Supremo Tribunal Federal. *ADI 711 QO/AM*, Relator: Min. Néri da Silveira, Tribunal Pleno, julgado em 05.08.1992, DJ 11.06.1993.

BRASIL. Supremo Tribunal Federal. *ARE 1.181.766/ES*, Relator: Min. Ricardo Lewandowski, Decisão monocrática, julgado em 09.06.2020, DJe 15.06.2020.

BRASIL. Supremo Tribunal Federal. *EDcl no RE 1.398.041/SP*, Relator: Min. Cristiano Zanin, Primeira Turma, julgado na Sessão Virtual de 25.08.2023 a 01.09.2023.

BRASIL. Supremo Tribunal Federal. *Rcl 2576/SC*, Relatora: Min. Ellen Gracie, Tribunal Pleno, julgado em 23.06.2004, DJ 20.08.2004.

BRASIL. Supremo Tribunal Federal. *Rcl 3473 AgR/DF*, Relator: Min. Carlos Velloso, Tribunal Pleno, julgado em 31.08.2005, DJ 09.12.2005.

BRASIL. Supremo Tribunal Federal. *RE 949.297/CE*, Relator: Min. Edson Fachin, Relator p/ Acórdão: Min. Roberto Barroso, Tribunal Pleno, julgado em 08.02.2023, DJe 28.04.2023.

BRASIL. Supremo Tribunal Federal. *RE 955.227/BA*, Relator: Min. Roberto Barroso, Tribunal Pleno, julgado em 08.02.2023, DJe 28.04.2023.

BRASIL. Supremo Tribunal Federal. *RE 1.398.041/SP*, Relator: Min. Ricardo Lewandowski, Decisão Monocrática, julgado em 10.04.2023, DJe 11.04.2023.

CARVALHO, Caio Augusto Nunes de. *Conceitos vagos ou indeterminados na fundamentação de decisões judiciais*. Dissertação (Mestrado em Direito) – Pontifícia Universidade Católica de São Paulo, São Paulo, 2018.

DOOYEWEERD, Herman. Os conceitos analógicos. Traduzido da versão inglesa de Robert Knudsen por Guilherme Vilela Ribeiro de Carvalho. *Diálogo & Antítese*: *Revista de Religião e Transdisciplinaridade*, Belo Horizonte (*L'Abri Fellowship*), v. 1, n. 1, p. 54-68, maio 2009.

ECO, Umberto. *Interpretação e superinterpretação*. 2. ed. São Paulo: Martins Fontes, 2005.

LIMA, Luiz Henrique. *Controle externo*: teoria e jurisprudência para os Tribunais de Contas. 7. ed. São Paulo: Método, 2018.

MARINONI, Luiz Guilherme. *Precedentes obrigatórios*. 5. ed. São Paulo: Revista dos Tribunais, 2016.

MIRANDA, Victor Vasconcelos. *Precedentes judiciais*: a construção da *ratio decidendi* e o controle de aplicabilidade dos precedentes. Dissertação (Mestrado em Direito) – Pontifícia Universidade Católica de São Paulo, São Paulo, 2017.

REALE, Miguel. *Lições preliminares de direito*. 25. ed. São Paulo: Saraiva, 2001.

SÃO PAULO. Tribunal de Justiça do Estado de São Paulo. *ADI 2103427-47.2021.8.26.0000.* Relator: Des. Matheus Fontes. Órgão Julgador: Órgão Especial. Data do Julgamento: 27.04.2022. Data de Registro: 02.05.2022.

A VERTICALIDADE INSTITUCIONAL COMO FUNDAMENTO DA PROPOSTA DE SÚMULA VINCULANTE Nº 142/DF PARA EFETIVAÇÃO DA GARANTIA DA INVIOLABILIDADE FUNCIONAL À ADVOCACIA

ROBSON SOARES DE SOUZA

1 Introdução

A Constituição da República de 1988 insere o advogado e a Advocacia entre as funções essenciais à Justiça em seu artigo 133 preconizando ser o advogado indispensável à administração da Justiça, garantindo inviolabilidade por seus atos e manifestações no exercício da profissão.[1]

Essa inviolabilidade encontra raízes nos direitos fundamentais explicitados no artigo 5º da Constituição da República, que em seus incisos IV, VI, VIII e IX formam um conjunto de liberdades individuais que se aderem à inviolabilidade funcional ora tratada prevendo-se a liberdade de manifestação de pensamento, de consciência, de convicção filosófica ou política e de expressão da atividade intelectual e científica.[2]

Trata-se de previsão objetiva cuja interpretação deve ser de máxima amplitude, tendo em vista a definição de suas funções previstas

---

[1] Art. 133. O advogado é indispensável à administração da justiça, sendo inviolável por seus atos e manifestações no exercício da profissão, nos limites da lei. (BRASIL. [Constituição (1988). *Constituição da República Federativa do Brasil de 1988*. Brasília, DF: Presidência da República).

[2] IV – é livre a manifestação do pensamento, sendo vedado o anonimato;
VI – é inviolável a liberdade de consciência e de crença, sendo assegurado o livre exercício dos cultos religiosos e garantida, na forma da lei, a proteção aos locais de culto e a suas liturgias;
VIII – ninguém será privado de direitos por motivo de crença religiosa ou de convicção filosófica ou política, salvo se as invocar para eximir-se de obrigação legal a todos imposta e recusar-se a cumprir prestação alternativa, fixada em lei;
IX – é livre a expressão da atividade intelectual, artística, científica e de comunicação, independentemente de censura ou licença; BRASIL. [Constituição (1988). *Constituição da República Federativa do Brasil de 1988*. Brasília, DF: Presidência da República).

no Estatuto da Ordem dos Advogados do Brasil, Lei Federal 8.906/94, o qual estabelece sua atividade postulatória[3] e reconhece como privativas do advogado as atividades de consultoria, assessoria e direção jurídicas.[4]

Avançando conceitualmente sobre a atuação do advogado como indispensável à administração da Justiça, é perfeitamente adequado o conceber como imprescindível ao Estado Democrático de Direito,[5] sendo elementar para a viabilidade da fruição de direitos, promoção da justiça social, garantia dos direitos fundamentais, exercício da cidadania[6] e aplicação de princípios como o da inafastabilidade de jurisdição e do devido processo legal.[7]

Ou seja, mostra-se inviável a intenção do Estado em promover a apaziguação dos conflitos sociais através de normas e por meio da atuação do Estado-Juiz sem a atuação anterior daquele que detém o "poder" de provocar sua atuação.[8] Assim, pode-se afirmar que resta

---

3 A capacidade de postulação em nosso sistema processual compete exclusivamente aos advogados, de modo que é obrigatória a representação da parte em juízo por advogado regularmente inscrito na Ordem dos Advogados do Brasil (NCPC, art. 103). Trata-se de um pressuposto processual, cuja inobservância conduz à nulidade do processo (arts. 1º e 3º da Lei 8.906, de 04.07.1994). (THEODORO JUNIOR, 2017, p. 327).

4 Art. 1º São atividades privativas de advocacia: I – a postulação a qualquer órgão do Poder Judiciário e aos juizados especiais; II – as atividades de consultoria, assessoria e direção jurídicas. (BRASIL. *Lei nº 8.906/94, de 04 de julho de 1994*. Dispõe sobre o Estatuto da Advocacia e a Ordem dos Advogados do Brasil – OAB. Brasília, DF: Presidência da República).

5 A noção de Estado Democrático de Direito está, pois, indissociavelmente ligada à realização dos direitos fundamentais. É desse liame indissolúvel que exsurge aquilo que se pode denominar de *plus* normativo do Estado Democrático de Direito. Mais do que uma classificação de Estado ou de uma variante de sua evolução histórica, o Estado Democrático de Direito faz uma síntese das fases anteriores, agregando a construção das condições de possibilidades para suprir as lacunas das etapas anteriores, representadas pela necessidade do resgate das promessas da modernidade, tais como igualdade, justiça social e a garantia dos direitos humanos fundamentais. (STRECK, 2014)

6 É indispensável o advogado, uma vez que o exercício da cidadania é o instrumento garantidor da efetivação da cidadania. Sem o advogado, não há justiça. (ARAÚJO JUNIOR, 2013, p. 30)

7 Consagrado pelo art. 5º, XXXV, da CF (" a lei não excluirá da apreciação do Poder Judiciário lesão ou ameaça de lesão a direito"), o princípio da inafastabilidade tem dois aspectos: a relação entre a jurisdição e a solução administrativa de conflitos e o acesso à ordem jurídica justa, que dá novos contornos ao princípio, firmo entendimento de que a inafastabilidade somente existirá concretamente por meio do oferecimento de um processo que efetivamente tutele o interesse da parte titular do direito material. (NEVES, 2017, p. 89)

8 O devido processo, como direito-garantia constitucional, rompe com o conceito privatístico de direito subjetivo pela fidúcia (confiança recíproca – *trust*) em que os Estado-Juiz é o depositário público da confiança da Sociedade Civil para resolver litígios e garantir uma suposta paz social. O Judiciário, nas esperadas democracias plenárias, não é o espaço encantado (reificado) de julgamento de casos para a revelação da justiça, mas

absolutamente vazio o princípio da inafastabilidade de jurisdição, assim como o do devido processo legal, sem a efetiva atuação do advogado. Daí a posição constitucional da Advocacia como função essencial à Justiça.

A partir de tais premissas, impende destacar que a estrutura política de justiça é definida na Constituição da República de 1988 pela instituição do Poder Judiciário e das funções essenciais à Justiça, sendo elas o Ministério Público, a Advocacia Pública, a Advocacia e a Defensoria Pública.

A intenção do presente trabalho não é traçar de forma pormenorizada a atuação de cada um desses, mas é importante destacar que o Poder Judiciário e o Ministério Público detêm autonomia institucional, seus órgãos se sujeitam a regime legal próprio e atuam com ampla independência e, por sua vez, além dos diplomas próprios que estabelecem sua organização, os defensores públicos, os advogados públicos e os advogados privados sujeitam-se ao regime do Estatuto da OAB.[9]

Assim, as funções essenciais à Justiça detêm o poder de provocação da tutela jurisdicional do Estado, legitimados constitucionalmente para a atuação e o impulsionamento do Poder Judiciário que afasta sua inércia mediante esse chamamento à solução de conflitos jurídicos. Portanto, tratando-se a questão em sentido amplo, sem as funções essenciais à Justiça não há atuação do Poder Judiciário em seu aspecto primário.

Apresentado esse cenário, por imposição constitucional e legal, voltando-se o olhar à atividade advocatícia, não é exagerado afirmar que limitar o desenvolvimento de teses ou inibir de qualquer

---

órgão de exercício judicacional segundo o modelo constitucional do processo em sua projeção atualizada crítico-discursiva (neoinstitucionalista) de intra e infra expansividade principiológica e regradora. O Devido Processo Constitucional é que é jurisdicional, porque o processo é que cria e rege a dicção procedimental do direito, cabendo ao juiz ditar o direito pela escritura da lei no provimento judicial. (LEAL, 2014, p. 44).

9 Art. 3º O exercício da atividade de advocacia no território brasileiro e a denominação de advogado são privativos dos inscritos na Ordem dos Advogados do Brasil (OAB).§1º Exercem atividade de advocacia, sujeitando-se ao regime desta lei, além do regime próprio a que se subordinem, os integrantes da Advocacia-Geral da União, da Procuradoria da Fazenda Nacional, da Defensoria Pública e das Procuradorias e Consultorias Jurídicas dos Estados, do Distrito Federal, dos Municípios e das respectivas entidades de administração indireta e fundacional. (BRASIL. *Lei nº 8.906/94, de 04 de julho de 1994*. Dispõe sobre o Estatuto da Advocacia e a Ordem dos Advogados do Brasil – OAB. Brasília, DF: Presidência da República).

forma a atuação legítima do advogado no exercício de sua função essencial à Justiça é forma explícita e direta de autoritarismo e censura da liberdade de pensamento e expressão para a formação de conclusões jurídicas.

Ou seja, sendo inibida ou limitada, de qualquer forma, pelo sistema jurídico, em tese ou de forma concreta, a livre manifestação do advogado ao juízo, limitada igualmente estará a análise e a entrega da solução pelo juízo que não terá oportunidade de analisar tal manifestação de forma integral, prejudicando o julgamento conforme o devido processo legal.

A partir do reconhecimento de amplitude máxima à garantia de independência[10] e inviolabilidade de atos e manifestações do advogado, e considerando que o Estatuto da OAB estabelece ser atividade privativa de advogado a consultoria, o assessoramento e a direção jurídicos, inconcebível nesse contexto político se admitir imputação objetiva de ilicitude a advogado em relação a determinado parecer jurídico, ato ou manifestação sem a efetiva demonstração de liame subjetivo.

A premissa parece ser óbvia, já que decorre do Estatuto da OAB e da própria Constituição da República de 1988. Porém não é o que se vislumbra no plano fático. Tanto que tramita perante o Supremo Tribunal Federal a Proposta de Súmula Vinculante nº 142/DF[11] pretendendo se impor que "viola a Constituição Federal a imputação de responsabilidade ao advogado pela emissão de parecer ou opinião jurídica, sem demonstração de circunstâncias concretas que o vinculem subjetivamente ao propósito ilícito".[12]

---

[10] A independência é um dos mais caros pressupostos da advocacia. Sem ela, não há rigorosamente advocacia. Qualquer pessoa apenas confiará na justiça se contar com a assistência de um defensor independente. A independência do advogado não se limita à sua atividade judicial; é também essencial à atividade extrajudicial de consultoria e assessoria, assim como importante fator de preservação do Estado de Direito, do governo submetidos a leis, da contenção do abuso da autoridade e da limitação do poder econômico, porque foi instituída no interesse do todos os cidadãos, da sociedade e do próprio Estado (...) A independência do advogado é condição necessária para o regular funcionamento do Estado de Direito. (LÔBO, 2015, p. 198/199)

[11] BRASIL. Supremo Tribunal Federal. Proposta de Súmula Vinculante 142 Distrito Federal. Relatora: Ministra Rosa Weber. *DJ* do dia 30/06/2023. Disponível em: https://portal.stf.jus.br/servicos/dje/listarDiarioJustica.asp?tipoPesquisaDJ=AP&classe=PSV&numero=142. Acesso em: 12 out. 2023.

[12] Disponível em: https://s.oab.org.br/arquivos/2023/07/3ec83dbb-0314-4c18-8bec-5f919972ac55.pdf. Acesso em: 12 out. 2023.

A proposta foi apresentada pelo Conselho Federal da Ordem dos Advogados do Brasil, seguindo o trâmite previsto no Regimento Interno do Supremo Tribunal Federal, tendo como despacho da presidente da corte:

> À luz do art. 354-A do Regimento Interno do Supremo Tribunal Federal, verifico que a proposta observa os requisitos formais previstos no art. 103-A, §2º, da Constituição da República e na Lei nº 11.417/2006, uma vez que: (i) foi formulada por parte legítima; (ii) acena com o envolvimento de tema de extração constitucional (art. 133 da Magna Carta) e objeto de reiteradas decisões desta Suprema Corte – como ilustram as decisões juntadas nos eventos 5 a 10; e (iii) contempla controvérsia atual.[13]

Pode-se observar que, ainda que a garantia à inviolabilidade aos advogados acerca de seus atos esteja preconizada na Constituição da República, a matéria é recebida como "objeto de reiteradas decisões desta Suprema Corte" e "contempla controvérsia atual".

O presente trabalho visa apontar a verticalidade sistêmica entre Poder Judiciário e demais instituições em relação à atuação do advogado, demonstrando-se que a situação se faz presente e constantemente é experimentada no aspecto, razão que justifica a provocação e o recebimento da Proposta de Súmula Vinculante nº 142/DF, que tem por finalidade o fortalecimento da classe, ainda que seu enunciado seja decorrência de garantia constitucional.

Ou seja, embora se pretenda com a edição da Súmula Vinculante promover a garantia de atuação livre do advogado, percebe-se que a necessidade de sua existência demonstra de forma inequívoca que sua inviolabilidade profissional, mesmo explicitada na Constituição da República e na Lei Federal 8.906/94, evidentemente, não é devidamente respeitada pelas demais instituições, notadamente as que se inserem no sistema jurisdicional.

A proposta de Súmula Vinculante nº 142/DF tem por finalidade afastar a imputação de responsabilidade ao advogado pela emissão de parecer ou opinião jurídica, sem demonstração de circunstâncias concretas que o vinculem subjetivamente ao propósito ilícito. Sua redação atinge positivamente os advogados públicos

---

[13] Disponível em: https://portal.stf.jus.br/processos/downloadPeca.asp?id=15359323488&ext=.pdf. Acesso em: 12 out 2023.

em virtude da natureza de suas atribuições de assessoramento e consultoria jurídicas aos órgãos da Administração Pública atuando por meio de pareceres jurídicos.

Conforme se prevê no artigo 103-A da Constituição da República, súmulas vinculantes se apresentam como instrumento de sedimentação jurisprudencial e pretendem a definição de entendimento acerca de tema com conflitos de posicionamentos entre tribunais e Administração Pública.[14] Conforme expresso no art. 103-A da Constituição da República de 1988, o STF poderá aprovar súmula com efeitos vinculantes após reiteradas decisões sobre matéria constitucional.[15]

Verifica-se que a segurança jurídica é o principal objetivo com a instituição das Súmulas Vinculantes, buscando-se prevenir imprevisibilidade das decisões judiciais, eventualmente conflitantes entre órgãos e instâncias judiciais, uniformizando entendimentos jurídicos e estabelecendo tese jurídica que proporcionará estabilização jurisprudencial conforme a Constituição.[16]

Dentro desse cenário, chega-se à conclusão de que ao se propor súmula vinculante na qual se busca a garantia de inviolabilidade

---

[14] As Súmulas Vinculantes surgem a partir da necessidade de reforço à ideia de uma única interpretação jurídica para o mesmo texto constitucional ou legal, de maneira a assegurar-se a segurança jurídica e o princípio da igualdade, pois os órgãos do Poder Judiciário não devem aplicar as leis e os atos normativos aos casos concretos de forma a criar ou aumentar desigualdades arbitrárias, devendo, pois, utilizar-se de todos os mecanismos constitucionais no sentido de conceder às normas jurídicas uma interpretação única e igualitária. (MORAES, 2010, p. 795)

[15] Art. 103-A. O Supremo Tribunal Federal poderá, de ofício ou por provocação, mediante decisão de dois terços dos seus membros, após reiteradas decisões sobre matéria constitucional, aprovar súmula que, a partir de sua publicação na imprensa oficial, terá efeito vinculante em relação aos demais órgãos do Poder Judiciário e à administração pública direta e indireta, nas esferas federal, estadual e municipal, bem como proceder à sua revisão ou cancelamento, na forma estabelecida em lei. (Incluído pela Emenda Constitucional nº 45, de 2004). BRASIL. Constituição de 1988. *Emenda Constitucional nº 45. De 30 de dezembro de 2004.* Altera dispositivos dos arts. 5º, 36, 52, 92, 93, 95, 98, 99, 102, 103, 104, 105, 107, 109, 111, 112, 114, 115, 125, 126, 127, 128, 129, 134 e 168 da Constituição Federal, acrescenta os arts. 103-A, 103-B, 111-A E 130-A e dá outras providências. *Diário Oficial da União*, D.O.U. de 31.12.2004, p. 9.

§1º A súmula terá por objetivo a validade, a interpretação e a eficácia de normas determinadas, acerca das quais haja controvérsia atual entre órgãos judiciários ou entre esses e a administração pública que acarrete grave insegurança jurídica e relevante multiplicação de processos sobre questão idêntica. (Incluído pela Emenda Constitucional nº 45, de 2004). BRASIL. Constituição de 1988. *Emenda Constitucional nº 45. De 30 de dezembro de 2004.* Altera dispositivos dos arts. 5º, 36, 52, 92, 93, 95, 98, 99, 102, 103, 104, 105, 107, 109, 111, 112, 114, 115, 125, 126, 127, 128, 129, 134 E 168 da Constituição Federal e acrescenta os arts. 103-A, 103-B, 111-A E 130-A, e dá outras providências. *Diário Oficial da União*, D.O.U. de 31.12.2004, p. 9.

[16] A súmula tem essa função: traduzir a resposta constitucionalmente adequada a uma determinada temática. (STRECK, 2013, p. 1429)

do advogado no seu múnus, sendo tal garantia já positivada no ordenamento jurídico em plano constitucional, induvidoso se mostra que as instituições que compõem o sistema de justiça não respeitam a atuação do advogado, inexistindo segurança jurídica em relação ao alcance e aplicabilidade da inviolabilidade por seus atos, vislumbrando-se que não há a devida colocação da Advocacia e do advogado no mesmo plano horizontal dessas instituições, já que reconhecida "controvérsia atual do tema".

2 Do sistema jurisdicional constitucional

2.1 Sistema jurisdicional e o Poder Judiciário

O capítulo III do Título IV (Da Organização dos Poderes) da Constituição da República de 1988 se dedica ao Poder Judiciário, definindo-se garantias e competências e estabelecendo sua organização. O capítulo preconiza seus órgãos, explicita princípios a serem normatizados em lei complementar que disponha sobre o Estatuto da Magistratura, define a forma de composição dos tribunais, positiva garantias e vedações aos juízes e estabelece autonomia administrativa e financeira.

O capítulo em questão aborda a estruturação da função jurisdicional do Estado exercida pelos juízes e tribunais, percebendo-se sua extensão e envergadura em virtude de seu papel fundamental para o funcionamento do Estado Democrático de Direito.

Desnecessário o aprofundamento sobre os aspectos de legitimação da Constituição enquanto expressão da vontade do povo, uma vez que reconhecida sua força de regramento político-social[17] e com disposição a receber as mudanças da sociedade e promover os clamores populares.[18] Por isso, inquestionável que o

---

[17] Pela jurisdição, como se vê, os juízes agem em substituição às partes, que não podem fazer justiça com as próprias mãos (vedada a autodefesa); a elas, que não mais podem agir, resta a possibilidade de fazer agir, provocando o exercício da função jurisdicional. (CINTRA, 2012, p. 31)

[18] A realidade social é uma construção dinâmica, hermenêutica, histórica, social da qual o Direito faz parte. O Direito não está pairando estaticamente sobre uma sociedade estática. E, como tal, deve lidar, inclusive, com o risco próprio a ele mesmo de ser descumprido a todo e qualquer momento. (CATTONI DE OLIVEIRA, 2008, p. XVI).

Poder Judiciário se insere nas funções do Estado, independente e harmônico em relação ao Poder Legislativo e Executivo, cada vez mais se aferindo seu alargamento institucional frente às carências prestacionais do Estado.[19]

Importante se apontar a legitimidade do Poder Judiciário enquanto detentor da função jurisdicional, uma vez que não se pretende questionar tal viés. O Poder Judiciário é a única via de garantia ao exercício pleno de direitos pelo povo, devendo, portanto, apresentar-se na órbita estatal como indissociável à democracia.[20] E para que essa garantia de direitos se efetive com atuação independente, elementar que seja observada sua autonomia, imparcialidade e inércia frente aos conflitos jurídicos, sendo dependente de provocação para que promova o exercício jurisdicional, atribuindo-se às funções essenciais à Justiça esse papel.[21]

2.2 Sistema jurisdicional e as funções Essenciais à Justiça

Em seguida ao capítulo que trata do Poder Judiciário, o Capítulo IV do Título IV da Constituição da República discrimina as funções essenciais à Justiça, sendo essas Ministério Público, a Advocacia Pública, a Advocacia e a Defensoria Pública. As instituições definidas e elevadas ao nível constitucional, conjuntamente com o Poder Judiciário, completam o sistema jurisdicional, atribuindo-se

---

19 Ao lado do gigantismo – tradicional – da Presidência da República sobre o Legislativo (e da União sobre os demais entes), temos assistido recentemente o crescimento do Judiciário como *player* do jogo político, exigindo, em face do Executivo, o cumprimento de políticas aprovadas no Parlamento/Administração Pública e, em face do Legislativo, a regulamentação de dispositivos da Constituição (quando não, ele mesmo, Judiciário, tratando de provisória ou definitivamente fazê-lo). (BAHIA, 2012, p.101-102)

20 Porém, desta se extrai a importante constatação de que a concepção ultrapassada da Jurisdição como atividade que promove tão somente a resolução de conflitos se viu provocada a assumir um papel garantista de direitos fundamentais implementador de espaços contramajoritários para minorias que não obtinham voz nas arenas políticas institucionalizadas. (NUNES, 2012. p. 166-167)

21 A independência é um "*status*" que torna possível a '*vertu*' imparcialidade. A Constituição assegura a independência judicial seja na previsão de garantias aos magistrados (art.95), seja na previsão orçamentária do Poder Judiciário (art.99). (...). A imparcialidade está na ausência de interesse judicial na sorte de qualquer das partes quanto ao resultado. (SARLET, 2018, p. 826)

para cada qual sua posição no contexto da formulação do Estado Democrático de Direito relativo à promoção de justiça.

São chamadas essenciais tais funções porque sem elas não se sustenta a função jurisdicional do Estado, devendo-se admiti-las, de tal modo, em igual patamar institucional dos Poderes/Funções do Estado.

Da premissa exposta, e considerando o objetivo que se propõe neste trabalho, é pertinente se entender que o Estado, para a viabilização de seu funcionamento, notadamente no que se refere à sua atuação jurisdicional, depende irremediavelmente da existência e de permanência institucional das funções essenciais à Justiça porquanto detentoras do poder postulatório que provoca a atuação do Poder Judiciário.

Encontram-se entre as funções essenciais à Justiça, conforme discriminado acima, o Ministério Público, a Advocacia Pública, a Advocacia e a Defensoria Pública. Das quatro funções previstas na Constituição da República de 1988, estas três últimas se submetem ao regime do Estatuto da Advocacia e da Ordem dos Advogados do Brasil (Lei Federal 8.906/94), e, sendo assim, seus integrantes são vinculados à Ordem dos Advogados do Brasil, inobstante os vínculos institucionais próprios dos advogados públicos e defensores públicos.

Dessa forma, vislumbram-se instituições em plano constitucional, concebidas como essenciais à Justiça, com capacidade de postulação ao Estado-Juiz e com atribuições e competências conforme se define na própria Constituição da República de 1988. Assim, cabe distinguir que o Ministério Público, a Advocacia Pública e a Defensoria Pública se apresentam como parte estrutural da organização do Estado e compõem o sistema jurisdicional sendo preconizado na Constituição da República de 1988 os limites e competências de cada um.

Por sua vez, o artigo 133 da Constituição da República de 1988,[22] tratando da Advocacia, impõe ser o Advogado indispensável

[22] Art. 133. O advogado é indispensável à administração da justiça, sendo inviolável por seus atos e manifestações no exercício da profissão, nos limites da lei. Art. 133. O advogado é indispensável à administração da justiça, sendo inviolável por seus atos e manifestações no exercício da profissão, nos limites da lei. (BRASIL. [Constituição (1988). *Constituição da República Federativa do Brasil de 1988*. Brasília, DF: Presidência da República).

à administração da Justiça,[23] afigurando-se como única função essencial à Justiça que não detém vinculação direta ou é mantida pelo Estado,[24] exercendo a defesa de seu constituinte em processo judicial ou administrativo, contribuindo com a postulação para o alcance de decisão favorável, e no seu ministério privado, o advogado presta serviço público e exerce função social.[25]

Conforme já descrito, a inexistência, supressão ou limitação da atuação dessas instituições se caracterizam, induvidosamente, como afronta ao Estado Democrático de Direito, principalmente no que tange à garantia do exercício de acesso à função jurisdicional do Estado.

Portanto, firma-se o entendimento que o sistema jurisdicional constitucional se compõe das funções definidas, divididas e equilibradas, apresentando-se o Poder Judiciário como responsável pela atividade jurisdicional mediante a permanente e irrestrita atuação das funções essenciais à Justiça.

Assim, para a viabilização adequada e regular do exercício da função precípua do Poder Judiciário, imprescindíveis a permanência e o reconhecimento dessas funções como essenciais e a garantia de atuação livre, plena e sem restrições. Daí a necessidade da observância de se estabelecer o Poder Judiciário e as funções essenciais à Justiça no mesmo plano de horizontalidade institucional.

---

[23] O princípio da indispensabilidade não foi posto na Constituição como favor corporativo aos advogados ou para reserva de mercado profissional. Sua *ratio* é de evidente ordem pública e de relevante interesse social, como instrumento de garantia de efetivação da cidadania. É garantia da parte e não do profissional. Em face do litígio, a administração da justiça pressupõe a paridade de armas, mediante a representação e defesa dos interesses das partes por profissionais com idênticas habilitações e capacidade técnica. O acesso igualitário à justiça e a assistência jurídica adequada são direitos invioláveis do cidadão. (LÔBO, 2015, p. 42/43)

[24] O magistrado e o promotor são agentes do Estado e exercem função pública. O advogado, no entanto, embora dela participe como figurante indispensável, não é titular de função pública (ou estatal), salvo se for vinculado a entidade de advocacia pública. (*Ibidem*, p. 43)

[25] Art. 2º O advogado é indispensável à administração da justiça. §1º No seu ministério privado, o advogado presta serviço público e exerce função social. §2º No processo judicial, o advogado contribui, na postulação de decisão favorável ao seu constituinte, ao convencimento do julgador, e seus atos constituem múnus público. §2º-A. No processo administrativo, o advogado contribui com a postulação de decisão favorável ao seu constituinte, e os seus atos constituem múnus público. (Incluído pela Lei nº 14.365, de 2022) §3º No exercício da profissão, o advogado é inviolável por seus atos e manifestações, nos limites desta lei. (BRASIL. *Lei nº 8.906/94, de 04 de julho de 1994*. Dispõe sobre o Estatuto da Advocacia e a Ordem dos Advogados do Brasil – OAB. Brasília, DF: Presidência da República)

3 Da horizontalidade das garantias dos Magistrados, Ministério Público e Advogados no exercício funcional

No contexto de efetividade funcional do Poder Judiciário e do Ministério Público, a Constituição da República de 1988 arrola, como garantia, a vitaliciedade, a inamovibilidade e a irredutibilidade de subsídios. Essas três garantias prescritas expressamente na Constituição visam alcançar justamente a liberdade de atuação e independência no exercício funcional dos magistrados e integrantes do Ministério Público, impossibilitando juridicamente e politicamente interferências em suas atividades.

Por meio de tais garantias, inviabiliza-se qualquer movimentação que vise limitar a plena autonomia e liberdade de atuação em relação às suas funções, verificando-se, mediante tal viés, a ocorrência do robustamento dessas instituições na sociedade brasileira, sendo visível a materialização da garantia de independência do exercício funcional e de posicionamentos jurídicos.

Importante destacar que somente ao Poder Judiciário e ao Ministério Público são conferidas tais garantias. Tal observação não é apresentada com aspecto crítico ou pretende ter conotação de proteção constitucional indevida. Absolutamente não. O que se pretende demonstrar é que no âmbito de garantias de exercício funcional deve haver horizontalidade entre os integrantes do Poder Judiciário e os integrantes das funções essenciais à Justiça, para que, linearmente, haja a efetividade da prestação jurisdicional pelo Estado.

Visa-se defender a ideia de que se houver qualquer forma de restrição no exercício funcional e na liberdade de manifestação e posicionamento jurídico dos integrantes das funções essenciais à Justiça, sendo os legitimados constitucionais para provocação do juízo, restará prejudicada a devida prestação jurisdicional do Estado, pois limitada na origem, ocasionando-se verticalização institucional, tomando-se o Poder Judiciário em posição superior à Advocacia.

E estando previstas as garantias de vitaliciedade, inamovibilidade e irredutibilidade de subsídios aos integrantes do Poder Judiciário e Ministério Público, e sendo os advogados (públicos ou privados) e defensores públicos vinculados às garantias ligadas à Advocacia, para a qual a Constituição prevê a inviolabilidade dos atos e manifestações no exercício profissional, vislumbra-se que, em tese, a Constituição da República busca dar a dinâmica de horizontalidade ora proposta em relação à atuação livre do Poder Judiciário, Ministério Público e demais funções essenciais à Justiça, já que expressamente delineado esse sistema de garantias.

Como forma de materialização normativa da necessária horizontalidade institucional ora defendida, destaca-se que o artigo 6º da Lei Federal 8.906/94 (Estatuto da Advocacia e da Ordem dos Advogados do Brasil) preconiza a inexistência de hierarquia e subordinação entre advogados, magistrados e membros do Ministério Público.[26]

Cabível a observação crítica de que tal norma não se encontra nos diplomas legais relativos a magistratura e membros do Ministério Público. Ou seja, com fundamento de se prevenir postura eventualmente hierarquizada de juízes e membros do Ministério Público em relação a advogados, entendeu-se pela necessidade de se positivar expressamente no Estatuto da Advocacia, conferindo "um direito" ao advogado, determinando-se que não existe hierarquia e subordinação entre os mesmos.

Ora, bastaria o respeito aos ditames da Constituição, aos princípios gerais do direito e o reconhecimento de sua integridade[27] para tornar impertinente tal norma, uma vez ser lógica a inexistência

---

[26] Art. 6º Não há hierarquia nem subordinação entre advogados, magistrados e membros do Ministério Público, devendo todos tratar-se com consideração e respeito recíprocos.
§1º As autoridades e os servidores públicos dos Poderes da República, os serventuários da Justiça e os membros do Ministério Público devem dispensar ao advogado, no exercício da profissão, tratamento compatível com a dignidade da advocacia e condições adequadas a seu desempenho, preservando e resguardando, de ofício, a imagem, a reputação e a integridade do advogado nos termos desta Lei. (Redação dada pela Lei nº 14.365, de 2022) (Renumerado do parágrafo único pela Lei nº 14.508, de 2022)
§2º Durante as audiências de instrução e julgamento realizadas no Poder Judiciário, nos procedimentos de jurisdição contenciosa ou voluntária, os advogados do autor e do requerido devem permanecer no mesmo plano topográfico e em posição equidistante em relação ao magistrado que as presidir. (Incluído pela Lei nº 14.508, de 2022). (BRASIL. *Lei nº 8.906/94, de 04 de julho de 1994.* Dispõe sobre o Estatuto da Advocacia e a Ordem dos Advogados do Brasil – OAB. Brasília, DF: Presidência da República).

[27] A integridade exige que as normas públicas da comunidade sejam criadas e vistas, na medida do possível, de modo a expressar um sistema único e coerente de justiça e equidade na correta proporção. Uma instituição que aceite esse ideal às vezes irá, por esta razão, afastar-se da estreita linha das decisões anteriores, em busca de fidelidade aos princípios concebidos como mais fundamentais a esse sistema como um todo. (DWORKIN, 2014, p. 264)

de hierarquia e subordinação entre magistrados, Ministério Público e advogados, já que decorre da divisão de funções tratada na própria Constituição, exercendo cada qual sua função para o regular funcionamento do sistema jurisdicional e, consequentemente, do Estado Democrático de Direito.

Registra-se que nas leis orgânicas da magistratura (Lei Complementar 35/79) e do Ministério Público (Lei Federal 8.625/93), que são anteriores ao Estatuto da Advocacia, não há previsão acerca da inexistência de hierarquia entre si e em relação aos advogados, vislumbrando-se, assim, a necessidade de se impor, abstratamente, uma horizontalidade a partir da lei que regula a advocacia em virtude de um perceptível desnivelamento institucional que se ocorre concretamente.

3.1 Da previsão legal relativa à responsabilização funcional de juízes e membros do Ministério Público

A vitaliciedade prevista na Constituição da República de 1988 garante que magistrados e integrantes do Ministério Público não podem perder o cargo senão por sentença judicial transitada em julgado. Ou seja, não há blindagem de forma absoluta, cabendo a lei definir os casos de perda de função somente mediante processo judicial, não havendo previsão para perda da função por meio de processo administrativo.

Esclarece-se que a vitaliciedade aos juízes garante que a demissão nunca seja por meio de processo administrativo disciplinar, sendo que pena máxima para tanto é a aposentadoria compulsória a cargo das corregedorias dos Tribunais e do Conselho Nacional de Justiça.

A Lei Orgânica da Magistratura (Lei Complementar 35/1979) prevê que o magistrado responde por perdas e danos no caso de dolo ou fraude ou nos casos em que recusar, omitir ou retardar, sem justo motivo, providência decorrente de sua competência.[28]

---

[28] Art. 49 – Responderá por perdas e danos o magistrado, quando: I – no exercício de suas funções, proceder com dolo ou fraude; II – recusar, omitir ou retardar, sem justo motivo, providência que deva ordenar o ofício, ou a requerimento das partes. (BRASIL. *Lei*

Prevê também como passível de aplicação de penalidade a verificação de impropriedade ou excesso de linguagem em suas manifestações ou decisões,[29]cabendo destacar que tal norma é objeto da ADPF (Ação de Descumprimento de Preceito Constitucional) nº 774/DF, perante o STF, sendo concedida medida cautelar pelo ministro André Mendonça[30] no sentido de suspender processos judiciais que têm como causa de pedir o disposto na norma em questão.

Tal destaque é importante para o presente estudo, uma vez que se vislumbra que até mesmo a norma positivada veio a ter decretada sua suspensão cautelar, reforçando-se a ideia de liberdade plena de atuação e respeito às garantias do magistrado, indicando-se que a jurisprudência caminha no sentido de promover a máxima proteção à inviolabilidade funcional.

Nota-se que a lei, além das garantias constitucionais, garante aos magistrados liberdade de pensamento e opinião jurídica, igualmente ao previsto aos advogados, encontrando nos direitos fundamentais a base para tais preceitos, conforme já declinado no presente estudo.

Já em relação ao Ministério Público, a Lei Federal 8.625/93 (Lei Orgânica Nacional do Ministério Público) prevê que seus membros também somente perderão o cargo por meio de processo judicial com sentença condenatória transitada em julgado nos casos de prática de crime incompatível com o exercício do cargo, exercício da advocacia e abandono do cargo por prazo superior a trinta dias.[31]

Complementar nº 35 de 14 de março de 1979. Lei Orgânica da Magistratura Nacional. D.O.U de 14.03.1979)

[29] Art. 41 – Salvo os casos de impropriedade ou excesso de linguagem o magistrado não pode ser punido ou prejudicado pelas opiniões que manifestar ou pelo teor das decisões que proferir. (*Vide* ADPF 774) (BRASIL. *Lei Complementar nº 35 de 14 de março de 1979*. Lei Orgânica da Magistratura Nacional. D.O.U de 14.03.1979.)

[30] 18. Ante o exposto, defiro em parte o pedido de medida cautelar para determinar a suspensão dos processos judiciais que visam a condenar o poder público ao pagamento de indenizações com base no art. 37, §6º, da Constituição Federal, tendo como causa de pedir a impropriedade ou o excesso de linguagem de membro da magistratura nacional (art. 41 c/c arts. 35 e 36, todos da LC nº 35/1979), até ulterior decisão em sentido diverso ou julgamento definitivo no âmbito desta ADPF. Disponível em: https://portal.stf.jus.br/processos/downloadPeca.asp?id=15350283287&ext=.pdf. Acesso em: 15 out. 2023.

[31] §1º O membro vitalício do Ministério Público somente perderá o cargo por sentença judicial transitada em julgado, proferida em ação civil própria, nos seguintes casos:
I – prática de crime incompatível com o exercício do cargo, após decisão judicial transitada em julgado;
II – exercício da advocacia;

Com o mesmo *status* constitucional conferido à magistratura, a vitaliciedade é garantida aos membros do Ministério prevenindo-se a perda do cargo por meio de processo administrativo, mas somente por meio de processo judicial e após o trânsito em julgado de sentença condenatória, sendo a aposentadoria compulsória a penalidade máxima em âmbito administrativo de competência das respectivas corregedorias e do Conselho Nacional do Ministério Público.

Importante mencionar que das três garantias explicitadas na Constituição da República de 1988 direcionadas aos magistrados e membros do Ministério Público, a vitaliciedade é a que mais se destaca como garantia de independência no exercício funcional em relação aos demais cargos públicos, já que a inamovibilidade é típica da autonomia institucional prevista para os membros do Poder Judiciário, o Ministério Público e também da Defensoria Pública, os quais detêm autonomia funcional e administrativa, e que é assegurada a iniciativa de proposta orçamentária, sendo a irredutibilidade de vencimentos preceito extensível, *lato sensu*, às demais carreiras jurídicas.

Em igual magnitude jurídica, a Lei Orgânica do Ministério Público prevê a inviolabilidade de seus membros no exercício da função em relação às opiniões que externar e pelo teor de suas manifestações processuais ou procedimentos,[32] conferindo, outrossim, que seja observado o mesmo tratamento jurídico e protocolar dispensado aos membros do Poder Judiciário.

Alinhadas as garantias previstas às instituições em análise, impende enfatizar que a finalidade dessas é a atuação independente

---

III – abandono do cargo por prazo superior a trinta dias corridos. (BRASIL. *Lei nº 8.625 de 12 de fevereiro de 1993*. Institui a Lei Orgânica Nacional do Ministério Público, dispõe sobre normas gerais para a organização do Ministério Público dos Estados e dá outras providências. D.O.U de 15.02.1993, p. 1997)

[32] Art. 41. Constituem prerrogativas dos membros do Ministério Público, no exercício de sua função, além de outras previstas na Lei Orgânica: I – receber o mesmo tratamento jurídico e protocolar dispensado aos membros do Poder Judiciário junto aos quais oficiem;
(...)
V – gozar de inviolabilidade pelas opiniões que externar ou pelo teor de suas manifestações processuais ou procedimentos, nos limites de sua independência funcional; (BRASIL. *Lei nº 8.625 de 12 de fevereiro de 1993*. Institui a Lei Orgânica Nacional do Ministério Público, dispõe sobre normas gerais para a organização do Ministério Público dos Estados e dá outras providências. D.O.U, 15.02.1993, p. 1997)

e plena conforme o direito, provendo o Estado a atividade jurisdicional efetiva e neutra, proporcionando segurança nas relações sociais, políticas e jurídicas, a igualdade entre os indivíduos e com o objetivo de se construir uma sociedade livre, justa e solidária.[33]

3.2 Do contexto de responsabilização funcional dos advogados públicos

Ao passo que a Constituição da República de 1988 positiva de forma incisiva as garantias dos magistrados e membros do Ministério Público, ao advogado reserva a força da garantia à inviolabilidade por seus atos e manifestações.

Por óbvio tal expressão garantista é aplicada aos membros da Advocacia Pública e Defensoria Pública, além de se aplicar ao advogado que exerce sua atividade de forma privada, uma vez que todos se submetem aos ditames do Estatuto da OAB.

A Constituição da República de 1988 não promove aos membros da Advocacia Pública qualquer das garantias constitucionais concedidas aos magistrados e Ministério Público, não havendo, portanto, vitaliciedade, o que se impõe afirmar que os advogados públicos, assim como os defensores públicos, podem ser demitidos mediante processo administrativo em que seja assegurada ampla defesa, contraditório e observância do devido processo legal.

Ou seja, não depende de decisão condenatória proferida em processo judicial para que advogados públicos e defensores públicos venham a perder seus cargos, sendo suficiente processo administrativo disciplinar com observância dos princípios elencados no inciso LV do artigo 5º da Constituição da República de 1988.[34]

Essa condição, inobstante o reconhecimento da necessidade de tais garantias ao Poder Judiciário e Ministério Público como

---

[33] Se a jurisdição é manifestação do poder do Estado, é evidente que ela terá diferentes objetivos, conforme seja o tipo de Estado e sua finalidade essencial. A jurisdição, em outras palavras, encarnará fins sociais, políticos e propriamente jurídicos, conforme a essência do Estado cujo poder deva manifestar. (MARINONI, 2017, p. 55)

[34] LV – aos litigantes, em processo judicial ou administrativo, e aos acusados em geral são assegurados o contraditório e ampla defesa, com os meios e recursos a ela inerentes; (BRASIL. [Constituição (1988). *Constituição da República Federativa do Brasil de 1988*. Brasília, DF: Presidência da República).

expressão da neutralidade e estrita observância às leis, distancia-os e desequilibra suas relações concernente às demais funções essenciais à Justiça, haja vista que os ocupantes dos cargos da Defensoria Pública e Advocacia Pública não estão protegidos de eventuais posturas coativas, por qualquer forma, relativas ao exercício de suas funções quando executadas de maneira livre e conforme sua consciência e o posicionamento construtivo jurídico.

O que se visa defender é que, em tese, somente com o mesmo grau de garantias na atuação livre referente às funções pertencentes ao sistema jurisdicional, incluídas as funções essenciais à Justiça, é que se vislumbra possível equidade de tratamento e, consequentemente, liberdade plena de atuação para a correta edificação de respostas jurídicas e para a entrega efetiva de soluções jurídicas para os conflitos sociais.

Tratando o tema especificamente em relação aos advogados públicos, percebe-se que, embora se insiram entre as funções essenciais à Justiça, não há previsão de qualquer diferenciação em relação às demais carreiras públicas de caráter geral.

Essa condição torna vulnerável a atuação dos advogados públicos porquanto a ausência de garantia concreta de plena liberdade de opinião e de posicionamento jurídico inviabiliza o exercício funcional.

Constata-se na peça de ingresso da proposta de Súmula Vinculante nº 142/DF apresentada pelo Conselho Federal da OAB ao STF que se destaca preocupação em relação aos advogados públicos no exercício de suas funções, abordando especificamente os fundamentos da proposta com base na sua atuação:[35]

> A presente Proposta de Súmula Vinculante justifica-se em face da existência de inúmeros processos penais e administrativos ajuizados contra advogados, sob a alegação de terem concorrido para a prática de atos ilícitos, em razão apenas da elaboração de parecer ou de opinião jurídica, sem que, para tanto, seja apontada qualquer circunstância que os vinculem, subjetivamente, ao propósito delitivo. Em regra, os advogados responsabilizados pela emissão de parecer são advogados públicos de carreira, ou ocupantes de cargos em comissão ou contratados para prestar serviços ao poder púbico na forma da lei. Isso porque, o parecer

[35] Disponível em: https://s.oab.org.br/arquivos/2023/07/3ec83dbb-0314-4c18-8bec-5f919972ac55.pdf. Acesso em: 15 out. 2023.

jurídico, quando acolhido, passa a fazer parte integrante da decisão da autoridade pública que o solicitou. Por essa razão, os Tribunais de Contas e o Ministério Público têm procurado responsabilizar solidariamente os advogados públicos em conjunto com a autoridade administrativa pela eventual ilegalidade do ato praticado. Todavia, é possível que parecer emitido por advogado privado para solucionar interesses na atividade privada, possa também levar o profissional a responder pela sua opinião em forma de parecer. Em todas essas situações, contudo, o advogado não deve ser solidariamente responsável apenas por ter exercido o seu ofício.

Importante mencionar que, nos moldes expressados no início deste trabalho, é sistêmico o tratamento institucional diferenciado da magistratura e do Ministério Público em relação à Advocacia, tanto que nos diplomas legais que tratam de cada um há a previsão de liberdade e inviolabilidade por seus atos e manifestações, mas somente no Estatuto da Advocacia há a previsão de inexistência de subordinação e hierarquia, revelando-se que, na prática, depende o advogado da imposição dessa norma para que sua função e posição institucional não seja de subordinação e de hierarquia inferior à dos magistrados e membros do Ministério Público.

4 Aspectos subjetivos de responsabilização funcional e horizontalidade de tratamento para aplicação de penalidades

Partindo das premissas de que (i) somente mediante critérios subjetivos o ordenamento jurídico brasileiro admite a responsabilização por atos ilícitos, que (ii) a advocacia se encontra inserida entre as funções essenciais à Justiça, posicionando-se no mesmo patamar de horizontalidade institucional com as demais funções e Poder Judiciário e que (iii) o advogado é detentor da garantia constitucional de inviolabilidade por seus atos e posicionamentos jurídicos no exercício funcional, traça-se que há efetivamente uma proteção para a sua atuação.

Ainda que não se encontre no mesmo nível de garantias conferidas aos magistrados e membros do Ministério Público, em decorrência da natureza diferenciada destes, focando na análise da atuação dos advogados públicos, há a positivação normativa garantista no que tange à sua atividade, haja vista que, conforme descrito alhures, a responsabilização pela prática de atos ilícitos deve ser precedida pela comprovação de liame subjetivo, nos moldes aplicáveis em qualquer circunstância, sendo tal preceito potencializado com a garantia de inviolabilidade por seus atos e manifestação no exercício da atividade advocatícia.

Assim, a inviolabilidade preconizada determina exatamente que é inatingível a liberdade na atuação advocatícia e proporciona, do início ao fim, garantia da regularidade da prestação jurisdicional e impõe a impossibilidade de imputação objetiva relativa aos atos praticados próprios da advocacia.

Declinados esses parâmetros, entende-se pertinente ressaltar que, para os juízes e membros do Ministério Público, o sistema normativo prevê garantias que, proporcionalmente, devem ser extensíveis analogicamente às demais Funções Essenciais à Justiça, na medida da possibilidade de aplicação, no intuito de se promover o máximo de horizontalidade entre as funções, o que descaracterizaria qualquer necessidade da edição de Súmula Vinculante que proteja a atuação e a liberdade da atividade advocatícia.

4.1 Do contexto normativo relativo à responsabilização do Advogado Público

Analisando-se o conjunto normativo aplicável à atuação dos advogados públicos, vislumbra-se a existência de positivação acerca da sua responsabilização funcional. Examinando a legislação pertinente, nota-se que o Código de Processo Civil de 2015 prevê, no seu artigo 184, a responsabilidade civil ao membro da Advocacia Pública que agir com dolo ou fraude no exercício de suas funções.[36]

Já a Lei de Introdução às Normas do Direito Brasileiro (LINDB) estabelece, em seu artigo 28, que o agente público responde pessoalmente por suas decisões ou opiniões técnicas em caso de dolo ou erro grosseiro.[37]

---

[36] Art. 184. O membro da Advocacia Pública será civil e regressivamente responsável quando agir com dolo ou fraude no exercício de suas funções. (BRASIL. *Lei nº 13.105, de 16 de março de 2015*. Código de Processo Civil. D.O.U de 17.03.2015, p. 1.)

[37] Art. 28. O agente público responderá pessoalmente por suas decisões ou opiniões técnicas em caso de dolo ou erro grosseiro. (BRASIL. *Lei nº 13.655, de 25 de abril de 2018*. Inclui No

Ambos os preceitos legais, estudados em conjunto, imprimem a liberdade funcional do membro da Advocacia Pública na atuação funcional. Nos moldes das normas positivadas, a imputação de responsabilidade somente se viabiliza quando aferido dolo, fraude ou erro grosseiro. Entende-se que, por meio desses critérios, consubstancializa-se a garantia da inviolabilidade pelos atos e manifestações livres do advogado, sendo certo que, de fato, a ocorrência de ilicitude cometida com dolo, fraude ou erro grosseiro, necessariamente, deve conter o elemento subjetivo de responsabilidade.

Sustenta-se esse posicionamento conforme a garantia prevista no artigo 133 da Constituição da República de 1988, cuja redação tem igual teor o artigo 2º, §3º do Estatuto da OAB (Lei Federal 8.906/94), determinando-se que o advogado é inviolável por seus atos e manifestações.

Imperioso destacar a relevância de se estabelecer regime sistemático relativo às funções do Advogado Público, tendo em vista que diversos diplomas legais tratam da matéria, inexistindo legislação específica e própria impositiva às atribuições da Advocacia Pública.[38]

A inviolabilidade funcional a ser garantida aos advogados públicos é imprescindível à segurança do sistema jurisdicional, porquanto não se deve admitir o tratamento vertical entre Poder Judiciário e as funções essenciais à Justiça, notadamente em relação à Advocacia Pública, inadmitindo-se a inferioridade de posição institucional do Advogado Público frente a eventuais questionamentos de sua atuação funcional de órgãos de controle como o Ministério Público, Tribunais de Contas e Poder Legislativo.

Decreto-Lei Nº 4.657, de 4 de setembro de 1942. Lei de Introdução às Normas do Direito Brasileiro, disposições sobre segurança jurídica e eficiência na criação e na aplicação do Direito Público. D.O.U. de 26.04.2018, p. 1)

[38] A Advocacia Pública assume, no Estado Democrático de Direito, mais do que uma função jurídica de defesa dos interesses patrimoniais da Fazenda Pública, mais até mesmo do que a defesa do princípio da legalidade, porque lhe incumbe igualmente, e veementemente, a defesa da moralidade pública, que se tornou um valor autônomo constitucionalmente garantido. Não é que essa defesa lhe escapasse antes do regime constitucional vigente. Mas, então, o princípio da moralidade tinha uma dimensão estritamente administrativa, quase como simples dimensão da legalidade, ligada aos problemas dos desvios de finalidade. Agora não, porque a Constituição lhe concedeu um sentido próprio e extensivo, e abrangente da ética pública. (SILVA, José Afonso. *Comentário Contextual à Constituição*. 9. ed. São Paulo: Malheiros Editores, 2014, p. 618).

Importante destacar que o artigo 1º, parágrafos 1º, 2º, 3º e 8º[39] da Lei de Improbidade Administrativa impõem a ocorrência de demonstração do dolo para configuração de improbidade administrativa. Desse modo, aplicados tais dispositivos concernentes à atuação dos Advogados Públicos, o dolo se encontra como elemento imprescindível para configuração da improbidade administrativa, enfatizando-se que o previsto no §8º descaracteriza como ato de improbidade administrativa a adoção de posicionamento com base em jurisprudência dissidente ou com interpretação minoritária ou com divergência interpretativa.

Dessa maneira, contextualizadas as normas pertinentes, dolo, fraude e/ou erro grosseiro são as condições limitadoras da atuação do Advogado Público, sendo preceito básico a ocorrência do elemento subjetivo para caracterização de ilicitude.

5 A proposta de Súmula Vinculante nº 142/DF e a garantia de inviolabilidade prevista aos advogados

A redação da proposta de Súmula Vinculante nº 142/DF apresentada pelo Conselho Federal da OAB ao STF visa afastar a responsabilidade do advogado em relação a parecer[40] ou opinião jurídica, inobstante seu conteúdo, quando se apurar contexto de

[39] Art. 1º O sistema de responsabilização por atos de improbidade administrativa tutelará a probidade na organização do Estado e no exercício de suas funções, como forma de assegurar a integridade do patrimônio público e social, nos termos desta Lei. (...) §1º Consideram-se atos de improbidade administrativa as condutas dolosas tipificadas nos arts. 9º, 10 e 11 desta Lei, ressalvados tipos previstos em leis especiais. §2º Considera-se dolo a vontade livre e consciente de alcançar o resultado ilícito tipificado nos arts. 9º, 10 e 11 desta Lei, não bastando a voluntariedade do agente. §3º O mero exercício da função ou desempenho de competências públicas, sem comprovação de ato doloso com fim ilícito, afasta a responsabilidade por ato de improbidade administrativa. (...) §8º Não configura improbidade a ação ou omissão decorrente de divergência interpretativa da lei, baseada em jurisprudência, ainda que não pacificada, mesmo que não venha a ser posteriormente prevalecente nas decisões dos órgãos de controle ou dos tribunais do Poder Judiciário. (BRASIL. *Lei nº 14.230, de 25 de outubro de 2021*. Altera a Lei nº 8.429, de 2 de junho de 1992, que dispõe sobre improbidade administrativa. D.O.U de 26.10.2021, p. 1.)

[40] Em suma: o parecerista acaba tendo a vestimenta de autoridade decisória, cabendo ao agente vinculado papel meramente secundário e subserviente à conclusão do parecerista. (CARVALHO FILHO, 2014, p. 140)

ilicitude decorrente de sua atuação. Ou seja, a proposta de Súmula Vinculante explicita a impossibilidade de se imputar objetivamente responsabilidade do advogado, estabelecendo a necessidade da verificação do liame subjetivo ao eventual propósito ilícito apurado.

O contexto da proposta da Súmula Vinculante nº 142/DF demonstra ser preocupante para a manutenção da estabilidade entre instituições democráticas vinculadas ao sistema jurisdicional (Poder Judiciário e funções essenciais à Justiça), haja vista os fundamentos apresentados pelo proponente e o recebimento da proposta pela ministra Rosa Weber, acatando-se que se trata de "controvérsia atual".

A crítica relativa à proposta de Súmula Vinculante em análise se encontra justamente na constatação de que o sistema jurídico brasileiro não admite a responsabilidade objetiva em relação a atos ilícitos, sendo preceito jurídico básico que a culpabilidade é aferida por meio de apuração de elementos subjetivos.

Além disso, a proposta da Súmula Vinculante revela o desequilíbrio entre as instituições estatais, uma vez que se busca expressar em verbete sumular garantia já explicitada na Constituição da República de 1988, tendo em vista que já preconizada a inviolabilidade do advogado por seus atos no exercício da função.

Portanto, o ordenamento jurídico já previne aplicação de penalidade por conduta com resultado ilícito sem comprovação de elemento subjetivo, tanto na esfera cível, penal ou administrativa, de tal forma que não se mostra necessária Súmula Vinculante que vede *imputação de responsabilidade ao advogado pela emissão de parecer ou opinião jurídica, sem demonstração de circunstâncias concretas que o vinculem subjetivamente ao propósito ilícito.*

Especificamente à advocacia, o artigo 133 da Constituição da República expressa a garantia de inviolabilidade do advogado por seus atos e manifestações, o que também torna desnecessária Súmula Vinculante que visa, justamente, o respeito à liberdade pela emissão de parecer ou opinião jurídica. Além disso, conforme abordado acima, o Código de Processo Civil de 2015 (artigo 184) e a Lei de Introdução às Normas do Direito Brasileiro (artigo 28) previnem que a responsabilização do agente depende da constatação de dolo, fraude ou erro grosseiro, inviabilizando-se a responsabilização objetiva de qualquer forma.

Inevitável se concluir que a proposta de Súmula Vinculante revela, em verdade, o desequilíbrio institucional entre Poder Judiciário, Ministério Público e Advocacia, observando-se que as garantias normativas conferidas aos primeiros são suficientes. Por seu turno, ainda que o ordenamento jurídico vede a imputação objetiva de ilicitude em âmbito cível, penal e administrativo, e mesmo havendo previsão constitucional de inviolabilidade, o Conselho Federal da OAB entende necessário que seja inserido no ordenamento jurídico Súmula Vinculante que determine o elemento subjetivo como fator imprescindível para responsabilização de advogado no exercício de suas funções.

6 Considerações finais

O contexto declinado no presente trabalho a partir da proposta de Súmula Vinculante nº 142/DF visa expor que sua formulação revela o desnivelamento institucional que enfrenta a Advocacia frente às demais instituições democráticas, notadamente as que formam o sistema jurisdicional. Entende-se que a garantia de inviolabilidade pelos atos e manifestações conferida aos advogados na Constituição da República e na Lei Federal 8.906/94 (Estatuto da OAB) protege a sua regular atuação funcional com o fim de promover a adequada prestação jurisdicional, considerando-se, ainda, a circunstância de que não se admite no ordenamento jurídico brasileiro a imputação objetiva de ilicitude.

Analisando a proposta da Súmula Vinculante sob o ponto de vista de aplicabilidade aos advogados públicos, não há dúvidas de que sua redação proporciona segurança no desempenho de suas funções e maior liberdade de posicionamento jurídico, promovendo o direito conforme suas orientações jurídicas e sem receio de responsabilização por órgãos de controle.

Não se trata a presente conclusão de oposição à aprovação da Proposta de Súmula Vinculante ora abordada. Muito pelo contrário. Entende-se que a aprovação da proposta seria um avanço aos advogados e à Advocacia brasileira, pois restaria definitiva a resposta jurisdicional sobre a sua responsabilização funcional.

O que se pretende deixar claro é que a necessidade da edição da súmula vinculante revela e decorre da verticalidade sistêmica das instituições, notadamente Poder Judiciário e Ministério Público, em relação à Advocacia e, em especial, à Advocacia Pública, distanciando-se do anseio constitucional da perfeita definição e funcionamento dos papéis institucionais.

Referências

ARAÚJO JUNIOR, Marco Antônio. *Ética profissional*. 8. ed. rev. São Paulo: Revista dos Tribunais, 2013.

BAHIA, Alexandre Gustavo Melo Franco. Fundamentos de Teoria da Constituição: a dinâmica constitucional no Estado Democrático de Direito brasileiro. *In: Constitucionalismo e democracia*. Rio de Janeiro: Elsevier, 2012.

BRASIL. [Constituição (1988). *Constituição da República Federativa do Brasil de 1988*. Brasília, DF: Presidência da República.

BRASIL. *Lei nº 8.906/94, de 04 de julho de 1994*. Dispõe sobre o Estatuto da Advocacia e a Ordem dos Advogados do Brasil – OAB. Brasília, DF: Presidência da República.

BRASIL. Constituição de 1988. **Emenda Constitucional nº 45, de 30 de dezembro de 2004**. Altera dispositivos dos arts. 5º, 36, 52, 92, 93, 95, 98, 99, 102, 103, 104, 105, 107, 109, 111, 112, 114, 115, 125, 126, 127, 128, 129, 134 E 168 da Constituição Federal e acrescenta os arts. 103-A, 103-B, 111-A E 130-A, e dá outras providências. *Diário Oficial da União*, D.O.U. de 31.12.2004, p. 9.

BRASIL. Supremo Tribunal Federal. Proposta de Súmula Vinculante 142 Distrito Federal. Relatora: Ministra Rosa Weber. *DJ do dia 30.06.2023*. **Disponível em:** https://portal.stf.jus.br/servicos/dje/listarDiarioJustica.asp?tipoPesquisaDJ=AP&classe=PSV&numero=142. **Acesso em: 12 out. 2023.**

CARVALHO FILHO, José dos Santos. *Manual de direito administrativo*. 27. ed., rev., ampl. e atual. São Paulo: Atlas, 2014.

CATTONI DE OLIVEIRA, Marcelo de Andrade. Prefácio. *In:* SOUZA CRUZ, Álvaro Ricardo. *Habermas e o direito brasileiro*. 2. ed. Rio de Janeiro: Lumen Juris, 2008.

CINTRA, A. C. de A.; GRINOVER, A. P.; DINAMARCO, C. R. *Teoria geral do processo*. 28. ed. São Paulo: Malheiros Editores, 2012.

DWORKIN, Ronald. *O império do direito*. Tradução de Jefferson Luiz Camargo. Revisão técnica de Gildo Sá Leitão Rios. 3. ed. São Paulo: Martins Fontes, 2014.

LEAL, Rosemiro Pereira. *Teoria geral do processo:* primeiros estudos. 12. ed., rev. e atual. Rio de Janeiro: Forense, 2014.

LÔBO, Paulo. *Comentários ao Estatuto da Advocacia e da OAB*. 8. ed. São Paulo: Saraiva, 2015.

MARINONI, Luiz Guilherme *et al*. *Novo Curso de processo civil*: tutela dos direitos mediante procedimento comum. Vol. 2. 3. ed. rev., atual. e ampl. São Paulo: Editora Revista dos Tribunais, 2017.

MORAES, Alexandre de. *Direito constitucional*. 26. ed., rev. e atual. São Paulo: Atlas, 2010.

NEVES, Daniel Amorim Assumpção. *Manual de direito processual civil*. Volume único. 9. ed. Salvador: Ed. Juspodium, 2017.

NUNES, Dierle José Coelho. *Processo jurisdicional democrático*. 1. ed. (2008). 4 reimpr. Curitiba: Juruá, 2012.

SARLET, Ingo Wolfgang; MARINONI, Luiz Guilherme; MITIDIERO, Daniel. *Curso de direito constitucional*. 7. ed. São Paulo: Saraiva, 2018.

SILVA, José Afonso. *Comentário contextual à Constituição*. 9. ed. São Paulo: Malheiros Editores, 2009.

STRECK, Lenio Luiz. *In:* CANOTILHO, J. J. Gomes *et al*. *Comentários à Constituição do Brasil*. São Paulo: Saraiva/Almedina, 2013.

STRECK, Lenio Luiz. *Hermenêutica Jurídica e(m) crise*: uma exploração hermenêutica da construção do direito. 11. ed., rev., atual. e ampl. Porto Alegre: Livraria do Advogado, 2014.

THEODORO JUNIOR, Humberto. *Curso de direito processual civil*. Teoria geral do direito processual civil, processo de conhecimento e procedimento comum. Vol. I. 58. ed., rev., atual. e ampl. Rio de Janeiro, 2017.

IPTU. COMPLEXO AEROPORTUÁRIO DE FORTALEZA. CONCESSÃO DO SERVIÇO AEROPORTUÁRIO À EMPRESA PRIVADA. EVIDENTE INTUITO LUCRATIVO E PREVISÃO DE DISTRIBUIÇÃO DE DIVIDENDOS AOS ACIONISTAS. INEXISTÊNCIA DO DIREITO À IMUNIDADE TRIBUTÁRIA RECÍPROCA

PARECER

PABLO FREIRE ROMÃO

EMENTA: IPTU. Complexo Aeroportuário de Fortaleza. Concessão do serviço aeroportuário à empresa privada. Evidente intuito lucrativo e previsão de distribuição de dividendos aos acionistas. Inexistência do direito à imunidade tributária recíproca. Art. 150, VI, a, *da CF/88. Análise da jurisprudência da Suprema Corte. Opinião pela incidência parcial do tributo.*

Relatório

Trata-se de consulta jurídica formulada pela Secretaria Municipal das Finanças (SEFIN) no tocante ao lançamento do IPTU sobre a área do Complexo Aeroportuário de Fortaleza, atualmente sob regime de concessão, por meio do Contrato (numeração do contrato), firmado em 28 de julho de 2017, junto à empresa privada (nome da concessionária) S/A.

Após discorrer sobre as decisões proferidas pelo Supremo Tribunal Federal, a SEFIN comunica que foi realizada uma atualização cadastral completa do Complexo Aeroportuário de Fortaleza, tomando por base dados, habite-se, plantas, levantamentos topográficos e demais documentos informados e fornecidos pela própria (nome da concessionária) S/A.

A consulente informa que foram produzidas novas inscrições, as quais foram georreferenciadas em mapas e divididas entre áreas operacionais, utilizadas na atividade-fim da concessão e ligadas à operação de transporte aeroportuário, e áreas comerciais, as quais contemplam áreas livres e postas à disposição de exploração econômica.

Ao final, afirma que a presente consulta objetiva esclarecer em quais inscrições poderá ser cobrado o IPTU, tendo em vista a imunidade tributária recíproca, indagando se é possível lançar o citado tributo imobiliário sobre toda a área, inclusive aquelas ocupadas e geridas diretamente pela operadora aeroportuária e relacionadas ao serviço objeto de concessão.

Em despacho, solicitei as seguintes informações e documentos à SEFIN: (i) indicação do titular do direito de propriedade sobre a área; (ii) apresentação detalhada das atividades desenvolvidas em cada um dos tipos de inscrição que compõem o objeto da consulta formulada; e (iii) cópia do contrato de concessão firmado e dos seus respectivos aditivos.

Respondendo ao despacho, a SEFIN cumpriu todas as solicitações acima, mediante as seguintes diligências: (i) envio do contrato e de seus aditivos, (ii) indicação de que a propriedade do Complexo Aeroportuário de Fortaleza é da União e (iii) detalhamento da utilização de cada uma das inscrições imobiliárias que compõem a área em questão.

É o breve relatório, no que interessa. Passo ao exame da matéria.

Fundamentação

1 O contrato de concessão do aeroporto de Fortaleza

A (nome da controladora) é uma das empresas líderes no negócio global de aeroportos e atua em mais de 30 aeroportos em 4 continentes, com inúmeras subsidiárias ao redor do mundo, dentre elas a (nome da concessionária) S/A Aeroporto de Fortaleza a qual integra o grupo cujo controladora detém capital aberto e ações negociadas na Bolsa de (nome da cidade).

A (nome da concessionária) S/A Aeroporto de Fortaleza é uma sociedade por ações, de capital fechado, regida pela Lei nº 6.404/1976, com capital social representado por 715.164.188 ações ordinárias e sem valor nominal, sendo 100% (cem por cento) das ações detidas pela (nome da controladora), conforme se constata pelas Demonstrações Financeiras do exercício de 2019:

> 16. Patrimônio Líquido
> a) Capital Social
> O capital social é representado por 715.164.188 de ações ordinárias e sem valor nominal, sendo 100% das ações detidas pela (nome da controladora). (...)
> Em janeiro de 2019 a Companhia concluiu a integralização do capital subscrito.

Tratando-se de empresa privada, há a previsão de distribuição de dividendos no art. 26 do Estatuto Social, estipulando-se o percentual mínimo de 25% (vinte e cinco por cento) do lucro líquido do exercício, nos termos do §1º do art. 202 da Lei nº 6.404/1976,[1] sem prejuízo do disposto no inciso II, §3º, do art. 202 da mesma Lei,[2] conforme se verifica abaixo:

> CAPÍTULO IV
> EXERCÍCIO FISCAL, LUCROS E DIVIDENDOS
> Artigo 26 – O lucro líquido do exercício terá a seguinte destinação:
> I – absorção de eventuais prejuízos acumulados;
> II – 5% para constituição da reserva legal, destinada a assegurar a integridade do capital;
> III – 25% do lucro líquido ajustado para o pagamento de dividendos;

[1] Art. 202, §1º, da Lei nº 6.404/1976 – Quando o estatuto for omisso e a assembleia-geral deliberar alterá-lo para introduzir norma sobre a matéria, o dividendo obrigatório não poderá ser inferior a 25% (vinte e cinco por cento) do lucro líquido ajustado nos termos do inciso I deste artigo.

[2] Art. 202, §3º, da Lei nº 6.404/1976 – A assembleia-geral pode, desde que não haja oposição de qualquer acionista presente, deliberar a distribuição de dividendo inferior ao obrigatório, nos termos deste artigo, ou a retenção de todo o lucro líquido, nas seguintes sociedades: II – companhias fechadas (...).

> Parágrafo Primeiro – O saldo remanescente será destinado para dividendo ou constituição de outras reservas de lucros, nos termos da lei, sendo que a retenção para investimento deverá ser acompanhada de justificativa técnica aprovada pelo Conselho de Administração.
> Parágrafo Segundo – O dividendo será pago no prazo de sessenta dias da data em que for declarado, ou até o final daquele ano, quando autorizado pela Assembleia Geral.
> Parágrafo Terceiro – Em qualquer caso, o valor do dividendo será atualizado pela taxa SELIC, entre as datas de encerramento do exercício social e do efetivo pagamento, nos termos da legislação vigente.

A Cláusula 2.1 do Contrato de Concessão firmado com a (nome da concessionária) S/A detalha o objeto da concessão pública: "[c]oncessão dos serviços públicos para a ampliação, manutenção e exploração da infraestrutura aeroportuária do Complexo Aeroportuário", pelo prazo inicial de 30 (trinta) anos, conforme se encontra disposto na Cláusula 2.7.

Logo em seguida, a Cláusula 2.2 já esclarece que "[n]ão se inclui no objeto da Concessão a prestação dos serviços destinados a apoiar e garantir segurança à navegação aérea em área de tráfego aéreo do Aeroporto, sendo atribuição exclusiva do Poder Público". Isso porque o controle do tráfego aéreo é serviço típico de Estado e, portanto, indelegável.

Nos termos do Capítulo IV do Contrato de Concessão, em contrapartida pelo serviço prestado, a concessionária (nome da concessionária) S/A é remunerada por dois diferentes tipos de receita em decorrência da exploração do objeto da concessão: (i) receitas tarifárias e (ii) receitas não tarifárias, conforme se depreende das cláusulas a seguir reproduzidas:

> CAPÍTULO IV – DA REMUNERAÇÃO DA CONCESSIONÁRIA
> 4.1. A Remuneração da Concessionária será composta de 2 (duas) diferentes parcelas de receita:
> 4.1.1. Receitas Tarifárias; e
> 4.1.2. Receitas Não Tarifárias (...)
> Seção I – Das Receitas Tarifárias
> 4.3. As Receitas Tarifárias serão constituídas pelas Tarifas previstas no Anexo 4 – Tarifas, sendo vedada à Concessionária a criação de qualquer outra cobrança tarifária que não esteja prevista no referido anexo, salvo na situação prevista no item 4.9 deste Contrato.

Com relação às receitas tarifárias, o Anexo 4 do Contrato assim dispõe:

> 2. Tarifas
> 2.1. Considerações
> 2.1.1. As Tarifas são devidas pelos Usuários quando da efetiva utilização dos serviços, dos equipamentos, das instalações e das facilidades disponíveis no Aeroporto e têm por objetivo remunerar a Concessionária pelos serviços prestados.
> 2.1.2. A Concessionária será remunerada por meio das seguintes tarifas aeroportuárias:
> 2.1.2.1. Tarifa de Embarque;
> 2.1.2.2. Tarifa de Conexão;
> 2.1.2.3. Tarifa de Pouso;
> 2.1.2.4. Tarifa de Permanência;
> 2.1.2.5. Tarifa de Armazenagem; e
> 2.1.2.6. Tarifa de Capatazia.
> 2.1.3. As Tarifas aeroportuárias remuneram os seguintes serviços, equipamentos, instalações e facilidades disponíveis no Aeroporto:
> 2.1.3.1. Tarifa de Embarque e Tarifa de Conexão remuneram o terminal de passageiros, abrangendo, conforme o caso, embarque, desembarque, orientação, conforto e segurança:
> 2.1.3.1.1. Embarque:
> i. Área de pré-embarque;
> ii. Climatização da sala de pré-embarque;
> iii. Ponte de embarque;
> iv. Sistema de esteiras para despacho de bagagem;
> v. Carrinhos à disposição dos passageiros para transporte de suas bagagens;
> vi. Inspeção de segurança; e
> vii. Ônibus para transporte de passageiros entre o terminal e a aeronave.
> 2.1.3.1.2. Desembarque:
> i. Área de restituição de bagagem com esteiras ou carrosséis;
> ii. Carrinhos à disposição dos passageiros para transporte de suas bagagens;
> iii. Ponte de desembarque; e
> iv. Ônibus para transporte de passageiros entre a aeronave e o terminal.
> 2.1.3.1.3. Orientação:
> i. Circuito fechado de televisão;
> ii. Sistema semiautomático anunciador de mensagens;
> iii. Sistema de som; e
> iv. Sistema informativo de voo.
> 2.1.3.1.4. Conforto e segurança:
> i. Climatização geral;
> ii. Serviço médico de emergência; e

iii. Sistema de ascenso-descenso de passageiros por escadas rolantes ou elevadores.
2.1.3.2. Tarifa de Pouso e Tarifa de Permanência remuneram, respectivamente, a pista de pouso e de táxi e as áreas de permanência:
2.1.3.2.1. Sinalização horizontal (balizamento diurno);
2.1.3.2.2. Sinalização luminosa (balizamento noturno);
2.1.3.2.3. Iluminação do pátio de manobras; 2.1.3.2.4. Remoção de emergência;
2.1.3.2.5. Serviços especializados de prevenção, salvamento e combate a incêndio;
2.1.3.2.6. Taxiamento de aeronaves;
2.1.3.2.7. Conservação e manutenção de pistas e pátios;
2.1.3.2.8. Sinalização de docagem de aeronaves;
2.1.3.2.9. Auxílios, instalações, equipamentos e sinalização para controle de movimentação de aeronaves nos pátios de manobras;
2.1.3.2.10. Áreas destinadas à permanência de aeronaves;
2.1.3.2.11. Sinalização de vias de serviço;
2.1.3.2.12. Áreas de estacionamento de equipamentos de superfície;
2.1.3.2.13. Barreiras patrimoniais e operacionais e vias de serviço para inspeção;
2.1.3.2.14. Vigilância das pistas, dos pátios de manobra, das áreas de permanência e das barreiras patrimoniais e operacionais; e
2.1.3.2.15. Sistemas e controles de segurança dos pontos de acesso das barreiras patrimoniais e operacionais.
2.1.3.3. A Tarifa de Armazenagem remunera os serviços de armazenamento, guarda e controle das mercadorias nos Armazéns de Carga Aérea do Aeroporto.
2.1.3.4. A Tarifa de Capatazia remunera os serviços de movimentação e manuseio das mercadorias nos Armazéns de Carga Aérea do Aeroporto.
2.1.3.5. No caso de aeronaves do Grupo II, a Tarifa Unificada de Embarque e Pouso remunerará os custos advindos dos procedimentos de pouso e de embarque.

Conforme se verifica acima, foram previstas as seguintes receitas tarifárias em favor da (nome da concessionária) S/A: embarque, conexão, permanência, armazenagem, capatazia e pouso, esta última visando remunerar os serviços, equipamentos, instalações e facilidades disponíveis para as operações de pouso, rolagem e estacionamento de aeronaves.

É oportuno dizer que a utilização da pista de pouso enseja o pagamento de uma tarifa pelo proprietário ou explorador da aeronave, visando "remunerar os serviços, equipamentos, instalações e facilidades disponíveis para as operações de pouso, rolagem e estacionamento da aeronave até três horas após o pouso" (Cláusula 2.2.3.1 do Anexo 4).

Após três horas da realização pouso, é devida outra tarifa, denominada de "permanência", que "remunera os serviços, equipamentos, instalações e facilidades disponíveis para as operações de permanência no pátio de manobras e na área de estadia a partir de três horas do pouso" (Cláusula 2.2.4.1 do Anexo 4 do Contrato de Concessão).

Quanto às receitas não tarifárias, a Seção II do Capítulo IV do Contrato dispõe:

> Seção II – Das Receitas Não Tarifárias
> 4.11. A Concessionária poderá explorar atividades econômicas que gerem Receitas Não Tarifárias, conforme previsto no PEA, diretamente ou mediante a celebração de contratos com terceiros, em regime de direito privado.
> 4.12. A exploração de atividades econômicas que envolva a utilização de espaços no Complexo Aeroportuário seguirá o regime previsto no Capítulo XI – Da Utilização de Espaços no Complexo Aeroportuário.
> 4.13. A prestação de serviços auxiliares ao transporte aéreo que não sejam remunerados por Receitas Tarifárias poderá ser realizada diretamente pela Concessionária, adotando contabilidade separada para cada uma das atividades exploradas, segundo as normas contábeis vigentes.

A Cláusula 4.12 cita o Capítulo IX do Contrato de Concessão celebrado, o qual dispõe que a concessionária pode celebrar com terceiros, prestadores de (i) serviços de transporte aéreo, (ii) de serviços auxiliares ao transporte aéreo ou (iii) exploradores de outras atividades econômicas, contratos sobre a utilização de espaços, com remuneração livremente pactuada:

> CAPÍTULO XI – DA UTILIZAÇÃO DE ESPAÇOS NO COMPLEXO AEROPORTUÁRIO
> Seção I – Das Disposições Gerais
> 11.1. A Concessionária poderá celebrar com terceiros, prestadores de serviços de transporte aéreo, de serviços auxiliares ao transporte aéreo ou exploradores de outras atividades econômicas, contratos que envolvam a utilização de espaços no Complexo Aeroportuário, pelo regime de direito privado, observando-se a regulação vigente, bem como: (...)
> 11.1.2. A remuneração será livremente pactuada entre a Concessionária e a outra parte contratante;

> 11.1.2.1. Os contratos previamente autorizados nos termos do item 11.1.1 deverão prever remuneração periódica em parcelas iguais ou crescentes durante toda sua vigência, devendo ser corrigidas monetariamente por índice oficial de inflação, sendo vedada a antecipação das parcelas que extrapolem o prazo de concessão.
> 11.1.2.1.1. Caso o contrato comercial preveja remuneração variável proporcional ao faturamento do negócio, essa deverá ter valor percentual igual ou crescente e periodicidade constante ao longo de todo o contrato.
> 11.1.2.1.2. Caso o contrato comercial preveja formas de remuneração distintas das dispostas neste artigo, essa deverá ser informada na solicitação e estará sujeita à aprovação pelo Ministério dos Transportes, Portos e Aviação Civil. (...)
> 11.1.5. A Concessionária poderá, conforme a regulamentação da ANAC, celebrar com Empresas Aéreas:
> 11.1.5.1. Contratos que confiram o direito de construir, manter ou utilizar, com exclusividade ou prioridade, terminal ou partes de terminal, mediante prévia aprovação da ANAC; ou
> 11.1.5.2. Outros contratos relativos ao uso de espaço no Complexo Aeroportuário, de modo a assegurar o tratamento justo aos diferentes agentes.

Ainda quanto às receitas não tarifárias, veja-se a Cláusula 5 do Anexo 2:

> 5. Atividades Acessórias
> 5.1. A Concessionária poderá obter Receitas Não Tarifárias em razão da exploração das seguintes atividades econômicas acessórias, nos termos do Contrato, diretamente ou mediante contratação de terceiros:
> 5.1.1 Manuseio de solo (aeronaves, passageiros, carga e bagagem), catering, comissaria, limpeza, manutenção de aeronaves e abastecimento de aeronaves, veículos operacionais e equipamentos de rampa;
> 5.1.2 Varejo e alimentação: *duty free*, bancos, correios, lotéricas, restaurantes e bares, máquinas automáticas de vendas, entre outras lojas comerciais (souvenir, vestuário, livraria, joalheria etc.);
> 5.1.3 Áreas para escritórios, áreas para armazenagem de cargas, zona de processamento de exportação, hotéis e centros de convenção;
> 5.1.4 Outros serviços ao passageiro: locação de automóveis, estacionamento, cinema, salas de reunião e hotel de trânsito;
> 5.1.5 Outros: carregadores, transporte aeroporto-hotel, *city tour*, serviços de consultoria em aeroportos, telefonia, acesso à Internet, publicidade e propaganda, locação de áreas para escritórios.

Até mesmo áreas essenciais ao serviço aéreo estão sujeitas à remuneração:

> Seção II – Das Áreas e Atividades Operacionais
> 11.6. São Áreas e Atividades Operacionais do Complexo Aeroportuário aquelas essenciais à prestação dos serviços de transporte aéreo, tais como despacho de aeronaves, passageiros e bagagens, serviços auxiliares de rampa, carga e descarga de aeronaves, recebimento e despacho de carga e de bens transportados por aeronaves, abastecimento de combustível e lubrificantes, armazenagem e capatazia doméstica, entre outras atividades próprias de prestadores de serviços de transporte aéreo ou de serviços auxiliares ao transporte aéreo.
> 11.7. A remuneração pela utilização de Áreas e Atividades Operacionais será livremente pactuada entre a Concessionária e as partes contratantes como forma de permitir uma precificação eficiente dos serviços e otimizar a utilização da infraestrutura aeroportuária, observadas as disposições abaixo.

Assim, até mesmo as áreas de auxílio operacional do serviço aeroportuário podem ser exploradas, tais como (i) despacho de aeronaves, passageiros e bagagens, (ii) serviços auxiliares de rampa, carga e descarga de aeronaves, (iii) recebimento e despacho de carga e de bens transportados por aeronaves, (iv) abastecimento de combustível, dentre outras.

Sem embargo, tais cobranças decorrem da Lei Federal nº 6.009/1973:

> Art. 1º – Os aeroportos e suas instalações serão projetados, construídos, mantidos, operados e explorados diretamente pela União ou por entidades da Administração Federal Indireta, especialmente constituídas para aquelas finalidades, ou ainda, mediante concessão ou autorização obedecidas as condições nelas estabelecidas.
> Art. 2º – A efetiva utilização de áreas, edifícios, instalações, equipamentos, facilidades e serviços de um aeroporto está sujeita ao pagamento referente aos preços que incidirem sobre a parte utilizada.
> Parágrafo único. Compete à autoridade de aviação civil estabelecer o regime tarifário da exploração da infraestrutura aeroportuária.

A única exceção envolvendo uso gratuito trata de órgãos e entidades públicas:

> 11.5. A Concessionária cederá os espaços para as instalações de órgãos e entidades do Poder Público que por disposição legal operam no aeroporto sem ônus financeiro, com exceção do rateio das despesas ordinárias do Complexo Aeroportuário, observado o disposto em seus instrumentos normativos, inclusive no que concerne à elaboração de projetos e execução de obras.

Conforme se verifica, com exceção da cessão de espaços para a instalação de órgãos e entidades públicas, todo o restante do Complexo Aeroportuário de Fortaleza é explorável economicamente pela (nome da concessionária) S/A, seja em razão do serviço aeroportuário propriamente dito (receitas tarifárias) ou em virtude da obtenção de receitas não tarifárias.

Inclusive, o valor do Contrato de Concessão é estimado em R$ 3.503.536.466:

> Seção III – Do Valor do Contrato
> 2.10. O valor do Contrato, correspondente ao valor presente das Receitas Tarifárias e Não-Tarifárias estimadas para todo o prazo da concessão, é de R$ 3.503.536.466 (três bilhões, quinhentos e três milhões, quinhentos e trinta e seis mil, quatrocentos e sessenta e seis reais).
> 2.11. O valor do Contrato tem efeito meramente indicativo, não podendo ser utilizado por nenhuma das Partes para pleitear a recomposição do equilíbrio econômico-financeiro do Contrato.

Segundo a Cláusula 2.3, a área do Complexo Aeroportuário será "transferida" à (nome da concessionária) S/A, o que denota a sua posse sobre o bem, em face do qual está autorizada a proceder com a sua exploração econômica objetivando a obtenção de lucros e a consequente distribuição a seus acionistas, com contrapartidas ao Poder Concedente:

> Seção I – Da Área
> 2.3. O Complexo Aeroportuário será transferido à Concessionária, no estado em que se encontra, concomitantemente à celebração do presente Contrato.
> 2.4. As áreas que forem desapropriadas após a celebração do presente Contrato terão sua posse transferida à Concessionária mediante um aditivo ao Termo de Aceitação Definitiva e de Permissão de Uso de Ativos, observado ainda os dispostos nos itens 3.1.40 e 3.2.13.
> 2.5. Eventuais desocupações de áreas localizadas no sítio aeroportuário, em posse ou detenção de terceiros, prévias ou posteriores à celebração do Contrato, serão de integral responsabilidade da Concessionária.

Delimitando o Complexo Aeroportuário, veja-se o item 4 do Anexo 2 do Contrato:

> 4. Complexo Aeroportuário
> 4.1. A situação jurídica do Complexo Aeroportuário é a seguinte:

> 4.1.1 A exploração aeroportuária objeto da presente Concessão recai sobre a área civil do Aeroporto Internacional Pinto Martins/Fortaleza SBFZ composta pelas áreas descritas a seguir, que constituem universalidades, nos termos do art. 38 da Lei nº 7.565 (...)
> 4.1.1.1 Área de propriedade da União, de posse da Infraero, medindo 4.439.269,73 m2, correspondente à Área Civil 1, identificada na Planta (...), anexa à Portaria Conjunta SE/SAC-PR/COMAER Nº 06, de 23 de dezembro de 2015, ressalvada a área de aproximadamente 3.500 m² destinada a construção de alça complementar ao Viaduto da Av. Bernardo Manuel com a Av. Carlos Jereissati, localizada conforme projeto apresentado pelo Departamento Estadual de Trânsito do Ceará – DETRAN/CE no bojo do Ofício n. 013/2019-DITRAN-DETRAN-CE e anexos, e colocada à disposição da Secretaria de Coordenação e Gestão do Patrimônio da União do Ministério da Economia-SCGPU/ME para transferência ao Estado do Ceará; (Acrescentada pelo Termo Aditivo nº 003, de 06 de maio de 2020) 4.1.1.2 Área de propriedade do Estado do Ceará, de posse da Infraero, medindo 59.330,78 m2, correspondente à Área Civil 2, identificada na Planta nº CE.001/015/2015/67220, anexa à Portaria Conjunta SE/SAC-PR/COMAER Nº 06, de 23 de dezembro de 2015;
> 4.1.1.3 Área de propriedade do Estado do Ceará, de posse da Infraero, medindo 52.350,76 m2, correspondente à Área Civil 3, identificada na Planta nº CE.001/015/2015/67220, anexa à Portaria Conjunta SE/SAC-PR/COMAER Nº 06, de 23 de dezembro de 2015.
> 4.1.2 As áreas e instalações destinadas exclusivamente às atividades militares situadas no sítio aeroportuário não são integrantes do objeto da Concessão.
> 4.1.3 As áreas civis utilizadas pelo Comando da Aeronáutica COMAER para a prestação dos serviços de navegação aérea são classificadas como especiais, não podendo ser utilizadas pela Concessionária.

Conforme exposto acima, a exploração aeroportuária objeto da Concessão de Concessão recai em análise sobre a área civil do Aeroporto Internacional Pinto Martins/Fortaleza – SBFZ, composta pelas áreas descritas nos itens 4.1.1.1, 4.1.1.2 e 4.1.1.3, com áreas da União e do Estado do Ceará, embora a SEFIN tenha dito que tudo é de propriedade da primeira.

Edifica-se, portanto, a primeira premissa do opinativo: a (nome da concessionária) S/A, como empresa privada que é, explora economicamente o complexo aeroportuário concedido, seja mediante a retribuição pelos serviços aeroportuários em si (receitas tarifárias) ou por meio da utilização do espaço para fins de instalação de comércios, bares, estacionamentos etc.

2 A imunidade tributária recíproca e o entendimento do STF

Sobre a imunidade tributária recíproca, dispõe o art. 150, VI, *a*, §3º, da CF/88:

> Art. 150 da CF/88 – Sem prejuízo de outras garantias asseguradas ao contribuinte, é vedado à União, aos Estados, ao Distrito Federal e aos Municípios: (...)
> VI – instituir impostos sobre: a) patrimônio, renda ou serviços, uns dos outros;
> §3º – As vedações do inciso VI, "a", e do parágrafo anterior não se aplicam ao patrimônio, à renda e aos serviços, relacionados com exploração de atividades econômicas regidas pelas normas aplicáveis a empreendimentos privados, ou em que haja contraprestação ou pagamento de preços ou tarifas pelo usuário, nem exonera o promitente comprador da obrigação de pagar imposto relativamente ao bem imóvel.

Em resumo, a rigor, é vedado ao Município instituir imposto sobre o patrimônio da União. Todavia, tal vedação não se aplica ao patrimônio relacionado com a exploração de atividades econômicas regidas pelas normas aplicáveis a empreendimentos privados, ou em que haja contraprestação ou pagamento de preços ou tarifas pelo usuário.

Sem embargo da clareza do texto constitucional quanto à abrangência da imunidade tributária recíproca, e antes de proferir qualquer conclusão quanto ao tema, deve-se analisar os precedentes do Supremo Tribunal Federal no âmbito dos Recursos Extraordinários nº 601.720 e nº 594.015, citados pela SEFIN na consulta jurídica ora em análise.

No âmbito do RE nº 594.015, discutiu-se a incidência de IPTU sobre imóvel localizado em área portuária, no Porto de Santos, de propriedade da União, cedido à Codesp, e posteriormente arrendado à Petrobrás. O STF analisou se a imunidade alcança, ou não, empresa arrendatária de terreno localizado em área portuária pertencente à União.

Para melhor compreensão deste caso, revela-se importante analisar os votos dos Ministros e os seus fundamentos, para que se possa ter uma exata compreensão da tese jurídica que fora firmada.

Utilizando o citado método, consegue-se entender a *ratio decidendi* que motivou a Suprema Corte a adotar o posicionamento final vinculante.

Voto do Ministro Marco Aurélio (relator):

i) O pacto federativo se encontrará em risco, caso se permita prejuízo às finanças municipais em face da impossibilidade de se tributar imóveis utilizados na exploração de atividades privadas. Particulares atuam economicamente e evidenciam uma plena capacidade contributiva, não se admitindo que não contribuam para a coletividade;

ii) O argumento de ser o imóvel pertencente à União utilizado para a persecução de interesse público não atrai a imunidade quanto ao IPTU, pois a empresa é uma sociedade empresarial com claro objetivo de auferir lucro e, posteriormente, distribuí-lo aos acionistas. Afirma que a imunidade recíproca não foi concebida com tal propósito;

iii) O propósito da imunidade tributária recíproca é observar, no contexto federativo, o respeito mútuo e a autonomia dos entes federados, não se devendo estendê-la para evitar a tributação de particulares que atuam no regime de livre concorrência. Cita expressamente o §3º do art. 150 da Constituição Federal de 1988, mencionado acima;

iv) Por força do §3º do art. 150 da CF/88, nem mesmo as pessoas jurídicas de direito público, que exploram atividade econômica, gozam da imunidade, o que se dirá quanto ao particular. Assim, é inequívoco que se o imóvel da União for empregado em atividade de empresa que atua no mercado com fins lucrativos, não há imunidade;

v) O ente público, ainda que não seja o responsável pela exploração direta da atividade econômica, ao ceder o imóvel para uma sociedade privada, permite que o bem estatal seja afetado a um empreendimento, ensejando a geração de riquezas, posteriormente incorporadas aos patrimônios da cessionária, em benefício dos acionistas;

vi) A hipótese de incidência do IPTU não está limitada à propriedade do imóvel, incluindo o domínio útil e a posse do bem, motivo pelo qual não há falar em ausência de legitimidade da empresa para figurar no polo passivo da relação jurídica tributária. Com base em tais argumentos, o Ministro negou o reconhecimento da imunidade tributária recíproca.

Voto do Ministro Roberto Barroso:

i) No caso, a exploração econômica do bem é feita por empresa privada que não pode dispor da imunidade do art. 150, VI, *a*, da CF/88, a qual foi criada pelo constituinte para proteção do pacto federativo. Incide a norma do art. 150, §3º, da CF/88, que excepciona a imunidade quando o patrimônio é utilizado para exploração de atividade econômica;

ii) A finalidade do imóvel é a geração de lucro para a empresa, que, por isso, possui capacidade contributiva para sofrer a tributação. Excluir a tributação não é a vontade do constituinte que se pode extrair da interpretação do art. 150, VI, *a*, §3º, e do art. 170, IV, da CF/88. Impossibilitar tal cobrança é perenizar situação prejudicial à federação;

iii) Os contratos firmados entre as empresas privadas e a Administração Pública para uso de bem público, além de se sujeitarem a longos prazos, conferem direitos aos particulares, como a alteração do imóvel utilizado e a construção de imóveis com outras finalidades. Pode-se dizer que o bem é formalmente público e materialmente privado;

iv) Ao final, conclui no sentido de que o dispositivo constitucional existe para proteger o pacto federativo e impedir que entes estatais tributem os outros entes estatais. Logo, na medida em que bem seja cedido ou arrendado a uma empresa privada, infirma-se a ideia de proteção do pacto federativo, motivo pelo qual não há falar em imunidade.

Voto do Ministro Alexandre de Moraes:

i) Propôs a seguinte tese: a norma constitucional de imunidade recíproca (art. 150, IV, *a*, §§2º e 3º, da CF/88) não alcança imóveis de titularidade dos entes políticos cujo uso tenha sido transferido a sociedade de economia mista para exploração de atividade econômica, sendo legítima a exigência de IPTU em face de pessoas de direito privado.

Voto da Ministra Rosa Weber:

i) Endossou a tese de que não há extensão da imunidade recíproca para empresa privada que explora atividade econômica com fins lucrativos, ou seja, compreendeu que é constitucional a cobrança do IPTU nesta específica hipótese. Acompanhou, portanto, o voto do Ministro Marco Aurélio, relator do caso no âmbito da Suprema Corte.

Voto do Ministro Luiz Fux:

i) Sob o ângulo da justiça fiscal, a questão já se revela, de plano, inaceitável, diante da conclusão de que quem explora atividade econômica não paga o imposto devido ao município. A jurisprudência do STF entende que a imunidade recíproca é uma garantia para a preservação do sistema federativo, não sendo possível estendê-la;

ii) Citando de forma expressa o §3º do art. 150 da CF/88, compreendeu que, no tocante à justiça fiscal, não é justo para com o Município que ele não possa tributar essas entidades – tanto mais que essa é uma fonte de receita importante à luz das dificuldades por que passam as unidades federadas. Conclui que a imunidade não se aplica ao caso.

Voto da Ministro Ricardo Lewandowski:

i) O art. 150, §3º, da CF/88 é taxativo e deve ser interpretado diretamente, literalmente, quando diz que todas aquelas atividades que estão relacionadas com a exploração de atividade econômica não podem beneficiar-se da imunidade recíproca, a qual serve para fortalecer o pacto federativo, e não para agraciar empresas privadas;

ii)É profundamente injusto permitir que uma empresa como a Petrobras, que atua sob regime de concorrência, distribuindo lucros, subtraia-se ao pagamento deste imposto importante para as comunidades locais, que é o IPTU. Conclui, ao final, que a imunidade tributária recíproca não possui aplicabilidade ao caso em questão.

Ao final, o colegiado aprovou a tese do Tema nº 385 da Repercussão Geral:

> A imunidade recíproca, prevista no art. 150, VI, a, da Constituição não se estende a empresa privada arrendatária de imóvel público, quando seja ela exploradora de atividade econômica com fins lucrativos. Nessa hipótese é constitucional a cobrança do IPTU pelo Município.

No âmbito do RE nº 601.720, discutiu-se a incidência de IPTU em face de imóvel de titularidade da União, administrador pela Infraero, e cedido a uma concessionária de veículos, empresa privada. A discussão foi semelhante ao debate do julgamento no RE nº 594.015, tendo o Supremo Tribunal Federal fixado a tese do Tema nº 437 da Repercussão Geral:

> Incide o IPTU, considerado imóvel de pessoa jurídica de direito público cedido a pessoa jurídica de direito privado, devedora do tributo.

Nos dois casos acima citados, o ponto fulcral para a decisão considerou o fato de tanto a Petrobrás, no RE nº 594.015, quanto a concessionária de veículos, no RE nº 601.720, exercerem no imóvel atividade econômica privada e com fins lucrativos, motivo pelo qual não deveria incidir a imunidade tributária recíproca em tais situações.

Nesse sentido, fazendo uma necessária simbiose das teses de Repercussão Geral citadas acima, pode-se concluir que o imóvel de pessoa jurídica de direito público cedido à pessoa jurídica de direito privado pode ser alvo de IPTU, especialmente quando a ocupante for uma empresa exploradora de atividade econômica com fins lucrativos.

No caso, é certo que a (nome da concessionária) S/A é uma empresa privada com finalidade lucrativa e que visa obter receita para seus acionistas, mesmo que majoritariamente por meio da exploração de um serviço público (não se pode olvidar que o imóvel também é explorado por atividades essencialmente econômicas, como lojas e estacionamentos).

Em tal contexto, poder-se-ia discutir se o serviço aeroportuário ora em análise se enquadraria como uma atividade econômica propriamente dita, ou se seria apenas um serviço público essencial concedido à iniciativa privada. A partir de tal distinção, discutir-se-ia se tal característica seria capaz de afastar, ou não, a cobrança do IPTU em tais casos.

Inclusive, esse foi o fundamento do TJRJ em precedente no qual se afastou o IPTU de empresa situada nos Aeroportos de Jacarepaguá e Santos Dumont, ambos no Rio de Janeiro/RJ, por entender que, não obstante o exercício de atividade econômica com fins lucrativos, as atividades societárias estão ligadas ao Complexo Aeroportuário, o que afastaria as teses do STF:

> Direito Constitucional, Tributário e Processual Público. Agravo de Instrumento. Ação para declaração de inexistência de relação jurídico-tributária, com requerimento de tutela de urgência. Imposto sobre a Propriedade Territorial Urbana (IPTU). Agravante, prestador de serviços, concessionário de espaços de propriedade da Empresa Brasileira de Infraestrutura Aeroportuária (INFRAERO). Suspensão de exigibilidade da cobrança do tributo. Pressupostos para a concessão da tutela de urgência que se encontram presentes. Agravante que, malgrado exerça atividade econômica e aufira lucro, presta serviços diretamente ligados aos usuários dos Aeroportos de Jacarepaguá e Santos Dumont, ambos localizados no Município do Rio de Janeiro/RJ. Uso das áreas concedidas que se encontra sujeito à fiscalização da Agência Nacional de Aviação Civil (ANAC), eis que consideradas estruturas do sistema aeroportuário, de acordo com o Código Brasileiro de Aeronáutica. Presentes indícios de que o caso concreto é distinto das teses fixadas pelos Temas de números 385 e 437 do Supremo Tribunal Federal, eis que, naqueles casos, os possuidores das áreas cedidas exerciam atividades dissociadas do complexo aeroportuário. Presente fundado receio de muito difícil reparação. Agravado que imputou à agravante uma obrigação tributária com base em questionável fato gerador, em indiciário conflito com o art. 150, VI, "a" da Constituição da República. Se improcedentes os pedidos, o agravado poderá se valer de procedimentos administrativos e judiciais, a exemplo da Lei de Execuções Fiscais (Lei nº 6.830/1980), de maior celeridade, ao passo que, se julgados procedentes os pedidos, para repetir o indébito, terá o agravante de se valer de eventuais procedimentos administrativos ou judiciais em face da Fazenda Pública, os quais, notoriamente, se revestem de maior morosidade. Provimento (...)
> (TJRJ, Agravo de instrumento nº 0051194-05.2021.8.19.0000, relatora Desa. Daniela Brandão Ferreira, 9ª Câmara Cível, em 04.08.2021)

No mesmo sentido, decidiu o TJRN quanto Aeroporto de São Gonçalo de Amarante, sustentando que, embora a concessionária tenha, como finalidade, o acúmulo patrimonial com a exploração do serviço público concedido, imperioso seria o reconhecimento de que, sendo prestadora de serviço eminentemente público, incide a imunidade tributária recíproca:

> CONSTITUCIONAL E TRIBUTÁRIO. REMESSA NECESSÁRIA E APELAÇÃO CÍVEL. IMUNIDADE TRIBUTÁRIA. SENTENÇA PROFERIDA EM AÇÃO ANULATÓRIA DE CRÉDITO TRIBUTÁRIO

> E DECLARATÓRIA DE INEXIGIBILIDADE DO IPTU. AEROPORTO DE SÃO GONÇALO DO AMARANTE. IMÓVEL PERTENCENTE AO PODER PÚBLICO. EXPLORAÇÃO, POR MEIO DE CONCESSÃO, POR PESSOA JURÍDICA DE DIREITO PRIVADO, COM FINS LUCRATIVOS. INCIDÊNCIA DO BENEFÍCIO CONSTITUCIONAL DA IMUNIDADE TRIBUTÁRIA RECÍPROCA. EXPLORAÇÃO DE SERVIÇO PÚBLICO DE COMPETÊNCIA DA UNIÃO. APLICAÇÃO DO QUE FOI DECIDIDO PELO STF – EM REGIME DE REPERCUSSÃO GERAL – NO RECURSO EXTRAORDINÁRIO 638.315. REMESSA NECESSÁRIA E RECURSO VOLUNTÁRIO DESPROVIDOS. PRECEDENTES DO STF. (TJRN, Apelação nº 0104326-87.2017.8.20.0129, Dr. Eduardo Bezerra de Medeiros Pinheiro, Gab. da Vice-Presidência no Pleno, em 17.11.2020)

Sem embargo, sem me debruçar quanto à natureza do serviço, vale salientar que nem mesmo as empresas estatais prestadoras de serviços públicos essenciais gozam de imunidade tributária recíproca se distribuírem lucros a acionistas privados ou tiverem ações em bolsa de valores. Em tal contexto, incide a máxima *ad maiori ad minus.*

Nesse sentido, veja-se o Tema nº 508 da Repercussão Geral do STF:

> Sociedade de economia mista, cuja participação acionária é negociada em Bolsas de Valores, e que, inequivocamente, está voltada à remuneração do capital de seus controladores ou acionistas, não está abrangida pela regra de imunidade tributária prevista no art. 150, VI, "a", da Constituição, unicamente em razão das atividades desempenhadas.

No processo ensejador Tema nº 508, acima citado, que tramitou no Supremo Tribunal Federal, a Companhia de Saneamento Básico do Estado de São Paulo (Sabesp), prestadora dos serviços públicos de esgotamento e de fornecimento de água, buscava ver reconhecida a imunidade tributária recíproca para se afastar a cobrança de IPTU.

Ao negar provimento ao RE nº 600.867, o relator, Ministro Joaquim Barbosa, registrou que a Sabesp tinha ações negociadas na Bolsa de Valores de São Paulo e na Bolsa de Valores de Nova York e que os seus investidores, além de poderem auferir ganho de capital com a negociação das ações, também faziam *jus* à distribuição de lucros.

O ministro relator também consignou que configuraria um desvio sistêmico "assegurar garantias indissociáveis do Estado e do interesse público aos empreendimentos dotados de capacidade contributiva e têm como cuja função distribuir os resultados dessa atividade ao patrimônio dos empreendedores". O raciocínio se aplica ao presente caso.

O Ministro Teori Zavascki, ao acompanhar o relator, disse ser incompatível com a imunidade tributária a utilização desse instituto "para, de forma indireta, aumentar lucro de empresa, porque reduz as suas despesas e, em outras palavras, produzir riqueza, produzir lucro a ser distribuído para investidores privados". Eis o ponto nodal.

O saudoso Ministro Teori enfatizou, ainda, que, caso fosse reconhecido o beneplácito constitucional em razão de a imunidade incidir sobre serviços, "esse argumento levaria a consequências importantes, como, por exemplo, a necessidade de imunizar o serviço de transporte coletivo". Para melhor compreensão do caso, veja-se trechos do voto:

> Por outro lado, não se trata, no meu entender, de prestação de serviço tipicamente de Estado. Essa atividade prestada por essa sociedade de economia mista pode ser prestada pelo regime de concessão ou autorização, a critério do Poder Público, no caso municipal, inclusive, nos termos do artigo 30, inciso V, da Constituição. E, neste caso mais específico, com mais razão. Nós estamos diante de uma empresa estruturada em regime de produção de lucro, inclusive com ações negociadas em bolsa de valores. Não me parece compatível com o instituto da imunidade tributária que esse instituto seja utilizado para, de forma indireta, aumentar o lucro de empresa, porque reduz as suas despesas e, em outras palavras, produzir riqueza, produzir lucro a ser distribuído para investidores privados. Não me parece compatível. Acho que é uma extensão do princípio da imunidade recíproca que não pode ser ampliada, afinal, estamos diante de uma exceção ao poder de tributar que não comporta, no meu entender, esse tipo de elastério. Se nós considerarmos que, no caso específico, haveria imunidade, porque a imunidade incide sobre serviços – como agora salientou o voto do Ministro Barroso –, esse argumento levaria a consequências importantes, como, por exemplo, a necessidade de imunizar os serviços de transporte coletivo (RE nº 600.867/SP).

Nos debates em Plenário do STF, o Ministro Teori Zavascki chamou a atenção para o seguinte fato: "eu só penso que não devemos chegar a um ponto de considerar que as concessionárias de serviço público estejam imunes, mesmo sendo empresas privadas". Na sequência, complementou o Ministro Roberto Barroso: "não certamente, não estão...".

Naquela ocasião, a Ministra Rosa Weber salientou que a imunidade tributária recíproca se pauta na preservação do pacto federativo, o qual não sofre risco de abalo em caso de tributação de sociedade de economia mista que visa à obtenção de lucro. Segundo a Ministra, "conferir imunidade será conceder o que a Constituição não deu".

No Tema nº 508 de Repercussão Geral, o STF não considerou a natureza jurídica do serviço para definir a incidência da imunidade, se decorrente de serviço público ou atividade econômica, mas sim a natureza jurídica da empresa que o presta, afastando a benesse caso haja negociação de ações em bolsa de valores ou distribuição de lucros.

Além das teses acima, é imprescindível citar o Tema nº 1.140 de Repercussão Geral, segundo a qual as estatais concessionárias de serviços públicos essenciais, que não distribuam lucros a acionistas privados nem ofereçam risco ao equilíbrio concorrencial, são beneficiárias da imunidade tributária recíproca, conforme se verifica pela tese abaixo:

> As empresas públicas e as sociedades de economia mista delegatárias de serviços públicos essenciais, que não distribuam lucros a acionistas privados nem ofereçam risco ao equilíbrio concorrencial, são beneficiárias da imunidade tributária recíproca prevista no artigo 150, VI, a, da Constituição Federal, independentemente de cobrança de tarifa como contraprestação do serviço.

Portanto, segundo o STF, exige-se três requisitos cumulativos para a extensão da imunidade recíproca às sociedades de economia mista e empresas públicas: (i) a prestação de serviço público essencial, (ii) inexistência de distribuição de lucros a acionistas privados e (iii) ausência de concorrência com outras pessoas jurídicas de direito privado.

Consolidando tal compreensão, é certo que, se uma estatal prestadora de serviço público essencial e que distribui lucros a acionistas privados não é beneficiária da imunidade recíproca, é evidente que empresas privadas, não integrantes da Administração Pública, que se enquadrem em tal situação, também não gozam de tal benesse.

Em suma, mesmo as empresas estatais, sobretudo sociedades de economia mista, ainda que prestadoras de serviços públicos essenciais, a exemplo do saneamento básico, somente possuem direito à imunidade tributária recíproca caso não distribuam lucros a acionistas privados, nem tenham ações negociadas em bolsa de valores.

Do exame das teses jurídicas do STF, pode-se extrair os seguintes requisitos cumulativos para que uma empresa obtenha a fruição da imunidade recíproca: (i) prestação de serviço público essencial, (ii) capital social majoritariamente público, (iii) ausência de distribuição de lucros a particulares e (iv) prestação em regime não concorrencial.

Internalizado isso, tem-se que, mesmo que se considere como essencial o serviço público aeroportuário, isso é irrelevante para a incidência da imunidade recíproca, pois a concessionária (nome da concessionária) S/A Aeroporto de Fortaleza, além de não ser uma empresa estatal, possui capital totalmente privado e objetiva a distribuição de dividendos.

Além disso, vale ressaltar que a (nome da concessionária) S/A Aeroporto de Fortaleza é uma sociedade por ações de capital fechado controlada pela (nome da controladora) Services Worldwide, que detém a integralidade das ações da companhia e é negociada na Bolsa de Valores de (nome da cidade), na Alemanha, com o *ticker* (código de negociação em bolsa).

A partir de tal paradigma, verifica-se, no âmbito do STF, uma proliferação de julgados das duas Turmas, sobretudo envolvendo concessionárias de serviços públicos, que ora aplicam as teses de repercussão geral, ora não as aplicam, denotando que a Suprema Corte possui dificuldades para interpretar seus próprios precedentes vinculantes.

Para exemplificar, analisar-se-á alguns julgados do STF posteriores às teses. O primeiro é o RE nº 1170302 AgR, de relatoria do Ministro Edson Fachin e julgado pela Segunda Turma em 06.09.2019, no qual se vedou a imunidade recíproca à concessionária de serviços públicos fornecedora de energia elétrica, conforme ementa a seguir:

> AGRAVO REGIMENTAL EM RECURSO EXTRAORDINÁRIO. DIREITO TRIBUTÁRIO. ITBI. EMPRESA PRIVADA. CONCESSIONÁRIA DE SERVIÇO PÚBLICO. BENS IMÓVEIS ADQUIRIDOS PARA O FORNECIMENTO DE ENERGIA ELÉTRICA. IMUNIDADE TRIBUTÁRIA RECÍPROCA. EXTENSÃO INDEVIDA.

> 1. A discussão relacionada à extensão da imunidade tributária recíproca para favorecimento de empresa privada fornecedora de energia elétrica encontra solução nos Temas 437 e 385 da repercussão geral.
> 2. A imunidade tributária recíproca não deve servir de instrumento para a geração de riquezas incorporáveis ao patrimônio de pessoa jurídica de direito privado cujas atividades tenham manifesto intuito lucrativo.
> 3. É inviável o processamento de recurso extraordinário se, para se divergir do entendimento adotado na origem, for necessário reexaminar fatos e provas. Súmula 279/STF.
> 4. Agravo regimental a que se nega provimento, com previsão de aplicação de multa, nos termos do art. 1.021, §4º, do CPC.
> (STF, RE nº 1.170.302 AgR, relator Ministro Edson Fachin, 2ª Turma, em 06.09.2019)

No caso acima, negou-se seguimento ao recurso extraordinário, o qual havia sido interposto por empresa privada concessionária do serviço público de distribuição de energia elétrica. A pretensão da recorrente era a aplicação da imunidade tributária recíproca para se afastar o ITBI relativo a imóveis cujo domínio havia sido por ela adquirido.

A Segunda Turma manteve a decisão em agravo interno, pois, com base no Tema nº 437, entendeu não ser possível estender a imunidade recíproca "em face da cobrança de ITBI, em benefício de empresa privada, ainda que a exação se aplique a imóveis de propriedade federal reversíveis ao término do contrato de concessão", veja-se:

> Como mencionado na decisão monocrática, no Tema 437 da sistemática da repercussão geral ficou assentado que "incide o IPTU, considerado imóvel de pessoa jurídica de direito público cedido a pessoa jurídica de direito privado, devedora do tributo" (RE 601.720, de minha relatoria e com acórdão redigido pelo Ministro Marco Aurélio, DJe 05.09.2017).
> Por essa perspectiva, inviável cogitar da extensão da imunidade tributária recíproca também em face da cobrança de ITBI, em benefício de empresa privada, ainda que a exação se aplique a imóveis de propriedade federal reversíveis ao término do contrato de concessão.
> No caso, trata-se de pessoa jurídica de direito privado com claro objetivo de auferir lucro, ainda que preste serviço público. Assim, a imunidade recíproca não deve servir de instrumento para a geração de riquezas incorporáveis ao patrimônio da concessionária.
> O julgamento do Tema 385 da repercussão geral reforça esse entendimento na medida em que fixa a tese de que "[a] imunidade recíproca, prevista no art. 150, VI, a, da Constituição não se estende a empresa privada arrendatária de imóvel público, quando seja ela exploradora de

> atividade econômica com fins lucrativos. Nessa hipótese é constitucional a cobrança do IPTU pelo Município". (...)
> Ante o exposto, voto pelo não provimento do presente agravo regimental.

Em contrapartida, no bojo do RE nº 1328250, de relatoria do Ministro Roberto Barroso e julgado pela Primeira Turma em 23.08.2021, entendeu-se que a jurisprudência do STF se firmou no sentido de que as concessionárias de serviços públicos de prestação obrigatória e exclusiva do Estado são beneficiárias da imunidade tributária recíproca:

> DIREITO TRIBUTÁRIO. AGRAVO INTERNO EM RECURSO EXTRAORDINÁRIO. IPTU. IMUNIDADE TRIBUTÁRIA. CONCESSIONÁRIA DE SERVIÇO PÚBLICO DE PRESTAÇÃO OBRIGATÓRIA E EXCLUSIVA DO ESTADO. APLICÁVEL A IMUNIDADE.
> 1. A jurisprudência desta Corte fixou entendimento no sentido de que as concessionárias de serviços públicos de prestação obrigatória e exclusiva do Estado são beneficiárias da imunidade tributária recíproca prevista no art. 150, VI, a, da CF/1988.
> 2. Nos termos do art. 85, §11, do CPC/2015, fica majorado em 10% o valor da verba honorária fixada anteriormente, observados os limites legais do art. 85, §§2º e 3º, do CPC/2015.
> 3. Agravo interno a que se nega provimento, com aplicação da multa prevista no art. 1.021, §4º, do CPC/2015.
> (STF, RE nº 1.328.250 AgR, relator Ministro Roberto Barroso, 1ª Turma, julgado em 23.08.2021)

Com as devidas vênias, julgo que a compreensão genérica do julgado acima está equivocada, desatualizada e em total descompasso com a jurisprudência do Supremo Tribunal Federal, conforme será apresentado ao longo do presente opinativo. Não obstante, é importante registrar tal precedente judicial para demonstrar a complexidade da matéria.

Na consulta, a SEFIN indicou o RE nº 1.272.751 AgR, no qual o STF, sob a relatoria do Ministro Dias Toffoli, decidiu, em julgamento da Primeira Turma em 01.03.2021, que a imunidade tributária recíproca alcança o imóvel da União que se encontra em posse precária de concessionária de serviço público e é utilizado por ela em sua atividade-fim:

> O SENHOR MINISTRO DIAS TOFFOLI (RELATOR):
> Como já destacado, o caso em apreço difere do que foi decidido nos autos do RE nº 594.015/SP, que deu origem ao tema nº 385 da Gestão

> por Temas da Repercussão Geral, segundo o qual não se beneficia da imunidade tributária recíproca prevista no art. 150, inciso VI, alínea a, da Constituição Federal, a sociedade de economia mista ocupante de bem público utilizado exclusivamente na exploração de atividade econômica lucrativa da qual se beneficiam seus acionistas.
> Com efeito, na espécie, restou assentado no acórdão recorrido que os imóveis objeto da tributação estão afetados ao serviço público de transporte aquaviário e que não seria possível se aplicar ao caso o beneplácito constitucional da imunidade tributária recíproca, em razão de a empresa concessionária explorar economicamente o serviço público mediante a cobrança de tarifa. Tal contrapartida econômica da empresa, por si só, não impediria o reconhecimento do beneplácito constitucional, como já foi assentado na jurisprudência da Corte. (...)
> Por outro lado, não se controverte que o mero possuidor de bem público pode ser alcançado pela tributação, como versado no tema nº 437 da sistemática da repercussão geral, cujo processo paradigma é o ARE nº 601.720. Na hipótese do paradigma, no entanto, o imóvel da União era ocupado por particular e destinado a atividade com fins exclusivamente privados e lucrativos, o que também não é o caso dos autos, já que os imóveis em questão estão afetados à prestação de um serviço público. (...)
> Além da jurisprudência colacionada na decisão agravada, corroboram o entendimento de que a imunidade tributária recíproca (art. 150, VI, a, da Constituição Federal) alcança o imóvel em questão, o qual pertence à União e se encontra em posse precária de concessionária de serviço público e é utilizado por essa na prestação de tal serviço (...)
> Ante o exposto, por ser manifestamente improcedente, nego provimento ao agravo regimental, e condeno a parte agravante ao pagamento de multa de 1% (um por cento) do valor atualizado da causa, consoante disposto no art. 1.021, §4º, do Código de Processo Civil, caso seja unânime a votação. Sem majoração da verba honorária, tendo em vista se tratar de acórdão proferido na vigência do CPC/73.

O Ministro Dias Toffoli compreendeu que tal caso difere do que foi decidido nos Temas nº 385 e 437 da Repercussão Geral, pois o objeto da tributação estava atrelado a um serviço público, e não à atividade com fins exclusivamente privados e lucrativos. Com base em tal *distinguishing*, considerou indevida a incidência do IPTU na situação acima.

Interessante observar que, no precedente acima, o Ministro Marco Aurélio apresentou voto divergente vencido, no qual se explicitou que a composição acionária da sociedade revelava propósito de distribuição de lucros a investidores, fato contraditório com a própria razão de ser da imunidade recíproca prevista no art. 150, VI, *a*, da CF/88:

> O SENHOR MINISTRO MARCO AURÉLIO:
> A composição acionária da sociedade revela inequívoco propósito de distribuição de lucros a investidores. Tem-se desenvolvimento de atividade capaz de remunerar o capital de controladores ou acionistas, fato contraditório com a própria razão de ser da imunidade recíproca prevista na alínea "a" do artigo 150, inciso VI, da Constituição Federal.

Em face da decisão da Primeira Turma, o Município de Niterói opôs embargos de divergência, argumentando o desrespeito aos Temas nº 385, 437 e 508 da Repercussão Geral. Analisando o citado recurso, o relator, Ministro Dias Toffoli, admitiu os embargos de divergência, atualmente sob a relatoria do Ministro Nunes Marques (ainda não julgado).

Porém, não obstante a pendência de decisão dos embargos de divergência, o Ministro Dias Toffoli, embora tivesse expressamente afastado a aplicação das teses de Repercussão Geral quando da primeira análise, reviu sua análise inicial e registrou, quando da admissão dos embargos de divergência, que a sua decisão divergiu dos precedentes:

> O recurso há de ser admitido, posto que, consoante estabelece o art. 330 do Regimento Interno do Supremo Tribunal Federal, são cabíveis embargos de divergência de decisão de Turma desta Corte que divirja de julgado da outra Turma ou do Plenário.
> Com efeito, há aparente divergência entre os acórdãos confrontados acerca do tema em exame.
> No julgado embargado, consignei ser aplicável, no presente caso, a imunidade tributária recíproca, destacando que o imóvel de propriedade da União, cedido à ora agravada (Barcas S/A — Transportes Marítimos), prestadora de serviço público, estava afetado a sua atividade fim, consoante preconizado pelo Tribunal de origem, soberano na análise do conjunto fático-probatório.
> Citei, como precedente, o ARE nº 947.142/RJ-AgR, Segunda Turma, de minha relatoria, em cujo julgamento havia eu assentado, à luz da jurisprudência da Corte então prevalecente, que o beneplácito constitucional em debate alcançava imóvel pertencente à União que se encontrava em posse precária de concessionária de serviço público para ser utilizado na atividade fim a qual essa se destinava. Também era parte desse caso a Barcas S/A — Transportes Marítimos.
> Registre-se que, na época na qual esse julgado foi proferido, a Corte inclusive já havia reconhecido a aplicação da imunidade tributária recíproca quanto a imóvel da União cedido a particular, também em regime de posse precária, utilizado em atividade de fim exclusivamente

privado e com intuito lucrativo (na espécie, o particular prestava serviços de academia de ginástica). Nesse sentido: RE nº 451.152, Segunda Turma, Relator o Ministro Gilmar Mendes, DJe de 27/4/07.

Ainda a respeito da jurisprudência da Corte até então prevalecente, vide o RE nº 253.394, Primeira Turma, Relator o Ministro Ilmar Galvão, DJ de 11/4/03 e o RE nº 265.749/SP, Segunda Turma, Relator o Ministro Maurício Corrêa, DJ de 12/9/03.

Ocorre que, recentemente, com a finalização da análise de três temas de repercussão geral, novas orientações surgiram a respeito da aplicação da imunidade tributária recíproca.

No julgamento do Tema 437, RE nº 601.720/RJ, o Tribunal Pleno fixou a tese de que "Incide o IPTU, considerado imóvel de pessoa jurídica de direito público cedido a pessoa jurídica de direito privado, devedora do tributo".

Anote-se que, no caso paradigma, era parte uma concessionária de veículos, a Barrafor Veículos Ltda. Tratava-se, indubitavelmente, de empresa privada que, exercendo atividade econômica em sentido estrito e buscando o lucro e sua distribuição a particulares, atuava em concorrência com outras empresas.

Na apreciação do Tema nº 385, RE nº 594.015/SP, foi estabelecida a tese de que "A imunidade recíproca, prevista no art. 150, VI, a, da Constituição não se estende a empresa privada arrendatária de imóvel público, quando seja ela exploradora de atividade econômica com fins lucrativos. Nessa hipótese é constitucional a cobrança do IPTU pelo Município".

No caso paradigma desse tema, quem fazia parte da lide era a Petrobras, sociedade de economia mista. A respeito dessa empresa estatal, cabe relembrar que o próprio Tribunal Pleno já fixou entendimento de que ela não presta serviço público, mas sim explora atividade econômica em sentido estrito, em regime concorrencial. Sobre o assunto, vide o voto proferido pelo Ministro Eros Grau no julgamento da ADI nº 3.366/DF, Tribunal Pleno, DJ de 2/3/07.

Em relação a esses dois temas de repercussão geral, vale destacar que eles acabaram por não modificar a orientação da Corte firmada no julgamento do RE nº 253.472/SP, Relator o Ministro Joaquim Barbosa, DJe de 1º/2/11.

Na ocasião, o Tribunal Pleno concluiu, tendo presente a imunidade tributária recíproca, pela impossibilidade de se cobrar em face da Codesp, sociedade de economia mista prestadora de serviço público (e não exploradora de atividade econômica em sentido estrito), IPTU relativo a imóvel pertencente à União cedido precariamente a ela para ser utilizado em suas atividades-fim.

Cumpre ressaltar que houve o reconhecimento de que a Codesp seria verdadeira instrumentalidade estatal. Nesse ponto, chamou-se a atenção para os fatos de que ela pertenceria, em quase sua totalidade, à União e de que a incidência da imunidade no caso não resultaria em risco de quebra do equilíbrio concorrencial ou de livre-iniciativa. Convergindo com esse entendimento, vide a decisão monocrática proferida pelo

Ministro Luiz Fux, DJe de 17/5/19, no exame da Rcl nº 32.717/SP.

Prosseguindo, destaco que, no exame do Tema nº 508, RE nº 600.867/SP, o Tribunal Pleno firmou a tese de que

> "Sociedade de economia mista, cuja participação acionária é negociada em Bolsas de Valores, e que, inequivocamente, está voltada à remuneração do capital de seus controladores ou acionistas, não está abrangida pela regra de imunidade tributária prevista no art. 150, VI, 'a', da Constituição, unicamente em razão das atividades desempenhadas"

Nesse caso, a Companhia de Saneamento Básico do Estado de São Paulo (SABESP), prestadora dos serviços públicos de esgotamento e de fornecimento de água, buscava ver reconhecida a imunidade tributária recíproca para se afastar a cobrança de IPTU.

Ao negar provimento ao apelo extremo, o Relator, Ministro Joaquim Barbosa, registrou que a empresa tinha ações negociadas na Bolsa de Valores de São Paulo e na Bolsa de Valores de Nova Iorque e que os investidores da Sabesp, além de poderem auferir ganho de capital com a negociação das ações, também faziam jus *"à distribuição de lucros, sob as formas legais admissíveis, como dividendos, juros sobre capital próprio, debêntures, partes negociáveis etc."*. Também consignou Sua Excelência que configuraria desvio sistêmico *"assegurar garantias indissociáveis do Estado e do interesse público aos empreendimentos dotados de capacidade contributiva e têm como cuja função distribuir os resultados dessa atividade ao patrimônio dos empreendedores"*. Ademais, lembrou que os investidores privados detinham 49,7% das ações da empresa.

Ressalto ter, no julgamento do Tema nº 508, ficado vencido o Ministro Roberto Barroso, que apregoava que a imunidade em questão tinha por finalidade desonerar o próprio serviço, "notadamente para fins de promoção da modicidade tarifária".

O Ministro Teori Zavascki, ao acompanhar o Relator, disse ser incompatível com a imunidade tributária a utilização desse instituto *"para, de forma indireta, aumentar lucro de empresa, porque reduz as suas despesas e, em outras palavras, produzir riqueza, produzir lucro a ser distribuído para investidores privados"* (grifo nosso). Enfatizou, afora isso, que, caso fosse reconhecido o beneplácito constitucional em razão de a imunidade incidir sobre serviços, *"esse argumento levaria a consequências importantes, como, por exemplo, a necessidade de imunizar o serviço de transporte coletivo"*.

Nos debates, Sua Excelência chamou a atenção para o seguinte fato: *"eu só penso que não devemos chegar a um ponto de considerar que as concessionárias de serviço público estejam imunes, mesmo sendo empresas privadas"*. Na sequência, complementou o Ministro Roberto Barroso: *"não certamente, não estão..."*.

Dos julgamentos acima comentados, pode-se chegar à conclusão de que a Corte não reconhece imunidade tributária recíproca quanto a imóvel da União cedido a empresa privada concessionária de serviço público que não integre a Administração Pública (isso é, que não seja empresa

> pública nem sociedade de economia mista) e que tenha o objetivo de produzir lucro e o distribuir (sob diversas formas legais admissíveis) para investidores privados, ainda que o imóvel se encontre vinculado à atividade-fim da empresa.
> Portanto, admito os embargos de divergência. (...) À distribuição.

Na decisão acima, na qual se admitiu embargos de divergência opostos em face de julgado de sua própria relatoria, o Ministro Dias Toffoli, a partir da leitura dos Temas nº 385, 437 e 508 da Repercussão Geral, concluiu, embora sem incursão no mérito, que o STF não reconhece a imunidade tributária recíproca na seguinte situação jurídica:

> Imóvel da União cedido a empresa privada, concessionária de serviço público, não integrante da Administração Pública e que tenha o objetivo de produzir lucro e o distribuir (sob diversas formas legais admissíveis) para investidores privados, ainda que o imóvel se encontre vinculado à atividade-fim da empresa.

Inclusive, a tese acima já foi chancelada pela Primeira Turma do STF, veja-se:

> Segundo agravo regimental em recurso extraordinário. Direito tributário. IPTU. Imóvel de unidade federada cedido à ora agravante, empresa particular não integrante da Administração Pública, que busca o lucro e sua divisão a investidores privados. Imunidade tributária recíproca. Não aplicação.
> 1. À luz da orientação da Corte, não se aplica a imunidade tributária recíproca para se afastar o IPTU relativo a imóvel de unidade federada cedido, a título precário, à empresa particular Barcas S/A Transportes Marítimos – não integrante da Administração Pública, isto é, não consistente em empresa pública ou em sociedade de economia mista –, a qual, consoante definido nos autos, busca o lucro e sua divisão a investidores privados, ainda que o imóvel tributado seja aplicado em sua atividade-fim.
> 2. Agravo regimental ao qual se nega provimento.
> 3. Majoração da verba honorária em valor equivalente a 10% (dez por cento) do total daquela já fixada (art. 85, §§2º, 3º e 11, do CPC), observada a eventual concessão do benefício de gratuidade da justiça.
> (RE nº 1.307.953 AgR-segundo, relator Ministro Dias Toffoli, Primeira Turma, em 04.04.2022)

O caso acima envolveu a empresa Barcas S/A Transportes Marítimos, que presta, sob o regime de concessão, o serviço de transporte intermunicipal aquaviário de passageiros. Nele, o STF, sob a relatoria do Ministro Dias Toffoli, entendeu que não incide a imunidade tributária recíproca, sendo irrelevante a afetação do bem à atividade-fim:

> A agravante insiste na tese de que a imunidade tributária recíproca se aplica no caso, destacando que o imóvel pertence a ente federado e que ela presta serviço público, e não explora atividade econômica em sentido estrito. (...)
> Novas reflexões sobre a discussão foram lançadas no recente julgamento de três temas de repercussão geral, ensejando novas orientações a respeito da matéria.
> Para o Tema nº 437, a Corte fixou a tese de que "[i]ncide o IPTU, considerado imóvel de pessoa jurídica de direito público cedido a pessoa jurídica de direito privado, devedora do tributo". Ressalto que, no caso paradigma, RE nº 601.720/RJ, a cessionária era empresa privada (na espécie, uma concessionária de veículos) que, explorando atividade econômica em sentido estrito e buscando o lucro bem como sua distribuição a particulares, atuava em concorrência com outras empresas. Na apreciação desse caso, o redator do acórdão, Ministro Marco Aurélio, além de sustentar a inviabilidade de se reconhecer a incidência daquela imunidade na espécie, aduziu ser possível a cobrança do imposto em face de tal empresa, na qualidade de contribuinte de direito. A respeito desse último ponto, Sua Excelência destacou os arts. 32 e 34 do Código Tributário Nacional (CTN) e disse ser admissível que "se tome como fato gerador não só a propriedade, como também o domínio útil ou a posse quando esses fenômenos não estão na titularidade daquele que normalmente os tem, ou seja, o proprietário".
> Já para o Tema nº 385, foi fixada a seguinte tese: "A imunidade recíproca, prevista no art. 150, VI, a, da Constituição não se estende a empresa privada arrendatária de imóvel público, quando seja ela exploradora de atividade econômica com fins lucrativos. Nessa hipótese é constitucional a cobrança do IPTU pelo Município."
> No caso paradigma desse tema, RE nº 594.015/SP, a arrendatária do imóvel público era uma sociedade de economia mista exploradora de atividade econômica em sentido estrito, que atuava em regime concorrencial (na espécie, a Petrobras, a respeito da qual vale conferir a ADI nº 3.366/DF).
> Como consignei na decisão agravada, as teses fixadas para os Temas nºs 437 e 385 não modificaram a orientação da Corte firmada no paradigmático julgamento do RE nº 253.472/SP, no qual o Tribunal concluiu não ser possível se cobrar da CODESP, sociedade de economia mista prestadora de serviço público, IPTU relativo a imóvel da União que estava cedido precariamente à companhia para ser utilizado em suas atividades-fim. Na essência, argumentou-se que a CODESP

seria verdadeira instrumentalidade estatal, sendo que ela pertenceria, em quase sua totalidade, à União, e que a aplicação da imunidade tributária recíproca a seu favor não resultaria em quebra do equilíbrio concorrencial ou da livre iniciativa. (...)

Em relação ao Tema nº 508, insta recordar ter o Tribunal Pleno estabelecido a seguinte tese:

"Sociedade de economia mista, cuja participação acionária é negociada em Bolsas de Valores, e que, inequivocamente, está voltada à remuneração do capital de seus controladores ou acionistas, não está abrangida pela regra de imunidade tributária prevista no art. 150, VI, 'a', da Constituição, unicamente em razão das atividades desempenhadas" (grifo nosso).

Muito embora não estivesse em jogo, nesse caso, a hipótese específica de imóvel de ente federado cedido a título precário a particular, as orientações nele firmadas também podem servir para o julgamento do presente feito.

No caso paradigma desse tema, RE nº 600.867/SP, a Companhia de Saneamento Básico do Estado de São Paulo (SABESP), prestadora dos serviços públicos de esgotamento e de fornecimento de água, pretendia ver reconhecida a aplicação da imunidade tributária recíproca para se afastar a cobrança de IPTU.

Em harmonia com as considerações que haviam sido lançadas no já citado caso da CODESP (RE nº 253.472/SP), o Relator, Ministro Joaquim Barbosa, assentou a inviabilidade do reconhecimento do beneplácito constitucional em favor da SABESP. Destacou Sua Excelência que: a) essa empresa tinha ações negociadas em bolsas de valores, sendo que seus investidores, além de poderem auferir ganho de capital com a negociação das ações, também faziam jus "à distribuição de lucros, sob as formas legais admissíveis, como dividendos, juros sobre capital próprio, debêntures, partes negociáveis etc."; b) configuraria desvio sistêmico "assegurar garantias indissociáveis do Estado e do interesse público aos empreendimentos dotados de capacidade contributiva e têm como cuja função distribuir os resultados dessa atividade ao patrimônio dos empreendedores"; c) os investidores privados detinham 49,7% das ações da empresa. Importante chamar a atenção para alguns pontos levantados no julgamento desse caso.

Em primeiro lugar, não foi acolhida a tese de que a imunidade tributária recíproca deveria ser reconhecida por ela incidir sobre o próprio serviço público, o que resultaria, ao cabo, na promoção da modicidade tarifária. Nos debates inclusive se registrou que, caso essa tese fosse adotada, seria necessário reconhecer a imunidade em prol do transporte coletivo de passageiros e das empresas prestadoras desse serviço público. Em segundo lugar, em diversos momentos se realçou que a imunidade tributária recíproca não deveria ser utilizada para, de forma indireta, aumentar o lucro a ser distribuído a investidores privados. (...)

Acrescento, ainda, o que disse o Ministro Joaquim Barbosa no julgamento da ADI nº 3.089/DF. Não obstante o caso tenha versado

> sobre a não aplicação da imunidade recíproca em prol das pessoas que exercem atividade notarial, algumas manifestações de Sua Excelência podem ser aproveitadas no presente feito. Na ocasião, o Ministro asseverou a impossibilidade de a imunidade tributária recíproca beneficiar particulares que explorem serviços públicos concedidos ou delegados devidamente remunerados. (...)
>
> A partir de todas as considerações acima, reitero a conclusão a que cheguei na decisão agravada, isto é, não se pode reconhecer a imunidade tributária recíproca em relação ao IPTU atinente a imóvel de propriedade de ente federado cedido a título precário a empresa privada concessionária de serviço público não integrante da Administração Pública (ou seja, não consistente em empresa pública nem em sociedade de economia mista), ainda que o imóvel seja utilizado nas atividades-fim da empresa.
>
> A Barcas S/A Transportes Marítimos se enquadra nesse contexto, sendo certo que tem ela o claro objetivo de produzir lucros e de distribuí-los a investidores privados. A propósito, a própria agravante aduz que, do ponto de vista das concessionárias de transporte aquaviário de passageiros, a finalidade da exploração dessa atividade é auferir lucro. (...)
>
> Com as devidas vênias, julgo que essa compreensão merece, consoante as argumentações que expus, novas reflexões. Nessa toada, vide, por exemplo, que, se a concessionária for sociedade de economia mista e se enquadre na hipótese mencionada na tese do Tema nº 508, não pode ela gozar da imunidade em questão. Se as próprias sociedades de economia mista concessionárias de serviço público devem observar certas condições para o gozo da imunidade – como ser uma verdadeira instrumentalidade estatal, não distribuindo lucros a investidores privados –, por que as empresas particulares (não integrantes da Administração Pública) concessionárias do mesmo serviço poderiam se beneficiar do beneplácito de modo genérico?
>
> Ante o exposto, nego provimento ao agravo regimental.

A decisão acima está em total consonância com a essência deste opinativo: se as estatais concessionárias de serviço público devem observar certas condições para o gozo da imunidade – não podendo distribuir lucros a investidores privados –, por que as empresas privadas concessionárias do mesmo serviço poderiam usufruir do beneplácito?

Assim, conforme o precedente, não há falar em imunidade tributária recíproca para se afastar IPTU relativo a imóvel de unidade federada cedido à empresa privada que busca o lucro e sua distribuição a acionistas privados, ainda que o imóvel tributado seja aplicado em sua atividade-fim. Tal caso se aplica perfeitamente à hipótese em análise.

No mesmo sentido, em decisão de 06.06.2022, no ARE nº 1.384.169, de forma monocrática, o Ministro Alexandre de Moraes deu provimento ao recurso extraordinário interposto pelo Município do Rio de Janeiro, admitindo a cobrança de IPTU em face de outro imóvel público concedido à iniciativa privada, em espaço denominado Riocentro.

Na fundamentação, o Ministro Alexandre de Moraes sustentou que o fato de o imóvel pertencer ao Município e de a atividade prestada pela concessionária ser de "notório interesse público" não afasta a incidência do IPTU. Destacou que, se nem estatais que distribuem lucros têm direito à benesse, quiçá a terá as empresas privadas:

> No Recurso Extraordinário (Vols. 11 e 12), com amparo no art. 102, III, "a", da Constituição Federal, o MUNICÍPIO DO RIO DE JANEIRO alega violação ao art. 156, III, "d", da CF/1988, uma vez que o acórdão recorrido entendeu que não está sujeita ao IPTU a empresa que celebrou, com a municipalidade, termo de concessão de uso e fruição de espaço conhecido como RIOCENTRO, para explorar atividade hoteleira (...)
> Em que pesem os argumentos do Tribunal de origem, o fato de o imóvel pertencer ao Município e de a atividade prestada pela concessionária ser de "notório interesse público" não afastam a incidência do IPTU.
> Ora, se até as sociedades de economia mista concessionárias de serviço público só podem gozar da imunidade tributária na hipótese de representarem uma verdadeira instrumentalidade estatal e não distribuírem lucros a investidores privados, com mais forte razão essa benesse tributária não é aplicável às empresas particulares – que, além de não integrarem à Administração Pública, tem intuito de lucro, mesmo que sejam concessionárias de serviço público.
> Veja-se que, não só no Tema 437, mas também no Tema 385, esta CORTE assentou a sujeição ao IPTU de empresa privada com fins lucrativos que ocupa imóvel público. (...)
> Ainda, deve-se registrar que nesses precedentes vinculantes, as empresas alegavam que seriam beneficiados pela imunidade recíproca prevista no art. 150, VI, "a", da Constituição Federal, ao argumento de que o imóvel no qual desenvolviam suas atividades era pertencente à União, enquanto o IPTU é imposto da competência municipal.
> Ocorre, que o TRIBUNAL PLENO, nas duas ocasiões, entendeu que tais argumentos não eram aptos a afastar tributação, na medida em que aquele que demonstra capacidade contributiva não pode se esquivar de contribuir para a coletividade por meio da arrecadação tributária.

> Ou seja, não calha o argumento do acórdão recorrido de que a tese do Tema 437 seria inaplicável a presente hipótese em face da distinção da matéria que, no precedente, teria envolvido imunidade tributária recíproca para fins de cobrança de IPTU entre entes federados diversos (União e Município), e no caso em comento, o debate consiste em imóvel de propriedade do próprio Município do Rio de Janeiro. Efetivamente, a razão de decidir nos paradigmas pautou-se na premissa de que pessoa jurídica de direito privado com o objetivo de auferir lucro não pode usufruir de vantagem advinda da utilização de bem público (...)
> Quanto a este último precedente, o ilustre Min. DIAS TOFFOLI, concluiu que "não se pode reconhecer a imunidade tributária recíproca em relação ao IPTU atinente a imóvel de propriedade de ente federado cedido a título precário a empresa privada concessionária de serviço público não integrante da Administração Pública (ou seja, não consistente em empresa pública nem em sociedade de economia mista), ainda que o imóvel seja utilizado nas atividades-fim da empresa". (...)
> Por fim, não pode subsistir a situação delineada nos autos, que é frontalmente contrária à decisão do SUPREMO TRIBUNAL FEDERAL proferida em sede de repercussão geral.
> Diante do exposto, com base no art. 21, §§1º e 2º, do Regimento Interno do Supremo Tribunal Federal, conheço do Agravo, para desde logo, DAR PROVIMENTO AO RECURSO EXTRAORDINÁRIO, para restabelecer a sentença.

Ainda com relação à decisão acima, verifica-se que o Ministro Alexandre de Moraes formula, à luz da finalidade da imunidade recíproca, registro bastante oportuno quanto à capacidade contributiva, ao afirmar que a empresa privada, que visa ao lucro, não pode se esquivar de contribuir para a coletividade por meio da arrecadação tributária.

Recentemente, em 1º de agosto de 2023, também de forma monocrática, o Ministro Roberto Barroso julgou procedente a Reclamação nº 60.726/RN, ajuizada pelo Município de São Gonçalo do Amarante, cassando decisões do TJRN que haviam afastado a cobrança do IPTU da concessionária aeroportuária Inframérica S/A, conforme se verifica:

> 15. No presente caso, conquanto a Inframérica S.A. seja uma empresa concessionária de serviço público de prestação obrigatória e exclusiva do Estado, a sua qualidade de pessoa jurídica de direito privado é questão incontroversa.
> 16. Diante dessa situação, descabe estender a imunidade decorrente do contexto federativo para evitar a tributação de ente particular, visto

> que a regra prevista na alínea a do inciso VI do art. 150 da Constituição Federal alcança as empresas públicas e sociedades de economia mista prestadoras de serviços públicos essenciais exclusivos.
> 17. É importante ressaltar que, no julgamento dos Temas 437 e 385 da Repercussão Geral, esta Corte firmou entendimento no sentido da incidência de IPTU sobre imóvel de pessoa jurídica de direito público cedido a pessoa jurídica de direito privado, bem como pela impossibilidade de extensão da imunidade recíproca a empresa privada arrendatária de imóvel público quando ela seja exploradora de atividade econômica com fins lucrativos, a exemplo do que ocorre no caso em análise. (...)
> 19. Ademais, em recente julgado, o Plenário desta Corte decidiu que a imunidade tributária recíproca, prevista no art. 150, VI, a, da CF/88, não se estende a empresa privada cujas atividades tenham manifesto intuito lucrativo. (...)
> 21. Nesse cenário, tendo em vista a não aplicação do entendimento fixado nos Temas 385 e 437 da repercussão geral, bem como a aplicação equivocada da tese firmada no Tema 412, de modo a estender a imunidade tributária recíproca a empresa privada exploradora de atividade econômica, vislumbro teratologia na decisão reclamada.
> 22. Diante do exposto, com base no art. 161, parágrafo único, do RI/STF, julgo procedente o pedido, para cassar os acórdãos proferidos pelo Tribunal Pleno do TJ/RN (Autos nº 0104326-87.2017.8.20.0129) e determinar que outro seja proferido em observância às decisões exaradas no RE 601.720-RG (Tema 437) e no RE 594.015-RG (Tema 385).

É oportuno dizer que, ao fundamentar sua compreensão, o Ministro Roberto Barroso classificou a decisão impugnada na reclamação como teratológica, pois o Supremo Tribunal Federal possui jurisprudência pacífica no sentido de que não se pode estender a imunidade tributária recíproca a empresa privada exploradora de atividade econômica.

Dito isso, tem-se que não se pode olvidar que a imunidade tributária recíproca se dá em detrimento da competência tributária de outros entes federados. Não faz sentido desprover municípios de recursos legítimos, a pretexto de assegurar à pessoa jurídica distribuidora de lucros uma vantagem econômica que em nada afeta a harmonia federativa.

A imunidade tributária recíproca se aplica à propriedade, bens e serviços utilizados na satisfação dos objetivos institucionais imanentes do ente federado, cuja tributação poderia colocar em risco a autonomia política. O objetivo é proteger o pacto federativo, e não simplesmente assegurar vantagens independentemente do contexto.

Nesse mesmo sentido, disse o Ministro Joaquim Barbosa na ADI nº 3.089/DF: "a imunidade recíproca é uma garantia ou prerrogativa imediata de entidades políticas federativas, e não de particulares que executem, com inequívoco intuito lucrativo, serviços públicos mediante concessão ou delegação, devidamente remunerados". Registrou ainda:

> Observo que a imunidade tributária recíproca opera como mecanismo de ponderação e calibração do pacto federativo, destinado a assegurar que entes desprovidos de capacidade contributiva vejam diminuída a eficiência na consecução de seus objetivos definidos pelo sistema jurídico. Por outro lado, a imunidade recíproca também é uma clara salvaguarda contra o risco de utilização de tributos como instrumento de pressão econômica entre os membros do pacto federativo. McCulloch v. Maryland, conhecido leading-case de 1819, é referência máxima na matéria. Nesse sentido, tanto os objetivos como os efeitos do reconhecimento da aplicação da imunidade recíproca são passíveis de submissão ao crivo jurisdicional, em um exame de ponderação e proporcionalidade, não bastando a constatação objetiva da natureza pública do serviço que se está a tributar.

As atividades de exploração econômica, destinadas primordialmente a aumentar o patrimônio do Estado ou de particulares, e ainda que decorrentes da exploração de serviços públicos, devem sim ser submetidas à tributação, por se apresentarem como manifestações de riqueza e deixarem a salvo a autonomia política, sobretudo a municipal.

No caso, se está diante de uma empresa privada que visa à distribuição dividendos ao seu único acionista, pois uma sociedade anônima, ainda que explore comercialmente um serviço público que se possa eventualmente entender como essencial (tal conclusão é indiferente, motivo pelo qual não adentro em tal discussão), decorrente de concessão legal.

Trata-se de empresa privada controlada pela (nome da controladora), a qual tem ações negociadas na Bolsa de Valores de (nome da cidade), na Alemanha, e que distribui dividendos ao seu acionista privado, motivo pelo qual, independentemente da natureza do serviço prestado, deve se submeter à regular tributação perante o Fisco Municipal.

Veja-se: se nem mesmo uma empresa estatal prestadora de serviço público essencial, como o é o saneamento básico, possui direito à imunidade tributária recíproca, caso distribua lucros a acionistas privados ou seja negociada em bolsa de valores, muito menos se pode pretender estender tal benesse fiscal a uma empresa privada.

Em complemento, a incidência do IPTU em tal caso em nada desrespeita o pacto federativo, conforme já reconhecido pelo Supremo Tribunal Federal, pois a tributação incide sobre empresa privada que explora economicamente um imóvel pertencente à União, com a obtenção de receitas tarifárias e não tarifárias decorrentes de tal utilização.

Na verdade, conforme exposto nos votos que ensejaram os Temas nº 385 e n 437, o §3º do art. 150 da CF/88 afasta a imunidade recíproca quando o patrimônio estiver relacionado com a exploração de atividades econômicas ou quando haja a contraprestação ou o pagamento de preços ou tarifas pelo usuário, situação que se aplica ao caso.

Dizer que o serviço aeroportuário é essencial não tem o condão de modificar a conclusão de que ele é explorado economicamente pela empresa, que aufere lucros a serem distribuídos aos acionistas. Não se revela compatível com a imunidade recíproca permitir a sua utilização para, de forma indireta, aumentar o lucro de empresa privada.

Conforme explicitado ao longo deste parecer, a imunidade tributária recíproca existe para a proteção do pacto federativo, o qual não é afetado neste caso, uma vez que a União não deve ser tributada, mas sim a concessionária, a qual explora economicamente o Complexo Aeroportuário, seja na atividade-fim da concessão ou nas correlatas.

Corroborando tal ponto, destacou o Ministro Edson Fachin no julgamento do RE nº 1.170.302 AgR, pela Segunda Turma do STF, "[A] imunidade tributária recíproca não deve servir de instrumento para a geração de riquezas incorporáveis ao patrimônio de pessoa jurídica de direito privado cujas atividades tenham manifesto intuito lucrativo".

Em sentido semelhante, veja-se precedente proferido pelo TJRJ:

APELAÇÃO CÍVEL. AÇÃO DECLARATÓRIA C/C REPETIÇÃO DE INDÉBITO. COBRANÇA DE IPTU. CONCESSIONÁRIA DE SERVIÇO PÚBLICO. BENS PÚBICOS CEDIDOS A PARTICULAR PARA A PRESTAÇÃO DE SERVIÇO PÚBLICO. NÃO INCIDÊNCIA DA REGRA SOBRE IMUNIDADE RECÍPROCA.

1. Versa a controvérsia a respeito da incidência de IPTU sobre os imóveis descritos na inicial, todos afetados ao serviço público de transporte aquaviário, mediante contrato de concessão celebrado com o Estado do Rio de Janeiro.

2. Na hipótese, discute-se acerca da titularidade dos bens destinados à prestação do serviço e sua possível situação de reversibilidade.

3. Compulsando os autos, verifica-se que os terrenos são de propriedade da União federal, conforme demonstram as certidões da Secretaria de Estado da Administração e do Patrimônio – Gerência Regional do Patrimônio da União no Rio de Janeiro.

4. Os referidos bens teriam sido cedidos ao Estado do Rio de Janeiro mediante Contrato de Cessão de Uso Onerosa e, posteriormente, lavrado um Termo de Cessão de Uso de espaço físico com a companhia Barcas S/A.

5. No referido Termo de Cessão de Uso, a cessionária se obrigou ao pagamento de quaisquer despesas, tributos, tarifas, emolumentos ou contribuições federais, estaduais ou municipais.

6. Também há cláusula contratual expressa no contrato de concessão de serviço público, prevendo a responsabilidade do concessionário por todas as obrigações de natureza fiscal, trabalhista e previdenciária, que possam incidir sobre os imóveis afetados.

7. Por fim, oportuno consignar que não obstante os bens estejam, de fato, afetados ao serviço público, de acordo com a listagem de bens operacionais constante no Anexo II do Contrato de Concessão, fls. 122 (índice 125), a circunstância, por si só, não garante a imunidade tributária recíproca, prevista no art. 150, VI, "a", da CRFB/88.

8. A imunidade tributária recíproca não se aplica ao patrimônio, à renda e aos serviços relacionados com exploração de atividades econômicas por empreendimentos privados ou quando haja contraprestação ou pagamento de preços ou tarifas pelo usuário, nos termos do que determina o §3º da CRFB/88.

9. Portanto, em se tratando de bens submetidos à exploração de atividade econômica, com a cobrança de tarifa pela contraprestação do serviço aos usuários, não há que se falar em imunidade tributária recíproca.

10. Logo, entendo que a sentença deve ser reformada, a fim de julgar improcedente o pedido autoral, na forma do art. 269, I, do CPC.

11. Provimento do recurso de apelação interposto pelo Município de Niterói.

(TJRJ, Apelação nº 0110623-77.2010.8.19.0002, relator Des. Benedicto Ultra Abicair, Sexta Câmara Cível, em 07.10.2015)

Igualmente, já decidiu o Tribunal de Justiça do Estado de São Paulo:

> AGRAVO DE INSTRUMENTO – AÇÃO ANULATÓRIA DE DÉBITO FISCAL COM PEDIDO DE TUTELA DE URGÊNCIA CUMULADA COM AÇÃO DECLARATÓRIA DE INEXIGIBILIDADE DE TÍTULO (...) Imunidade tributária recíproca – Alegação de que é apenas a concessionária para gerir os aeroportos e não há transferência da área aeroportuária – Pretensão que aparentemente contraria o entendimento adotado pelo STF ao julgar o Tema 437, com repercussão geral – Decisão mantida – Recurso improvido.
> (TJSP, Agravo de Instrumento nº 2093866-96.2021.8.26.0000, relator Des. Rezende Silveira; 14ª Câmara de Direito Público, em 10.06.2021)

No mesmo sentido, em caso envolvendo o serviço de transporte ferroviário, no qual a concessionária Ferrovia Centro Atlântica S/A explora estrada de ferro (bem público) do Departamento Nacional de Infraestrutura de Transportes – DNIT, o Tribunal de Justiça de Minas Gerais compreendeu inexistir imunidade tributária recíproca, veja-se:

> APELAÇÃO CÍVEL – PRELIMINAR – OFENSA À DIALETICIDADE RECURSAL DIREITO TRIBUTÁRIO – EMBARGOS À EXECUÇÃO – CONCESSIONÁRIA DE SERVIÇO PÚBLICO – TRANSPORTE FERROVIÁRIO – IPTU – IMUNIDADE TRIBUTÁRIA RECÍPROCA – SOCIEDADE ANÔNIMA DE CAPITAL ABERTO – INAPLICABILIDADE – (...) SENTENÇA PARCIALMENTE REFORMADA – RECURSO PARCIALMENTE PROVIDO. (...)
> – O Supremo Tribunal Federal tem jurisprudência sedimentada no sentido de que, em regra, a imunidade tributária prevista no art. 150, VI, "a" da CF/88 não se estende às pessoas jurídicas de direito privado cessionárias de imóveis públicos (Tema 385). Excepcionalmente, contudo, no caso de concessão de serviço público, em que a posse do bem é transferida precariamente ao particular, afetado ao exercício da atividade fim, haverá a extensão da imunidade, salvo se a concessionária for constituída sobre a forma de sociedade anônima, que distribui lucros e dividendos e cujas ações são negociadas na Bolsa de Valores.
> – No julgamento do RE 1.320.054 (Tema 1140) o STF fixou a seguinte tese: "As empresas públicas e as sociedades de economia mista delegatárias de serviços públicos essenciais, que não distribuam lucros a acionistas privados nem ofereçam risco ao equilíbrio concorrencial, são beneficiárias da imunidade tributária recíproca prevista no artigo 150, VI, a, da Constituição Federal, independentemente de cobrança de tarifa como contraprestação do serviço". (...)

> – À luz do caso concreto em que a imunidade tributária recíproca, prevista no art. 150, VI, a da CF/88, não se estende às concessionárias de serviço público que ostentam natureza de sociedade anônima de capital aberto, negociado na bolsa de valores, conforme tese fixada no julgamento do RE 1.320.054 (Tema 1140) pelo STF (...)
> (TJMG, Apelação Cível nº 1.0000.21.139444-0/001, relatora Desa. Yeda Athias, 6ª Câmara Cível, em 22.02.2022)

É oportuno reproduzir alguns trechos do voto da Desembargadora Relatora:

> E, conforme se extrai do contrato de arrendamento à ordem 5, a posse se justifica porque a Ferrovia Centro Atlântica S.A., ora apelada, é concessionária do serviço público de transporte ferroviário outorgado pela União. A propriedade da estrada de ferro, todavia, em se tratando de bem público, é do Departamento Nacional de Infraestrutura de Transportes – DNIT, nos termos do art. 8º, I, da Lei 11.483/07 que assim dispõe: (...) Com efeito, o Supremo Tribunal Federal tem jurisprudência sedimentada no sentido de que, em regra, a imunidade tributária prevista no art. 150, VI, "a" da CF/88 não se estende às pessoas jurídicas de direito privado cessionárias de imóveis públicos (Tema 385). Excepcionalmente, contudo, no caso de concessão de serviço público, em que a posse do bem é transferida precariamente ao particular, afetado ao exercício da atividade fim, haverá a extensão da imunidade, salvo se a concessionária for constituída sob a forma de sociedade anônima, que distribui lucros e dividendos e cujas ações são negociadas na Bolsa de Valores. (...) No caso vertente, a apelada exerce a posse precária sobre a ferrovia, exclusivamente em prol da realização da atividade-fim da concessão que lhe foi outorgada: o serviço de transporte ferroviário. Nada obstante, trata-se de sociedade anônima aberta, que distribui lucros e dividendos e cujas ações são negociadas na Bolsa de Valores (ordem nº. 04), enquadrando-se na exceção definida pelo Supremo Tribunal Federal no julgamento do RE 600.867, razão pela qual não faz jus à imunidade tributária prevista no art. 150, VI, a, da CF/88.

Também com relação à concessão de serviço ferroviário, decidiu o TJRS:

> TRIBUTÁRIO. EMBARGOS À EXECUÇÃO FISCAL. IPTU. PESSOA JURÍDICA DE DIREITO PRIVADO. CONCESSIONÁRIA DE SERVIÇO PÚBLICO DE TRANSPORTE FERROVIÁRIO DE CARGA. BEM DA UNIÃO. IMUNIDADE RECÍPROCA.
> A concessionária de serviço público de transporte ferroviário – pessoa jurídica de direito privado – não faz jus à imunidade do IPTU sobre o

> imóvel de propriedade da União cedido para a consecução do serviço. Aplicação dos Temas 385 (RE 594.015/SP) e 437 (RE 601.720/RJ). Recurso desprovido. Honorários majorados.
> (TJRS, Apelação Cível nº 70085217107, relatora Desa. Maria Isabel de Azevedo Souza, 1ª Câmara Cível, em 01.09.2021)

O STJ também já teve a oportunidade de se manifestar sobre o tema:

> PROCESSO CIVIL E TRIBUTÁRIO. AGRAVO INTERNO NO AGRAVO EM RECURSO ESPECIAL. IPTU. CONCESSIONÁRIA DE SERVIÇO PÚBLICO. RECONHECIMENTO DE IMUNIDADE TRIBUTÁRIA RECÍPROCA. EMPRESA PRIVADA. MATÉRIA PACIFICADA EM SEDE DE REPERCUSSÃO GERAL NO SUPREMO TRIBUNAL FEDERAL. RE 601.720/RJ. ADEQUAÇÃO DO ENTENDIMENTO DESTA CORTE. REL. MIN. EDSON FACHIN. AGRAVO INTERNO DA CONCESSIONÁRIA A QUE SE NEGA PROVIMENTO.
> 1. O Supremo Tribunal Federal, no julgamento do Recurso Extraordinário 601.720/RJ, sob o regime da repercussão geral, ao apreciar o Tema 437 – reconhecimento de imunidade tributária recíproca à empresa privada ocupante de bem público -, assentou a tese de que incide o IPTU considerado imóvel de pessoa jurídica de direito público cedido à pessoa jurídica de direito privado, devedora do tributo. Precedentes: REsp. 1.089.827/RJ, Rel. Min. REGINA HELENA COSTA, DJe 13.8.2018; AgRg no REsp. 1.192.012/RJ, Rel. Min. GURGEL DE FARIA, DJe 20.3.2018.
> 2. Agravo Interno da Concessionária a que nega provimento.
> (STJ, AgInt no AREsp nº 853.350/RJ, relator Ministro Napoleão Nunes Maia Filho, 1ª Turma, em 11.6.2019)

No caso acima, a controvérsia era relacionada à cobrança de débitos relativos ao IPTU, pelo Município do Rio de Janeiro, referentes a imóvel de propriedade da União, ocupado por concessionária de serviço de transporte aquaviário de passageiros, tendo o Superior Tribunal de Justiça proferido decisão favorável à Fazenda Pública.

Ainda quanto ao tema, compreende Ricardo Almeida, em brilhante parecer:

> QUESTÃO 1: É possível lançar IPTU sobre toda a área dos portos e aeroportos, inclusive aquelas ocupadas e geridas diretamente pelas operadoras portuárias e aeroportuárias, ou apenas sobre aquelas áreas ocupadas pelo setor privado?

Resposta 1:
Sim. Na medida em que estejam vinculadas a entidades de controle majoritariamente privado, ou, com intuito lucrativo, ou com distribuição de resultados a acionistas ou terceiros privados (inclusive por instrumentos financeiros, tais como "debêntures"); ou em que sejam realizadas atividades em regime de concorrência. (...) Excetuam-se do lançamento do IPTU nos aeroportos e portos: (i) as frações afetadas a serviços públicos não delegáveis, v.g. aquelas utilizadas pela marinha e aeronáutica no exercício de suas competências inerentes à navegação marítima e aérea; aquelas utilizadas pela polícia federal e receita federal para exercício de suas atribuições; (ii) as parcelas afetadas aos serviços típicos de portos e aeroportos, v.g. pista de pouso, área de embarque e desembarque, na hipótese dessas áreas não terem sido transferidas à concessionária pelo titular dos serviços, a União Federal ou INFRAERO; e (iii) as frações titularizadas por detentores de decisões judiciais que lhe assegurem imunidade recíproca.

Desse modo, se nem mesmo as pessoas jurídicas de direito público gozam de imunidade em semelhante caso, o que dizer das pessoas jurídicas de direito privado. É incompatível com o espírito constitucional estender a imunidade recíproca a uma sociedade empresarial que explora o serviço aeroportuário com finalidade eminentemente lucrativa.

Por conta disso, no RE nº 600.867, o Ministro Joaquim Barbosa, relator originário, disse que "caracteriza desvio sistêmico assegurar garantias indissociáveis do Estado e do interesse público aos empreendimentos dotados de capacidade contributiva e cuja função distribuir os resultados dessa atividade ao patrimônio dos empreendedores".

Isso significa, nas palavras de Sua Excelência, que "não faz sentido desprover municípios e a própria União de recursos legítimos, a pretexto de assegurar à pessoa jurídica distribuidora de lucros uma vantagem econômica que em nada afeta a harmonia federativa". Entendimento contrário enseja um privilégio odioso à empresa privada.

As estruturas e os grupos empresariais, apesar de lícitos, não podem servir de instrumento para a manipulação das limitações constitucionais ao poder de tributar, em especial da imunidade tributária recíproca (art. 150, VI, *a*, da CF/88), que foi pensada pelo legislador constituinte como forma de preservar exclusivamente o pacto federativo.

Portanto, à luz dos Temas nº 385, 437, 508 e 1.140, concluo, como segunda premissa, que imóvel público cedido à empresa privada, concessionária de serviço público não integrante da Administração Pública e que tem objetivo de distribuir lucros a acionistas privados, sujeita-se ao IPTU, sendo irrelevante a investigação da essencialidade do serviço.

3 A incidência do IPTU à luz da sujeição passiva da concessionária

Além de possuir áreas vinculadas aos serviços públicos para os quais estão previamente destinadas, como pistas dos aeroportos, áreas de embarque e desembarque, movimentação de cargas, dentre outros, o Complexo Aeroportuário de Fortaleza também está afetado a outros serviços remunerados, como lojas, bares, restaurantes, estacionamentos etc.

À luz do estudo da SEFIN, pode-se classificar as áreas da seguinte forma:[3]

1) Áreas com uso concedido, permitido, locado ou cedido para atividades econômicas ou lucrativas (em geral sob regime de livre concorrência), não vinculadas ou essenciais ao serviço público aeroportuário (ex.: áreas de lojas comerciais, serviços, estacionamentos, locadoras de veículos, cooperativas de taxis, hotéis, restaurantes etc.);

2) Áreas vinculadas a atividades econômicas realizadas por empresas que estão relacionadas diretamente aos serviços públicos para os quais se destinam os imóveis, como as áreas destinadas, cedidas ou alugadas às empresas aéreas e outras que realizam atividades auxiliares a elas, como o abastecimento e do estacionamento das aeronaves;

3) Áreas afetadas a serviços públicos não delegáveis, *v.g.* aquelas utilizadas pela aeronáutica no exercício de suas competências inerentes à navegação aérea; aquelas utilizadas, por exemplo, pela Polícia Federal, Anvisa e Receita Federal para o exercício de suas atribuições; dentre outros serviços públicos próprios de Estado e indelegáveis;

---

[3] Classificação inspirada no parecer emitido por Ricardo Almeira, procurador do Município do Rio de Janeiro.

4) Áreas dos imóveis vinculadas aos serviços públicos para os quais estão destinados, *v.g.* pistas do aeroporto, áreas de embarque e desembarque de passageiros e cargas, movimentação de cargas, dentre outros, que, no caso, são operacionalizadas, *a priori*, pela concessionária (nome da concessionária) S/A, com fins eminentemente lucrativos.

Quanto às áreas indicadas nos itens 1 e 2, o IPTU não enseja maiores dúvidas, pois há nítida aplicação das teses aprovadas pelo Supremo Tribunal Federal nos Temas nº 385 e 437 de Repercussão Geral, as quais já foram apresentadas neste parecer. Em tais casos, é inquestionável a inaplicabilidade da imunidade tributária recíproca.

Em sentido oposto, mas igualmente de simples conclusão, não deve incidir IPTU, aplicando-se a imunidade tributária recíproca em face das áreas do item 3, afetadas a serviços indelegáveis do Estado *lato sensu*, no qual se exerce atividade típica do Poder Público, sobretudo de fiscalização, de segurança, de vigilância sanitária, dentre outros.

Já no tocante às áreas do item 4, as quais estão afetadas diretamente às operações aeroportuárias, como aqueles destinadas ao pouso, decolagem, movimentação e embarque de cargas e passageiros, deve incidir o IPTU, não se aplicando a imunidade recíproca, pois concedidas a empresa privada que visa ao lucro e sua regular distribuição.

Vale lembrar que o §3º do art. 150 da CF/88 dispõe expressamente que a imunidade tributária recíproca não se aplica ao patrimônio, à renda e aos serviços em que haja contraprestação ou pagamento de preços ou tarifas pelo usuário, o que abrange, evidentemente, o serviço aeroportuário, haja vista as receitas expostas no tópico 1.

Expostas as áreas que devem sofrer a incidência do IPTU, cumpre averiguar como se deve caracterizar a sujeição passiva da (nome da concessionária) S/A, a partir da legislação tributária e do que foi decidido pelo Supremo Tribunal Federal no âmbito dos Recursos Extraordinários nº 601.720 e 594.015, agora analisados sob outra perspectiva.

Durante ambos os julgamentos, os Ministros dedicaram especial atenção ao tema da sujeição passiva do ocupante de bem público, enfrentando o entendimento de qual posse seria suficiente para caracterizar a condição jurídica para que o seu titular figurasse como contribuinte do IPTU, bem como a análise da legislação tributária brasileira.

No RE nº 594.015, conforme já exposto, analisou-se a possibilidade de lançar o IPTU em face de ocupante de imóvel público, de propriedade da União, que estava cedido à Codesp, operadora do Porto de Santos, e arrendado à Petrobrás S/A. Para melhor compreender a questão, revela-se oportuno analisar o teor dos votos dos Ministros.

Voto do Ministro Marco Aurélio (relator):

> Há de observar-se o disposto no artigo 32 do Código Tributário Nacional quanto à hipótese de incidência do IPTU, bem como a relação de contribuintes descrita no artigo 34. Eis os preceitos: (...) Com a leitura dos preceitos, fica evidente que, em momento algum, o Município de Santos extrapolou a própria competência ao instituir e cobrar referido imposto do particular, nos termos do disposto no Código Tributário municipal: (...) A hipótese de incidência do Imposto Predial Territorial Urbano – IPTU não está limitada à propriedade do imóvel, incluindo o domínio útil e a posse do bem. O mesmo entendimento vale para o contribuinte do tributo, que não se restringe ao proprietário do imóvel, alcançando tanto o titular do domínio útil quanto o possuidor a qualquer título, Não há falar em ausência de legitimidade do ora recorrido para figurar em polo passivo da relação jurídica tributária. (...) Fixo a seguinte tese: "Incide o IPTU considerado imóvel de pessoa jurídica de direito público cedido a pessoa jurídica de direito privado, devedora do tributo."

Voto do Ministro Roberto Barroso:

> Os contratos firmados entre as empresas privadas e a Administração Pública conferem diversos direitos aos particulares. Assim, o bem é formalmente público e materialmente privado, uma vez que o particular tem quase todas as prerrogativas do proprietário, não havendo precariedade da posse. Nesses casos, resta caracterizado o fato gerador do IPTU e a sujeição passiva, que permite ao Município de Santos efetuar cobrança em face da recorrente. 4. Ademais, o referido Município possui previsão legal atribuindo responsabilidade tributária às empresas arrendatárias de bem público. Desse modo, impossibilitar a cobrança de IPTU de particular que explora atividade econômica em imóvel público é perenizar situação extremamente prejudicial aos Municípios, ao pacto federativo e à ordem econômica no que se refere à livre concorrência." (...) Ainda, os contratos firmados entre as empresas privadas e a Administração Pública para uso de bem público, além

> de se sujeitarem a longos prazos, conferem direitos aos particulares, como alteração do imóvel utilizado e construção de imóveis com outras finalidades. (...) No presente caso, como bem destacado pelo Relator, o Município de Santos possui previsão no Código Tributário Municipal, que atribui responsabilidade ao arrendatário de área e instalações portuárias, dentro ou fora do porto organizado. O lançamento e a cobrança em face da recorrente encontra amparo, portanto, na legislação municipal que lhe atribui sujeição passiva.

O Ministro Edson Fachin abriu divergência e foi acompanhado pelo Ministro Celso de Mello, afirmando que a jurisprudência do STF só admite a incidência do IPTU sobre o possuidor que não fosse proprietário se aquele exercesse o domínio com *animus domini* (posse *ad usucapionem*). Os demais Ministros não trataram diretamente do tema.

No RE nº 601.720, o Ministro Marco Aurélio, na análise objetiva do tema submetido ao crivo da Corte Suprema, consignara a possibilidade de incidência do IPTU sobre qualquer posse. Por sua vez, o Ministro Alexandre de Moraes afirmou a legitimidade passiva de ocupantes de bens públicos, trazendo condicionamentos à sujeição passiva.

No mesmo processo, o Ministro Roberto Barroso bem assinalou que, em contratos de longa duração, com 25 (vinte e cinco) anos para mais, para fins do art. 34 do Código Tributário Nacional, "essa detenção caracteriza posse, e posse não precária, razão pela qual pode incidir o Imposto sobre Propriedade Territorial Urbana".

Definida a indiscutível a possibilidade de cobrança do IPTU em face daqueles que ocupam bens públicos e exploram economicamente tais imóveis, à luz da orientação do STF, é necessário dizer que a Suprema Corte, sobretudo nos votos acima reproduzidos, admite a compreensão de que o contrato de concessão enseja posse para fins de IPTU.

Os fundamentos dos votos explicitam que o contrato de concessão assegura direitos ao concessionário similares ao do proprietário, e não uma mera posse de natureza precária, sendo, portanto, suficiente para atrair a incidência direta em face do possuidor "a qualquer título", conforme destacaram os Ministros Marco Aurélio e Roberto Barroso.

Ainda nesse tema, em decisão recente, no ARE nº 1.384.169, o Ministro Alexandre de Moraes reiterou, monocraticamente, tal compreensão, sustentando que o só fato de a "concessionária não exercer a posse com animus domini também não afasta a incidência do IPTU, haja vista que a teor do art. 34 do CTN, o contribuinte do imposto é o proprietário do imóvel, o titular do domínio útil, ou o seu possuidor a qualquer título".

O contrato de concessão possui um alto grau de estabilidade, publicidade e conteúdo negocial, assegurando à empresa privada uma série de direitos que lhe aproxima da figura do próprio proprietário, o que é suficiente para atrair a incidência direta do IPTU sobre o ocupante, na qualidade contribuinte, enquanto possuidor "a qualquer título".[4]

Inclusive, demonstrando a existência de posse, vale informar que a (nome da concessionária) S/A Aeroporto de Fortaleza já ajuizou ações de reintegração de posse envolvendo a área do Complexo Aeroportuário, alegando esbulho, conforme se verifica da leitura dos autos de nº (número do processo), indicado a título meramente exemplificativo.

Além disso, não obstante existam precedentes do Superior Tribunal de Justiça no mesmo sentido do voto do Ministro Edson Fachin, acima citado, eles se baseiam em concepção firmada antes das decisões do Supremo Tribunal Federal nos Recursos Extraordinários nº 601.720 e 594.015. Recentemente, o STJ, em juízo de conformação, vem seguindo as teses do STF:

> TRIBUTÁRIO. IPTU. CONTRATO DE CONCESSÃO DE USO DE BEM PÚBLICO. RESPONSABILIDADE TRIBUTÁRIA DO CONCESSIONÁRIO. JUÍZO DE CONFORMAÇÃO.
> 1. O Plenário [do STF], no RE n. 601.720/RJ, com repercussão geral reconhecida, ao apreciar o Tema n. 437 – Reconhecimento de imunidade tributária recíproca a empresa privada ocupante de bem público -,

[4] No mesmo sentido, Ives Gandra da Silva Martins: "O fato de jamais o artigo 34 ter sido inquinado de inconstitucional, sem redução de texto, para efeitos de bens públicos, levou-me a reconsideração de minha inteligência pretérita. O que dá a característica de bem tributável é a detenção tanto em virtude da propriedade, como da efetiva posse direta, a qualquer título dos títulos (domínio útil ou posse). (...) É de se lembrar que o IPTU [..] é exigível daqueles que possam deter o domínio útil ou a posse, a qualquer título de imóvel pertencente a pessoa de direito público" (Incidência do IPTU sobre bens da União em posse de entidades não imunes. Revista do Ministério Público, n. 19, jan./jun. 2004. Rio de Janeiro, p. 183-184).

assentou a tese de que "incide o IPTU considerado imóvel de pessoa jurídica de direito público cedido a pessoa jurídica de direito privado, devedora do tributo".
2. Hipótese em que a concessionária de uso de bem público é empresa que exerce no imóvel em questão atividade econômica (comércio de veículos e peças), ostentando, assim, a condição de devedora do IPTU.
3. Agravo regimental provido.
(STJ, AgRg no REsp nº 1.192.012/RJ, relator Ministro Gurgel de Faria, 1ª Turma, em 20.2.2018)

Portanto, o lançamento tributário pode qualificar o ocupante do imóvel público em virtude de contrato de concessão como verdadeiro contribuinte, diante de evidências de que exerce posse "a qualquer título", pois a avença confere estabilidade e publicidade a esta situação jurídica, conforme a Cláusula 2.3 da avença da firmada pela (nome da concessionária) S/A.

Conclusão

Diante do exposto, opina-se pela inexistência de imunidade tributária recíproca no tocante ao Complexo Aeroportuário de Fortaleza, enquanto for explorado economicamente pela concessionária (nome da concessionária) S/A, excepcionando-se da tributação apenas as áreas afetadas a serviços públicos indelegáveis, nos termos do item 3 do tópico 3.

A sujeição passiva da (nome da concessionária) S/A se materializa na condição de contribuinte do IPTU, pois a estabilidade, sobretudo temporal, do contrato de concessão firmado tem o condão de a qualificar como possuidora a qualquer título do Complexo Aeroportuário de Fortaleza, atraindo a incidência direta do 34 do Código Tributário Nacional.

Recomenda-se, também, que, em caso de concordância da SEFIN com o presente opinativo, seja verificado, ao tempo do lançamento, se todas as inscrições objeto de cobrança se encontram inseridas dentro da área do Complexo Aeroportuário que foi concedida à (nome da concessionária) S/A, nos termos delimitados no Contrato de Concessão.

Por último, vale dizer que a questão ainda não se encontra totalmente pacificada no Supremo Tribunal Federal, especialmente no tocante ao item 4 do tópico 3, isto é, a Corte voltará a analisar a matéria no âmbito dos Embargos de Divergência no Recurso Extraordinário nº 1.272.751, sob a relatoria do Ministro Nunes Marques.

É o parecer, salvo melhor juízo.

Submeto à apreciação superior.

Fortaleza/CE, data da assinatura eletrônica.

Pablo Freire Romão
Procurador do Município de Fortaleza

CONFLITO APARENTE DE NORMAS, DISTÂNCIA MÍNIMA DE APP EM LOTES URBANOS, REGULARIZAÇÃO FUNDIÁRIA, FALTA DE REGULAMENTAÇÃO MUNICIPAL

ALEX ROBERTO PADOVANI

Parecer Jurídico nº /2022

Assunto: Conflito aparente de normas, distância mínima de APP em lotes urbanos, regularização fundiária, falta de regulamentação municipal.
Interessado (a): Secretária Municipal de Meio Ambiente.
Ref.: OFÍCIO Nº /2022.

Ilustríssimo Senhor Procurador Geral do Município

DIREITO AMBIENTAL. DIREITO CONSTITUCIONAL. CONSULTA JURÍDICA. ALTERAÇÃO LEI PARCELAMENTO DO SOLO E LEI CÓDIGO FLORESTAL. FALTA DE REGULAMENTAÇÃO MUNICIPAL. CONFLITO APARENTE DE NORMAS. LEI FEDERAL 12.651/12 X TEMA REPETITIVO 1010 DO STJ. DISTÂNCIA MÍNIMA DOS LOTES URBANOS EM APP. PRÍNCIPIO DA NORMA MAIS PROTETIVA AO MEIO AMBIENTE. APLICAÇÃO DA LEI ESPECIAL E ESPECÍFICA. REGULARIZAÇÃO FUNDIÁRIA EM APP (ART. 64 E 65 LEI FEDERAL 12.651/12). PREVALÊNCIA DA LEI CÓDIGO AMBIENTAL ATÉ ELABORAÇÃO DE NORMA MUNICIPAL. CIÊNCIA AS PASTAS INTERESSADAS PARA PADRONIZAÇÃO DA DISTÂNCIA DOS LOTES. CIÊNCIA AS PASTAS ENVOLVIDAS E AO PREFEITO PARA VERIFICAREM A ELABORAÇÃO DE LEI LOCAL.

I Relatório

Trata-se de consulta jurídica formulada pela Secretaria Municipal de Meio Ambiente, por meio do Ofício em epígrafe, que solicita análise jurídica sobre a definição da Área de Preservação Permanente – APP, tendo em vista as recentes alterações nas Leis de Parcelamento do Solo (lei nº 6.766/1979) e Código Ambiental (Lei nº 12.651/2012) e falta de regulamentação municipal, bem como a inexistência de regularização fundiária em APP.

É o relatório.

II. Fundamentação

1 Alterações legislativas

Desde 2012 o Código Florestal, Lei Federal nº 12.651/2012 especifica as APPs (Área de Preservação Permanente) e estabelece o afastamento para construções e demais atividades em relação às margens de cursos d'água naturais.

Com a sanção *em 27 de dezembro da Lei Federal nº 14285/2021, a legislação federal passou a reconhecer que é dos municípios a competência para definir as margens de cursos d'água em área urbana consolidada* desde que cada município elabore legislação específica, atenda requisitos urbanísticos e ambientais, como diagnóstico socioambiental.

Desta forma, será possível que os municípios estabeleçam faixas de preservação permanente condizentes com a sua realidade em metragens diferentes daquelas constantes na legislação federal em consonância com o diagnóstico socioambiental.

A Lei Federal nº 14.285/2021 estabelece critérios e medidas que devem ser adotadas de forma integrada por cada município para que possam localmente definir as metragens das APP urbanas nas margens de cursos d'água naturais.

Ressalta-se que eventual normatização pelo ente federativo municipal *deverá estar fundamentada em estudo técnico,* no qual será levado em conta as medidas e padrões de proteção ambiental destinados a *assegurar a qualidade ambiental, dos recursos hídricos e do solo e a conservação da biodiversidade remanescente.*

Isso porque as delimitações previstas por lei local não podem redundar em prejuízo das condições de sustentabilidade urbano-ambiental, *sob o risco de implicar verdadeiro retrocesso à proteção do meio ambiente.*

Mudanças no Código Florestal (Lei nº 12.651/2012):

Conforme artigo 4º, inciso I do Código Florestal, ao longo dos cursos d´água naturais, tanto em áreas *urbanas como rurais*, devem ser observadas faixas de preservação permanente, cujas medidas poderão variar de **30 a 500 metros**, conforme a largura do curso d´água.

A Lei nº 14.285/2021 acrescentou o §10 ao artigo 4º, permitindo que o Município defina faixas de preservação permanente em medidas diferentes daquelas estabelecidas no inciso I, quando localizadas em áreas urbanas consolidadas. Vejamos:

> "Art. 4º (...).
> §10. Em *áreas urbanas consolidadas, ouvidos os conselhos estaduais, municipais* ou distrital de meio ambiente, lei municipal ou distrital poderá definir faixas marginais distintas daquelas estabelecidas no inciso I do caput deste artigo, *com regras que estabeleçam*:
> I – a não ocupação de áreas com risco de desastres;
> II – a observância das diretrizes do plano de recursos hídricos, do plano de bacia, do plano de drenagem ou do plano de saneamento básico, se houver; e
> III – a previsão de que as atividades ou os empreendimentos a serem instalados nas áreas de preservação permanente urbanas devem observar os casos de utilidade pública, de interesse social ou de baixo impacto ambiental fixados nesta Lei."

Compreende-se que, agora, o Município poderá estabelecer uma APP de medida distinta daquela prevista no Código Florestal, *desde que observe os seguintes requisitos*:

(a) somente em "área urbana consolidada";

(b) mediante consulta ao conselho de meio ambiente competente;

(c) através de lei.

Quanto ao primeiro requisito, observa-se que os critérios para caracterização da "área urbana consolidada" não estavam previstos no Código Florestal, de modo que os Municípios se baseavam no artigo 2º, inciso V, da Resolução nº 302 do CONAMA para identificá-la. Porém, a Lei nº 14.285/2021 alterou o inciso XXVI do artigo 3º do Código Florestal, *trazendo os critérios para identificação da "área urbana consolidada"*, como segue:

> "Art. 3º (...)
> XXVI – área urbana consolidada: aquela que atende aos seguintes critérios:
> a) estar *incluída no perímetro urbano* ou em zona urbana pelo *plano diretor* ou por *lei municipal específica;*
> b) dispor de *sistema viário implantado;*
> c) estar *organizada em quadras e lotes* predominantemente edificados;
> d) apresentar *uso predominantemente urbano*, caracterizado pela existência de edificações residenciais, comerciais, industriais, institucionais, mistas ou direcionadas à prestação de serviços;
> e) dispor de, no mínimo, 2 (dois) dos seguintes *equipamentos de infraestrutura* urbana implantados:
> 1. drenagem de águas pluviais;
> 2. esgotamento sanitário;
> 3. abastecimento de água potável;
> 4. distribuição de energia elétrica e iluminação pública; e
> 5. limpeza urbana, coleta e manejo de resíduos sólidos."

A Lei passou a exigir mais critérios urbanísticos e menos serviços para a caracterização da área urbana consolidada. Por outro lado, a Lei deixou certa margem de subjetividade, quando fala em "predominantemente edificados" e "predominantemente urbanos", sem estabelecer uma medida para essa predominância.

Uma vez definida a área urbana consolidada, o conselho de meio ambiente competente deverá ser ouvido sobre as metragens da APP que poderiam ser aplicadas. Após, o Município poderá, então, editar uma lei, prevendo medidas de APP distintas daquelas previstas no Código Florestal.

Porém, os incisos I a III do §10 do artigo 4º trazem alguns limites para esta Lei municipal. Ela deverá proibir a ocupação em áreas com risco de desastres e somente poderá permitir a ocupação em APP's urbanas em *casos de utilidade pública, de interesse social ou de baixo impacto ambiental*, que são as hipóteses descritas nos incisos VIII, IX e X, do artigo 3º do Código Florestal. A Lei também precisará estar *de acordo com as diretrizes do plano de recursos hídricos, do plano de bacia, do plano de drenagem ou do plano de saneamento básico*, se houver.

Ou seja, a partir de agora, o Município poderá, através de Lei e depois de ouvido o conselho de meio ambiente competente, estabelecer medidas distintas para as APP's localizadas em "área urbana consolidada". No entanto, esta Lei deverá proibir a ocupação em áreas com risco de desastres e permitir a ocupação em APP's urbanas somente nos casos de utilidade pública, de interesse social ou de baixo impacto ambiental. A Lei municipal deverá, ainda, estar em consonância com outros planos porventura existentes.

Mudanças na Lei de Parcelamento do Solo Urbano (Lei nº 6.766/76):

A Lei nº 14.285/2021 incluiu o inciso III-B ao artigo 4º da Lei de Parcelamento do Solo Urbano, estabelecendo que a faixa não-edificável ao longo das águas correntes e dormentes deverá ser prevista em lei municipal, sendo obrigatório reservá-la para cada trecho de margem, conforme indicada em diagnóstico socioambiental.

> "Art. 4º Os *loteamentos* deverão atender, pelo menos, aos seguintes requisitos:
> III-A – ao longo da faixa de domínio das ferrovias, será obrigatória a reserva de uma faixa não edificável de, no mínimo, 15 (quinze) metros de cada lado;
> III-B – ao *longo das águas correntes e dormentes*, as áreas de faixas não edificáveis deverão *respeitar a lei municipal* ou distrital que aprovar o instrumento de planejamento territorial e que definir e regulamentar a *largura das faixas marginais de cursos d'água naturais em área urbana consolidada, nos termos da Lei nº 12.651, de 25 de maio de 2012*, com obrigatoriedade de reserva de uma faixa não edificável para cada trecho de margem, indicada em diagnóstico socioambiental elaborado pelo Município;"

Portanto, a faixa não-edificável que deverá ser reservada ao longo das águas correntes e dormentes dependerá: (i) da realização de um diagnóstico socioambiental e (ii) da previsão em lei municipal.

Essas alterações tiveram foco na prevenção de desastres ecológicos, assim explica o professor e doutrinador Kiyoshi Harada:

> "*Reação legislativa contra desastres ecológicos*
> por Kiyoshi Harada

19.jan.2022
Como consequência de inúmeros desastres ecológicos causados direta ou indiretamente por ação humana, o Congresso Nacional aprovou e o Executivo sancionou a Lei nº 14.225 de 29 de dezembro de 2021.
Essa Lei altera parcialmente a Lei nº 12.651, de 25-5-2012 (Código Florestal); a Lei nº 11.952, de 25-6-2009, que dispõe sobre a regularização fundiária em terras da União; e a Lei nº 6.768, de 19-12-1979, que dispõe sobre parcelamento do solo urbano, conhecida como lei de loteamento urbano, para definir o conceito de área urbana consolidada e para consolidar as obras já implantadas nessas áreas.
(Publicado em: http://genjuridico.com.br/2022/01/19/desastres-ecologicos/ (acessado em 03/12/2022))"

2 Faixa não-edificável e APP

De fato, a faixa não-edificável não se confunde com a APP, pois, se trata de uma área ao longo de rodovias, ferrovias ou cursos d´água sobre a qual o Poder Público não permite construir. Trata-se de uma restrição administrativa, com fundamento na Lei nº 6.766/76. Diferentemente, a APP é regida pelo Código Florestal e nela é permitido construir, nas hipóteses de utilidade pública, de interesse social ou de baixo impacto ambiental.

Portanto, de acordo com a nova Lei, o Município deverá reservar uma faixa não-edificável em cada trecho ao longo das águas correntes e dormentes. A fim de indicar essas faixas, precisará realizar um diagnóstico socioambiental. Depois, estabelecerá as faixas não-edificáveis através de lei.

Segundo consta no inciso III-B, esta lei municipal seria aquela que "aprovar o instrumento de planejamento territorial e que definir e regulamentar a largura das faixas marginais de cursos d´água naturais em área urbana consolidada, nos termos da Lei nº 12.651, de 25 de maio de 2012".

3 Omissão legislativa municipal e conflito de aparente de normas

Consta que o município de Araguaína ainda não possui legislação sobre as recentes alterações acima, delimitando as áreas de APP e faixa não-edificável. Assim, enquanto não existente norma local, continua-se aplicando integralmente as leis federais (Parcelamento do Solo e Código Ambiental) sobre o assunto, contudo, ao aplicarmos as referidas leis federais esbarramos em outra problemática quando se tratar margens de cursos d'água em áreas urbanas.

Pois a *Lei de Parcelamento do Solo* diz que deve ser mantida uma distância de no *mínimo 15 metros* entre uma construção e a margem do curso de água, porém o *Código Ambiental* estabelece a distância *mínima de 30 a 500 metros* a depender do tamanho do curso de água.

Nesse caso, após prévia pesquisa jurisprudencial e estudos de caso, *entendemos ser aplicável a Lei Federal nº 12.651/2012 (Novo Código Florestal) por ser norma mais protetiva e ser lei especial e específica.*

3.1 Tema repetitivo 1010 do STJ

O tema em questão foi fixado em Recurso Especial repetitivo pelo STJ que se discutia a distância mínima em APP localizadas em áreas urbanas, se a Lei nº 6.766/1979 (Parcelamento do Solo Urbano) ou a Lei nº 12.651/2012 (Novo Código Florestal), foi decidido que se aplica o Novo Código Florestal, tanto em área rural, como urbana.

Abaixo colacionamos a ementa do Acórdão no Recurso Especial nº 1.770.760 – SC, um dos recursos afetados para fixação do Tema Repetitivo 1010 do STJ, do qual extraímos os fundamentos da nossa opinião, assim disposto:

> "RECURSO ESPECIAL REPETITIVO. AMBIENTAL. *CONTROVÉRSIA A ESPEITO DA INCIDÊNCIA DO ART. 4º, I, DA LEI N. 12.651/2012 (NOVO CÓDIGO FLORESTAL) OU DO ART. 4º, CAPUT, III, DA LEI N. 6.766/1979 (LEI DE PARCELAMENTO DO SOLO URBANO).* DELIMITAÇÃO DA EXTENSÃO DA FAIXA NÃO EDIFICÁVEL A PARTIR DAS MARGENS DE CURSOS D'ÁGUA NATURAIS EM TRECHOS CARACTERIZADOS COMO ÁREA URBANA CONSOLIDADA.
>
> 1. Nos termos em que decidido pelo Plenário do STJ na sessão de 9/3/2016, aos recursos interpostos com fundamento no CPC/2015 (relativos a decisões publicadas a partir de 18 de março de 2016) serão exigidos os requisitos de admissibilidade recursal na forma nele prevista (Enunciado Administrativo n. 3).
> 2. Discussão dos autos: Trata-se de mandado de segurança impetrado contra ato de Secretário Municipal questionando o indeferimento de pedido de reforma de imóvel derrubada de casa para construção de outra)

que dista menos de 30 (trinta) metros do Rio Itajaí-Açu, encontrando-se em Área de Preservação Permanente urbana. O acórdão recorrido negou provimento ao reexame necessário e manteve a concessão da ordem a fim de que seja observado no pedido administrativo a Lei de Parcelamento do Solo Urbano (Lei n. 6.766/1979), que prevê o recuo de 15 (quinze) metros da margem do curso d´água.
3. *Delimitação da controvérsia: Extensão da faixa não edificável a partir das margens de cursos d'água naturais* em trechos caracterizados como área urbana consolidada: se corresponde à área de preservação permanente prevista no art. 4º, I, da *Lei n. 12.651/2012 (equivalente ao art. 2º, alínea "a", da revogada Lei n. 4.771/1965), cuja largura varia de 30 (trinta) a 500 (quinhentos) metros, ou ao recuo de 15 (quinze) metros determinado no art. 4º, caput, III, da Lei n. 6.766/1979.*
4. *A definição da norma a incidir sobre o caso deve garantir a melhor e mais eficaz proteção ao meio ambiente* natural e ao meio ambiente artificial, em cumprimento ao disposto no art. 225 da CF/1988, sempre com os olhos também voltados ao princípio do desenvolvimento sustentável (art. 170, VI,) e às funções social e ecológica da propriedade.
5. O *art. 4º, caput, inciso I, da Lei n. 12.651/2012 mantém-se hígido* no sistema normativo federal, após os julgamentos da ADC n. 42 e das ADIs ns. 4.901, 4.902, 4.903 e 4.937.
6. A disciplina da *extensão das faixas* marginais a cursos d'água no *meio urbano* foi apreciada inicialmente nesta Corte Superior no julgamento do REsp 1.518.490/SC, Relator Ministro Og Fernandes, Segunda Turma, DJe de 15/10/2019, precedente esse que solucionou, especificamente, a antinomia entre a norma do antigo Código Florestal (art. 2º da Lei n. 4.771/1965) e a norma da Lei de Parcelamento do Solo Urbano (art. 4º, III, da Lei n. 6.766/1976), com a afirmação de que *o normativo do antigo Código Florestal é o que deve disciplinar a largura mínima das faixas marginais ao longo dos cursos d'água no meio urbano.* Nesse sentido: Resp 1.505.083/SC, Rel. Min. Napoleão Nunes Maia Filho, Primeira Turma, Dje 10/12/2018; AgInt no REsp 1.484.153/SC, Rel. Min. Gurgel de Faria, Primeira Turma, DJe 19/12/2018; REsp 1.546.415/SC, Rel. Min. Og Fernandes, Segunda Turma, DJe 28/2/2019; e AgInt no REsp 1.542.756/SC, Rel. Min. Mauro Campbell Marques, DJe 2/4/2019.
7. Exsurge inarredável que a norma inserta no novo Código Florestal (art. 4º, caput, inciso I), ao prever medidas mínimas superiores para as faixas marginais de qualquer curso d'água natural perene e intermitente, *sendo especial e específica para o caso em face do previsto no art. 4º, III, da Lei n. 6.766/1976,* é a que *deve reger a proteção das APPs ciliares ou ripárias em áreas urbanas* consolidadas, espaços territoriais especialmente protegidos (art. 225, III, da CF/1988), que *não se condicionam a fronteiras entre o meio rural e o urbano.*
8. *A superveniência da Lei n. 13.913, de 25 de novembro de 2019, que suprimiu a expressão "[...] salvo maiores exigências da legislação específica."* do inciso III do art. 4º da Lei n. 6.766/1976, *não afasta a aplicação* do art. 4º, caput,

> e I, da Lei n. 12.651/2012 às áreas urbanas de ocupação consolidada, pois, *pelo critério da especialidade, esse normativo do novo Código Florestal é o que garante a mais ampla proteção ao meio ambiente*, em áreas urbana e rural, e à coletividade.
> 9. Tese fixada – Tema 1010/STJ: *Na vigência do novo Código Florestal* (Lei n. 12.651/2012), a *extensão não edificável nas Áreas de Preservação Permanente de qualquer curso d'água*, perene ou intermitente, em trechos caracterizados como área *urbana* consolidada, *deve respeitar o que disciplinado pelo seu art. 4º, caput, inciso I, alíneas a, b, c, d e e*, a fim de assegurar a mais ampla garantia ambiental a esses espaços territoriais especialmente protegidos e, por conseguinte, à coletividade.
> 10. Recurso especial conhecido e provido.
> 11. Acórdão sujeito ao regime previsto no art. 1.036 e seguintes do CPC/2015.
> ACÓRDÃO Vistos, relatados e discutidos os autos em que são partes as acima indicadas, acordam os Ministros da Primeira Seção do Superior Tribunal de Justiça por unanimidade, conhecer e dar provimento ao recurso especial para, nos termos do art. 487, I, do CPC/2015, julgar improcedente o pedido contido na inicial, nos termos do voto do Sr. Ministro Relator. Os Srs. Ministros Assusete Magalhães, Regina Helena Costa, Gurgel de Faria, Manoel Erhardt (Desembargador convocado do TRF-5ª Região), Francisco Falcão, Herman Benjamin, Og Fernandes e Mauro Campbell Marques votaram com o Sr. Ministro Relator. Presidiu o julgamento o Sr. Ministro Sérgio Kukina. Brasília (DF), 28 de abril de 2021(Data do Julgamento) MINISTRO BENEDITO GONÇALVES Relator." (grifo nosso)

Extrai-se do julgado que o novo Código Florestal se sobressai sobre outras normas por ser norma especial e mais protecionista ao meio ambiente, independente se em área urbana ou rural.

Observamos no voto do relator que o novo Código Florestal é especial em relação à Lei de Parcelamento do Solo Urbano porque esta é genérica ao mencionar sobre a proteção de áreas de preservação ecológicas, sem especificar quais seriam essas áreas, no meio urbano. Enquanto aquele, Novo Código Florestal, dá definição legal do que seria Área de Preservação Permanente e define suas medidas mínimas, sendo por isso sua especialidade, vejamos:

> "Com efeito, a Lei nº 6.766/1979, como anunciado inicialmente, ao dispor a respeito de norma ambiental, vedou o parcelamento do solo para fins urbanos em zonas urbanas, de expansão urbana ou urbanização específica em áreas de preservação ecológica, *todavia, sem delimitar quais seriam essas áreas, no meio urbano, o que denota a generalidade* da Lei Federal

> de 1979 para fins de disciplina da proteção integral ao meio ambiente. Nesse passo, exsurge inarredável que norma inserta no novo Código Florestal (art. 4º, caput, inciso I), *ao prever medidas mínimas* superiores para faixa marginais de qualquer curso d'água natural perene e intermitente, *sendo especial e específica* para o caso em face do art. 4º, III, da Lei n. 6.766/1979, *é a que deve reger a proteção das APPs ciliares ou ripárias em áreas urbanas consolidadas*, espaços territoriais especialmente protegidos (art. 225, III, da CF/1988), que não se condicionam a fronteiras entre meio rural e urbano."

Ressalvamos que não foram discutidas as exceções previstas na lei na Lei nº 13.465/2017 que dispõe sobre Regularização Fundiária Rural e Urbana, por não terem sido aventadas na discussão de origem, como bem expressa o relator:

> "Entretanto, a hipótese dos autos e a delimitação do Tema 1010/STJ *não contempla o exame da sua aplicação para fins de objetivação de tese*, pois desborda da controvérsia inicialmente fixada para julgamento, que *não trata de regularização fundiária de núcleos urbanos informais*."

Vale mencionar que a aplicação da tese que o Código Florestal é especial frente a Lei de Parcelamento do Solo Urbano não é novidade, pois desde o "antigo" Código Florestal o STJ já possuía entendimento que este, Código Florestal, que se aplicava em lotes urbanos. Tanto é, que por isso deixou de modular os efeitos da tese firmada no Tema 1010, assim disposto no voto do relator:

> "Como visto acima, o Superior Tribunal de Justiça já determinava a aplicação do antigo Código Florestal (Lei 4.771/1965) às áreas urbanas para melhor garantir a proteção das Áreas de Preservação Ambiental nela contidas, conforme precedentes da Primeira e Segunda Turmas. Não houve alteração desse entendimento com a edição do novo Código Florestal (lei n. 12.651/2012), que também passou a ser aplicado por esse Tribunal Superior para fins de manter a proteção das Áreas de Preservação Ambiental urbanas. É dizer, não há surpresa ou guinada jurisprudencial a justificar a atribuição de eficácia prospectiva ao julgamento."

Por fim, infere-se que o novo Código Florestal se aplica em área urbana e é especial em relação a Lei de Parcelamento do Solo Urbano no que tange a distância mínima em APP, além de ser aplicado por ser norma mais protetiva ao meio ambiente.

3.2 Efeito vinculante do tema 1010 do STJ

O Código de Processo Civil 2015 trouxe, como um de seus objetivos claros, a uniformização da jurisprudência. Esse tema, de relevância e importância já reconhecidos anteriormente, ganhou tratamento ainda mais especial com a entrada do chamado "padrão decisório" no Livro III (da Parte Especial). "A expressão 'padrão decisório' designa um gênero que compreende duas espécies: o precedente e o enunciado de súmula." (CÂMARA, 2020, p.431).

Mas o que são precedentes? Segundo a obra de Câmara (2020) "precedente é um pronunciamento judicial, proferido em processo anterior, que é empregado como base de formação de outra decisão judicial". Difere-se da jurisprudência, que traduz o entendimento dominante de um tribunal acerca de tema objeto de várias decisões, e difere-se do enunciado de súmula, sendo esta o condensador da jurisprudência. É, portanto, anterior as duas, *podendo ser de caráter vinculante (art. 927, I a III)*[1] *ou persuasivo (art. 927, IV e V)*[2] *a juízes e tribunais*. Teriam, porém, a capacidade de vincular a Administração Pública?

Ensina Câmara (2020) e preceitua o artigo 15 do CPC/15[3], a norma ali exposta aplica-se *não apenas subsidiariamente como supletivamente aos processos administrativos*. Isso significa dizer que há não apenas o preenchimento de lacunas, mas a necessária interação entre lei específica e lei geral, de modo a interpretar-se a lei especializada com harmonia ao que consta na lei mais abrangente. É preciso extrair então o que a norma quis refletir no mundo jurídico para que possamos argumentar pela adoção ou não dos precedentes na Administração. "A norma jurídica não é o texto da lei, mas a interpretação que ao texto se atribui" (CÂMARA, 2020, p. 434).

---

[1] LEI Nº 13.105, DE 16 DE MARÇO DE 2015. Código de Processo Civil. I – as decisões do Supremo Tribunal Federal em controle concentrado de constitucionalidade; II – os enunciados de súmula vinculante; III – os acórdãos em incidente de assunção de competência ou de resolução de demandas repetitivas e em julgamento de recursos extraordinário e especial repetitivos;

[2] *Ibidem*, IV – os enunciados das súmulas do Supremo Tribunal Federal em matéria constitucional e do Superior Tribunal de Justiça em matéria infraconstitucional; V – a orientação do plenário ou do órgão especial aos quais estiverem vinculados.

[3] *Ibidem*, art. 15. Na ausência de normas que regulem processos eleitorais, trabalhistas ou administrativos, as disposições deste Código lhes serão aplicadas supletiva e subsidiariamente.

Os Recursos Extraordinário e Especial Repetitivos de manifestação do órgão máximo do Poder Judiciário, e sendo vinculante para todos os tribunais e juízes do país, haveria motivo para não vincular a Administração? Não seria a vinculação imediata uma forma de garantir o não abarrotamento do Judiciário com casos já definidos nesse poder, mas que ainda não tiveram sua aplicação formalizada pelo administrador?

Entendemos, que apesar dos recursos repetitivos, por si só, não possuírem força vinculante para administração, sendo vinculante apenas ao judiciário, porém, é inegável seu caráter persuasivo para a Administração Pública.

Corroborando, a lei 9.784/99 de processo administrativo impõe em seu artigo segundo que a Administração obedeça, dentre outros, ao princípio da segurança jurídica, e que observe o critério de atuação conforme a lei e o direito. Obriga quando a decisão administrativa não observar jurisprudência firmada sobre a questão, a motivar com a indicação dos fatos e dos fundamentos jurídicos que levaram a eventual posicionamento antagônico.

Além disso, são consequências favoráveis a auto vinculação administrativa, como a menor judicialização de demandas e a consequente atenuação do excesso de carga do poder judiciário, menor descrédito da Administração frente a suas decisões, eficiência no ganho de tempo e aceitação dos administrados, segurança jurídica, moralidade administrativa e isonomia – inclusive na vertente de 'igualdade na aplicação da lei'. Evita-se, portanto, disparidades e decisões casuísticas, conferindo robustez também ao princípio da confiança legítima.

A auto vinculação administrativa tem por efeito reduzir a discricionariedade originariamente conferida pelo direito (HEINEN, 2018, pg. 16) e basicamente repercute das seguintes formas, a *Administração deve ter limitada sua discricionariedade pela própria jurisprudência administrativa, seus próprios precedentes e manter posicionamento coeso* a menos que novo fundamento modifique entendimento.

Portanto, o Tema 1010 do STJ é vinculante a todo Judiciário e persuasivo para Administração Pública, entendemos por bem seguir os parâmetros lá estabelecidos com a auto vinculação ou justificar quando for contrária. Tendo em vista que toda causa judicial que a Administração for contrária ao que fixado no repetitivo, provavelmente será sucumbente, acarretando ônus financeiro, desvio tempo e mau uso dos recursos humanos.

4 Conflito de normas. Regularização fundiária em APP

Ocorre que, por considerar a real função ambiental e social dos imóveis que se encontram em núcleos urbanos informais, o próprio Código Florestal previu a possibilidade de redução dessa faixa mínima de preservação permanente como meio de regularização fundiária urbana de interesse social – REURB-S ou de regularização fundiária urbana de interesse específico – REURB-E, nos moldes previstos nos *artigos 64 e 65 da Lei nº 12.651/2012* c/c as previsões da Lei Federal nº 13.465/2017, assim disposto:

> "Art. 64. Na *Reurb-S* dos núcleos urbanos informais que *ocupam Áreas de Preservação Permanente,* a regularização fundiária será *admitida por meio da aprovação do projeto de regularização fundiária,* na forma da lei específica de regularização fundiária urbana. (Redação dada pela Lei nº 13.465, de 2017)
> §1º O projeto de regularização fundiária de interesse social deverá incluir *estudo técnico que demonstre a melhoria das condições ambientais* em relação à situação anterior com a adoção das medidas nele preconizadas.
> §2º O estudo técnico mencionado no §1º *deverá conter, no mínimo,* os seguintes elementos:
> I – caracterização da situação ambiental da área a ser regularizada;
> II – especificação dos sistemas de saneamento básico;
> III – proposição de intervenções para a prevenção e o controle de riscos geotécnicos e de inundações;
> IV – recuperação de áreas degradadas e daquelas não passíveis de regularização;
> V – *comprovação da melhoria das condições de sustentabilidade urbano-ambiental,* considerados o uso adequado dos recursos hídricos, a *não ocupação das áreas de risco e a proteção das unidades de conservação,* quando for o caso;
> VI – *comprovação da melhoria da habitabilidade dos moradores* propiciada pela regularização proposta; e
> VII – garantia de acesso público às praias e aos corpos d'água.
> Art. 65. Na *Reurb-E* dos núcleos urbanos informais *que ocupam Áreas de Preservação Permanente* não identificadas como áreas de risco, a regularização fundiária será admitida *por meio da aprovação do projeto de regularização fundiária,* na forma da lei específica de regularização fundiária urbana.

> (Redação dada pela Lei nº 13.465, de 2017)
> §1º O processo de regularização fundiária de interesse específico deverá incluir *estudo técnico que demonstre a melhoria das condições ambientais* em relação à situação anterior e ser instruído com os seguintes elementos: (Redação dada pela Lei nº 13.465, de 2017)
> I – a caracterização físico-ambiental, social, cultural e econômica da área;
> II – a identificação dos recursos ambientais, dos passivos e fragilidades ambientais e das restrições e potencialidades da área;
> III – a especificação e a avaliação dos sistemas de infraestrutura urbana e de saneamento básico implantados, outros serviços e equipamentos públicos;
> IV – a identificação das unidades de conservação e das áreas de proteção de mananciais na área de influência direta da ocupação, sejam elas águas superficiais ou subterrâneas;
> V – a especificação da ocupação consolidada existente na área;
> VI – a identificação das áreas consideradas de *risco de inundações e de movimentos de massa rochosa,* tais como deslizamento, queda e rolamento de blocos, corrida de lama e outras definidas como de risco geotécnico;
> VII – a *indicação das faixas* ou áreas em que devem ser resguardadas as características *típicas da Área de Preservação Permanente* com a devida *proposta de recuperação* de áreas degradadas e daquelas *não passíveis de regularização*;
> VIII – a avaliação dos riscos ambientais;
> IX – a *comprovação da melhoria das condições de sustentabilidade urbano-ambiental* e de *habitabilidade dos moradores* a partir da regularização; e
> X – a demonstração de garantia de acesso livre e gratuito pela população às praias e aos corpos d'água, quando couber.
> §2º *Para fins da regularização ambiental <u>prevista no caput</u>,* ao longo dos *rios ou de qualquer curso d'água,* será mantida *faixa não edificável com largura mínima de 15 (quinze) metros de cada lado.*
> §3º Em áreas urbanas tombadas como patrimônio histórico e cultural, a faixa não edificável de que trata o §2º poderá ser redefinida de maneira a atender aos parâmetros do ato do tombamento.

Dessa maneira, na regularização de núcleos urbanos informais ocupados por *população não qualificada como de baixa renda (Reurb de interesse específico*), o art. 65, §2º, do Código Florestal prevê a possibilidade de ser definida *faixa não edificável com largura mínima de 15 (quinze) metros*.

De outra banda, nos casos em que o núcleo urbano informal *predominantemente ocupado por população de baixa renda (Reurb de interesse social),* o Código Florestal em seu art. 64 *sequer trouxe limite mínimo de distanciamento das* construções em relação ao curso d'água, tendo em vista que nestes casos impera o princípio da não remoção dos ocupantes.

Contudo, para valer-se da sobredita benesse será *necessário a elaboração de um estudo técnico socioambiental*, nos termos dos arts. 64, §2º, e 65, §1º, ambos do Código Florestal (Lei n. 12.651/2012).

O estudo congrega dados necessários ao diagnóstico e prognóstico dos núcleos, sendo pressuposto procedimental à consecução da regularização fundiária de determinada região.

Nele serão descritas as condições socioambientais existentes *indicando as medidas adequadas à melhoria das condições ambientais, urbanísticas e de habitabilidade*, bem como à *administração, à correção e/ou à eliminação de riscos e, ainda, à recuperação de áreas degradadas* e daquelas insuscetíveis de regularização.

Tal mapeamento é importante para possibilitar a elaboração de planos de contingência e de obras de segurança necessárias à ocupação humana.

Contudo, para a realização da Reurb é mandatório que *exista uma pluralidade de pessoas* interessadas em promover a adequação do núcleo (rua, bairro, zona, etc.). Em outras palavras, a Reurb *não é meio hábil para adequar a situação de um imóvel isoladamente*, porquanto cuida-se de uma regularização em escala.

O que pode ocorrer é que cada ocupante de um determinado núcleo urbano informal possua um tipo de situação a ser corrigida. Assim, certos moradores terão interesse em converter a posse em propriedade, alguns no fornecimento regular de serviços essenciais (luz, água, etc.) e outros buscam a retificação da área não edificável da APP incidente sobre o seu imóvel.

Logo, havendo esse conjunto de questões a serem resolvidas a Reurb torna-se uma solução viável para os moradores que habitam na zona de abrangência da APP urbana.

4.1 Da constitucionalidade, validade e aplicabilidade da regularização fundiária em APP

Como já comentado acima, na fixação do Tema 1010/STJ, não foram discutidas as exceções previstas *no arts. 64 e 65 do Código Ambiental*, que dispõe sobre Regularização Fundiária Rural e Urbana em área de APP, por não terem sido aventadas na discussão de origem, *não aplicando assim a orientação do STJ nesse caso.* Não se desconhece também da existência de 3 Ações de Declaração de Inconstitucionalidade – ADI perante o STF, questionando as alterações legislativas acima, porém nenhuma foi julgada, *assim, as normas previstas no Código Ambiental sobre Regularização Fundiária em APP continuam integralmente válidas.*

4.2 Das exceções ao cumprimento de distância mínima em APP previstas no Código Ambiental

Como já mencionado, o próprio Código Florestal previu a possibilidade de *redução dessa faixa mínima de preservação permanente como meio de regularização fundiária urbana* de interesse social – REURB-S ou de regularização fundiária urbana de interesse específico – REURB-E, nos moldes previstos nos artigos 64 e 65 da Lei nº 12.651/2012 c/c as previsões da Lei Federal nº 13.465/2017).

A redução das áreas de preservação permanente nos casos acima pontuados *justifica-se pela situação consolidada de núcleos urbanos* (não se avalia aqui a situação de imóveis isolados, mas toda um núcleo composto por imóveis edificados e não edificados, já afetados pela alteração paisagística urbana) e *pela evidente perda da função ambiental* das áreas de preservação permanentes já ocupadas naqueles núcleos.

A referida previsão legal busca, portanto, a proteção das áreas de preservação permanente sem desconsiderar, no entanto, a realidade de diversos municípios do País que foram historicamente ocupados às margens dos seus cursos d`água.

Conquanto haja a previsão legal supramencionada, *deve-se considerar ainda as disposições incluídas pela Lei Federal nº 14.285, de 29 de dezembro de 2021,* que, dentre outras alterações, incluiu o parágrafo 10 ao artigo 4º da Lei nº 12.651/2012, *permitindo aos Municípios a definição das faixas de preservação permanente em áreas urbanas consolidadas,* desde que observados os critérios apresentados pelo próprio dispositivo legal.

Portanto, a partir da nova disposição do Código Florestal "Em áreas urbanas consolidadas, ouvidos os conselhos estaduais, municipais ou distrital de meio ambiente, lei municipal ou distrital poderá definir faixas marginais distintas daquelas estabelecidas no inciso I do caput deste artigo" (art. 4º, §10, da Lei Federal nº 12.51/2012).

Com a recente alteração legal do Código Florestal no que tange às disposições das áreas de preservação permanente, por conseguinte, os Municípios foram autorizados a regulamentar esses espaços de acordo com as suas realidades locais, *sem deixar, todavia, de exigir melhorias ambientais* aos proprietários ou possuidores de imóveis localizados em áreas urbanas consolidadas.

Portanto, em conformidade com as novas previsões do Código Florestal, os Municípios poderão adequar as áreas de preservação permanente em áreas urbanas consolidadas (englobando imóveis com construção já erguida ou ociosos) em conformidade com as suas peculiaridades locais, visando sempre a *compatibilização da manutenção do bem ambiental com as peculiaridades urbanísticas e de ocupação histórica de cada localidade.*

Destarte, constata-se que o *Código Florestal atualmente admite dois regimes de flexibilização de áreas de preservação permanente em locais já consolidados,* qual seja, por meio da *regularização fundiária* ou pela *regulamentação municipal diferenciada* dos limites mínimos desses espaçamentos ecológicos.

Consequentemente, conclui-se que a possibilidade de redução dos espaços de proteção das APPs localizadas em áreas urbanas consolidadas, seja no contexto da Reurb ou pela normatização local, *está condicionada à existência de laudo técnico que ateste a ausência de prejuízo ao meio ambiente, bem como a segurança dos que ocupam aquele espaço.*

5 Recomendação administrativa

No caso concreto, orientamos que se aplique ao licenciamento ambiental de lote URBANO e na implantação de loteamento URBANOS, as regras previstas no art. 4º do novo Código Florestal, sobre distância de APP, *salvo* se for área objeto de regularização fundiária URBANA, onde se aplicam os art. 64 e 65 e a Lei Federal 13.465/2017, até a elaboração de legislação de municipal sobre o assunto.

Orientamos também, a seguir o Tema 1010 do STJ, no qual foi decidido que não se aplica o art. 4º, III da Lei de 6.766/1979

(Parcelamento do Solo Urbano), *prevalecendo a distância mínima de APP as previstas no novo Código Florestal.*

Recomendamos, ainda, a elaboração de legislação local adequando as recentes alterações no Código Ambiental e Lei de Parcelamento do Solo, definindo as distâncias mínimas em APP e faixa não-edificável nos termos da Lei nº 14.285 aprovada em dezembro de 2021, sendo essa definição em conjunto, principalmente com os órgãos de Planejamento, Meio Ambiente e Defesa Civil.

Porém, considerando o princípio da vedação do retrocesso ambiental, o princípio da máxima proteção ambiental, os desastres ecológicos e o recente entendimento do STJ, a maioria da Doutrina e este Procurador, entende que a distância mínima aceitável são as existentes nos normativos citados acima, *devendo interpretar as recentes alterações como a possibilidade de se ampliar essa proteção.*

6 Efeitos da decisão administrativa

Devido à possível vinculação administrativa da decisão e do efeito multiplicador do assunto, tanto administrativamente como judicialmente, solicitamos que seja dada ciência deste Parecer ao Chefe do Executivo, para verificar a conveniência e oportunidade da elaboração de legislações local.

Assim como, aos órgãos de Planejamento, Meio Ambiente e Defesa Civil, para conhecimento e aplicação, bem como colaborar com a elaboração da legislação local, se assim o Executivo entender.

III – Conclusão

Assim, ante o exposto, *respondemos conclusivamente* a consulta feita:

a. Aplica-se a distância de 30 a 500m prevista na Lei nº 12.651/2012 aos loteamentos urbanos e APP em área urbana, até elaboração de legislação local;
b. O Tema 1010 do STJ é vinculante a todo judiciário nacional;

Em complemento para casos futuros:

c. Licenciamentos ambientais novos se aplica o art. 4º da lei nº 12.651/2012, até elaboração de legislação local;

d. Loteamentos urbanos novos se aplica o art. 4º da lei nº 12.651/2012, até elaboração de legislação local;
e. Imóveis URBANOS irregulares (sem distanciamento mínimo de 30m de APP previsto no "antigo" e "novo" Código Florestal) se aplicam os art. 64 e 65 e a Lei Federal 13.465/2017, bem como legislação de municipal sobre o assunto;
f. Por fim, recomendamos a elaboração de legislação local sobre o assunto.

À consideração superior.
É como nos manifestamos, smj.
local, 14 de dezembro de 2022.

Procurador Municipal
OAB nº

O RECONHECIMENTO DO NOME SOCIAL DE PESSOAS TRAVESTIS E TRANSEXUAIS NA ADMINISTRAÇÃO PÚBLICA: IMPLICAÇÕES JURÍDICAS E TRIBUTÁRIAS

GUSTAVO MACHADO TAVARES

PARECER Nº 0166/2017
PROCESSO ADMINISTRATIVO Nº 2017.02.001327
INTERESSADO: Procuradoria da Fazenda Municipal
ÓRGÃO DE ORIGEM: Procuradoria da Fazenda Municipal
ASSUNTO: Consultivo Tributário

EMENTA: Parecer sobre a aplicação do Decreto Municipal nº 30.306/2017, que dispõe sobre o reconhecimento e inclusão do uso do nome social de pessoas travestis e transexuais na Administração Pública Municipal Direta e Indireta. Análise das providências tributárias a serem tomadas e dos impactos jurídicos na emissão de documentos oficiais e procedimentos administrativos, à luz do princípio da dignidade da pessoa humana e do respeito aos direitos fundamentais.

1 Do relatório

Trata-se de consulta formulada pelo Procurador-Chefe desta Procuradoria da Fazenda Municipal sobre providências tributárias a serem tomadas em virtude do reconhecimento e inclusão do uso do nome social de pessoas travestis e transexuais.

Fora anexada à consulta o Decreto nº 30.306 de 17 de fevereiro, publicado no Diário Oficial do Município do Recife no dia 18 de fevereiro de 2017.

Segue, pois, o referido decreto:

> *Art. 1º* Os órgãos e entidades da Administração Pública Municipal Direta e Indireta devem aceitar, incluir e usar o nome social das pessoas travestis e transexuais, servidores/as e/ou usuários/as, em todos os atos, procedimentos e registros municipais, relativos aos serviços públicos sob

sua responsabilidade, como fichas de cadastro, formulários, prontuários e outros documentos congêneres.

§1º Entende-se por nome social aquele pelo qual travestis e transexuais se reconhecem, bem como são identificados por sua comunidade e em seu meio social.

§2º A anotação do nome social das pessoas travestis e transexuais deverá ser registrada por escrito, prioritariamente, quando necessário, acompanhado do respectivo nome civil, entre parênteses.

§3º Os servidores públicos deverão tratar a pessoa pelo prenome social indicado.

§4º O prenome anotado no registro civil deve ser utilizado para os atos que ensejarão a emissão de documentos oficiais, acompanhado do prenome escolhido.

§5º Os documentos obrigatórios de identificação e de registro civil serão emitidos nos termos da legislação própria.

Art. 2º As pessoas travestis e transexuais deverão manifestar, por escrito, seu interesse na inclusão do nome social, mediante o preenchimento e assinatura de requerimento próprio, conforme modelo constante do Anexo l deste decreto.

§1º As pessoas travestis e transexuais poderão manifestar, verbalmente, seu interesse na inclusão do nome social, em situações sociais que dispensem a formalidade escrita.

§2º No caso de pessoa analfabeta, o servidor ou empregado público municipal que estiver realizando o atendimento certificará o fato, na presença de 2 (duas) testemunhas, mediante declaração, cujo modelo consta do Anexo ll deste decreto.

Art. 3º Os órgãos da Administração direta e as entidades da Administração indireta capacitarão seus servidores e adequarão seus sistemas de cadastro para o cumprimento deste decreto.

Art. 4º Caberá à Secretaria de Desenvolvimento Social, Juventude, Políticas sobre Drogas e Direitos Humanos, por meio da Gerência de Livre Orientação Sexual, promover ampla divulgação deste decreto para esclarecimento sobre direitos e deveres nele assegurados.

Art. 5º Este Decreto entra em vigor na data de sua publicação.

Eis, em suma, o que importa relatar. Passa-se à fundamentação.

2 Da fundamentação

Inicialmente, é imprescindível fixar duas premissas.

A primeira é a de que a análise da questão está restrita aos termos do Decreto nº 30.306/2017, especialmente às providências tributárias a serem implementadas em virtude do reconhecimento e inclusão do uso do nome social de pessoas travestis e transexuais no âmbito da Administração Pública Municipal. Nesse sentido, não cabe a este procurador fazer exame do mérito da política pública veiculada e normatizada no documento legal, realizando juízo de valor.

Com efeito, em se tratando de políticas públicas, a quem foi legitimamente eleito para tanto compete as escolhas, a partir de plataforma e projetos políticos sufragados pelo voto popular.

A segunda é que não compete ao subscritor deste parecer, ao examinar o Decreto nº 30.306/2017, ampliar o alcance do referido ato normativo, a ponto de considerar incluídas situações que lá não estejam autorizadas, e nem tampouco reduzir alcance, excluindo circunstâncias expressamente previstas.

Desse modo, tal como se afirmou anteriormente, limitar-se-á ao objeto da consulta formulada pela Chefia desta Procuradoria da Fazenda Municipal – providências tributárias a serem tomadas em virtude do reconhecimento e inclusão do uso do nome social de pessoas travestis e transexuais.

A despeito das considerações acima, não significa dizer que não se deve fazer um exame da juridicidade do Decreto nº 30.306/2017, na medida em que o ato normativo é vinculante para os órgãos públicos municipais e, por via de consequência, os seus contornos definirão a atuação e a efetivação, no plano da legalidade, dos atos administrativos correspondentes.

Dito isso, torna-se essencial analisar a juridicidade do Decreto nº 30.306/2017.

Vive-se atualmente um período de mudanças, de alteração de paradigmas[1] que demanda o engajamento de uma nova ética humanística, preocupada com a reeducação pessoal, ensejando, assim, a necessidade de transformações pautadas na ética da pluralidade.[2] Este paradigma imprime às ciências a necessidade

[1] Entendido como "aquilo que os membros de uma comunidade partilham e, inversamente, uma comunidade científica consiste em homens que partilham um paradigma". KUHN, Thomas S. *A estrutura das revoluções científicas*. São Paulo: editora perspectiva, 2000, p. 209

[2] BOAVENTURA, Sousa Santos de. *Um discurso sobre as ciências*. Porto: edições afrontamento, 1987, p. 27.

fática e inarredável da superação do paradigma moderno, pautado no controle, na dominação e na exaltação da doutrina individualista, cujos maiores reflexos são encontrados, ontem, nas duas Guerras Mundiais.[3] hoje, nas tragédias climáticas e ambientais.

Nesse contexto, o Direito não está aquém desses movimentos conceituais. Ao contrário, como regulador da vida social, vem adaptando-se a esta nova ética, de modo que as mudanças são operadas no sentido de afastar o positivismo formal e verticalizado de outrora para agregar uma axiologia preocupada com a pessoa humana, posta acima e no centro de todo o sistema jurídico.

Assim, é que, na atualidade, fala-se em força normativa dos princípios, jurisdição constitucional, sociedade aberta dos intérpretes da Constituição, dignidade da pessoa humana, dentre outros, enfim, no Constitucionalismo Contemporâneo.[4]

No caso sob comento, importante analisar o princípio da dignidade da pessoa humana.

A Constituição Federal de 1998 estabeleceu, em seu artigo 1º, que a República Federativa do Brasil se constitui em um Estado Democrático de Direito, tendo como fundamentos, dentre outros, a dignidade da pessoa humana.[5]

Por sua vez, a título apenas de ilustração, tem-se no preâmbulo da Declaração de Universal dos Direitos Humanos de 1948 que "(...)o reconhecimento da dignidade inerente a todos os membros da família humana e de seus direitos iguais e inalienáveis é o fundamento da liberdade, da justiça e da paz no mundo".[6]

---

3 BAUMAN, Zygmunt. *Modernidade e ambivalência*. Rio de Janeiro: Zahar, 1999, p. 45.

4 BARROSO, Luís Roberto. *Curso de direito constitucional contemporâneo*. 2 ed. São Paulo: Saraiva, 2010.

5 À míngua de um conceito do princípio da dignidade da pessoa humana, valemo-nos das palavras de Ingo Wolfgang Sarlet: (...) temos por dignidade da pessoa humana a qualidade intrínseca e distintiva reconhecida em cada ser humano que o faz merecedor do mesmo respeito e consideração por parte do Estado e da comunidade, implicando, neste sentido, um complexo de direitos e deveres fundamentais que assegurem a pessoa tanto contra todo e qualquer ato de cunho degradante e desumano, como venham a lhe garantir as condições existenciais mínimas para uma vida saudável, além de propiciar e promover sua participação ativa e co-responsável nos destinos da própria existência e da vida em comunhão com os demais seres humanos (SARLET, Ingo Wolfgang. *Dignidade da pessoa humana e direitos fundamentais na constituição federal de 1988*. 5. ed. Porto Alegre: Livraria do Advogado, 2007, p. 62).

6 ONU. Declaração Universal dos Direitos Humanos. Disponível em http://unicrio.org.br/img/DeclU_D_HumanosVersoInternet.pdf. Acesso em: 06 fev. 2012

Assim, observa-se que o Estado brasileiro, tendo como fundamento maior o princípio da dignidade da pessoa humana, se solidifica e se ergue sob o prisma dos direitos fundamentais, e não mais o reverso, em que os direitos se erguiam sob o ângulo do Estado. Sobre este assunto, Flávia Piovesan é enfática:

> Note-se que as Constituições anteriores primeiramente tratavam do Estado, para, somente então, disciplinarem os direitos. Ademais, eram petrificados temas afetos ao Estado e não aos direitos, destacando-se, por exemplo, a Constituição de 1967, ao consagrar como cláusulas pétreas a Federação e a República. A nova topografia constitucional inaugurada pela Carta de 1988 reflete a mudança paradigmática de lente *ex parte principe* para a *lente ex parte populi*. Isto é, de um Direito inspirado pela ótica do Estado, radicado nos deveres dos súditos, transita-se a um Direito inspirado pela ótica da cidadania, radicado nos direitos. A Constituição de 1988 assume como ponto de partida a gramática dos direitos, que condicionam o constitucionalismo por ela invocado. Assim, é sob a perspectiva dos direitos que se afirma o Estado e não sob a perspectiva do Estado que se afirmam os direitos.[7]

Trata-se, sem sombras de dúvidas, de uma mudança de paradigma, apontando para o que ressalta Eduardo Ramalho Rabenhorst: "Se existe algum fundamento último para a democracia, ele não pode ser outra coisa senão o próprio reconhecimento da dignidade humana".[8]

E, nesse passo, ao Estado brasileiro não basta assegurar a igualdade meramente formal dos indivíduos (Estado de Direito), mas, por tudo e sobretudo, a igualdade substancial (*due process of law* em seu sentido material), tendo como elementos fundamentais a cidadania e dignidade da pessoa humana.

Nessa toada, tem-se o entendimento de Gustavo Ferreira Santos:

> Apesar do papel que desempenha o princípio da maioria em um Estado Democrático, uma comunidade política na qual as decisões são em quaisquer situações consideradas válidas, é possível que se apresente

---

[7] PIOVESAN, Flávia. Direitos humanos e o direito constitucional internacional. 12. ed. São Paulo: Saraiva, 2011, p. 85.

[8] RABENHORST, Eduardo Ramalho. *Dignidade humana e moralidade democrática*. Brasília: Brasília Jurídica, 2001, p. 48.

como um Estado não democrático. Para o constitucionalismo atual, mais do que um critério formal, que absolutiza a decisão da maioria, a democracia revela uma feição material, garantidora, dentre outras coisas, de um espaço protegido à atuação da minoria.[9]

Denota-se, portanto, o entrelaçamento entre a dignidade humana e os direitos fundamentais, sendo a dignidade o núcleo duro, a pedra de toque sobre a qual se erguem os direitos e garantias individuais, que no dizer de Gustavo Binenbojm: "O ponto de partida da Constituição brasileira de 1988 é, todavia, a proteção da dignidade humana, em torno da qual erige o edifício normativo dos direitos fundamentais".[10]

Fincadas essas premissas e a partir dessa perspectiva é que a questão há de ser analisada.

O que se tem na espécie: o reconhecimento do direito das pessoas trasvestis e transexuais usarem os seus respectivos nomes sociais perante os órgãos e entidades da Administração Pública Municipal Direta e Indireta, nos moldes expressados no Decreto Municipal nº 30.306/17.

Indaga-se: qual a relação entre a previsão do uso do nome social e o princípio da dignidade da pessoa humana? Sem sombra de dúvida, essa relação é umbilical.

O nome civil da pessoa natural, segundo lecionam os civilistas, integra os direitos da personalidade, na medida em que identifica e individualiza a pessoa nos seus círculos familiares, na comunidade local e na sociedade.

Maria Helena Diniz escreve que "O nome integra a personalidade por ser o sinal exterior pelo qual se designa, se individualiza e se reconhece a pessoa no seio da família e da sociedade; daí ser inalienável, imprescritível e protegido juridicamente (CC arts. 16, 17, 18 e 19)".[11]

---

[9] SANTOS, Gustavo Ferreira. *Neoconstitucionalismo, poder judiciário e direitos fundamentais.* Curitiba: Juruá Editora, 2011, p. 44/45.

[10] BINENBOJM, Gustavo. Da supremacia do interesse público ao dever de proporcionalidade: um novo paradigma para o direito administrativo. *In*: SARMENTO, Daniel (coord.). *Interesses públicos versus interesses privados: desconstruindo o princípio de supremacia do interesse público.* Rio de Janeiro: Lumen Juris, 2010, p. 162.

[11] DINIZ, Maria Helena. *Curso de direito civil brasileiro,* 1º volume: teoria geral do direito civil. 24. ed. São Paulo: Saraiva, 2007, p. 200.

Pablo Stolze Gagliano e Rodolfo Pamplona Filho afirmam: "O nome da pessoa natural é o sinal exterior mais visível de sua individualidade, sendo através dele que a identificamos no seu âmbito familiar e no meio social".[12]

Muito embora esse sinal exterior de identificação do nome à pessoa seja o mais visível e palatável, isso não implica dizer que o nome apenas, e tão-somente, se reduz a isso. Antes e para além dessa identificação social, o nome também possui, em igual ou maior medida, um aspecto psíquico. Com efeito, o nome faz com o que a pessoa se reconheça, identifique-se e se afirme como ser humano em uma relação para consigo mesma.

Em outras palavras, é com o nome civil que o ser humano se relaciona com a família, com a sociedade e com o Estado, estabelecendo vínculos e relações sócio-jurídicas. Mas, antes de tudo, é com o nome civil que a pessoa se identifica enquanto gênero.

Ora, se o nome civil integra os direitos da personalidade e se os "direitos da personalidade são os direitos não patrimoniais inerentes à pessoa, compreendidos no núcleo essencial de sua dignidade",[13] infere-se que o nome civil instrumentaliza no mundo dos fatos aquilo que está previsto no plano das ideias constitucionais, vale dizer, efetiva concretamente o já citado princípio da dignidade da pessoa humana.

Assim, a pertinência e a relação do nome civil são tão intrínsecas e intensas com o princípio da dignidade humana que o princípio da inalterabilidade do nome não é absoluto. Admite-se, de forma excepcional, a mudança do nome quando, por exemplo, expuser o portador ao ridículo, ou ainda, houver apelido público notório, dentre outras situações já reconhecidas pelo ordenamento jurídico pátrio.

Nesse contexto, se já se permite a mudança do nome civil quando o mesmo é capaz de expor o portador ao ridículo, o que dizer do nome civil de uma pessoa trasvesti ou transexual que possui uma identidade de gênero distinta do sexo biológico?

---

[12] GAGLIANO, Pablo Stolze; PAMPLONA FILHO, Rodolfo. *Novo curso de direito civil,* 1º volume: parte geral. 13. ed. São Paulo: Saraiva, 2011, p. 155.

[13] LÔBO, Paulo. *Direito civil:* parte geral. 2. ed. São Paulo: Saraiva, 2010, p. 140.

O constrangimento e a situação vexatória das pessoas ao se depararem com situações em que necessitem usar o nome civil são latentes e flagrantes, além de causar dor e sofrimento. Não por acaso, os transexuais e travestis se valem do uso do nome social, numa clara e evidente demonstração que o nome civil, no particular, não mais atende à sua finalidade, seja na individualização e no reconhecimento em suas relações sociais (plano de identificação social), seja em suas identidades de gênero (plano psíquico).

O uso do nome social por pessoas travestis e transexuais, além de as identificarem nas suas relações familiares e com a sociedade, possibilita que essas pessoas se afirmem, reconheçam-se e se identifiquem como ser humano em sua inteireza consigo própria.

O uso do nome social por transexuais e travestis realiza e melhor atende ao sinal exterior de identificação de suas individualidades junto à sociedade e ao Estado, bem assim, por tudo e sobretudo, concretiza as suas identidades de gênero.

O reconhecimento e inclusão do nome social significa reforçar a prevalência da realidade psicológica sobre a realidade biológica, de modo a ensejar que as pessoas travestis e transexuais encontrem no direito a devida tutela dos seus projetos existenciais de vida, as suas verdadeiras identidades.

O Superior Tribunal de Justiça já teve oportunidade de se manifestar sobre a mudança de nome civil:

> Direito civil. Recurso especial. Transexual submetido à cirurgia de redesignação sexual. Alteração do prenome e designativo de sexo. Princípio da dignidade da pessoa humana.
> – Sob a perspectiva dos princípios da Bioética e de beneficência, autonomia e justiça, a dignidade da pessoa humana deve ser resguardada, em um âmbito de tolerância, para que a mitigação do sofrimento humano possa ser o sustentáculo de decisões judiciais, no sentido de salvaguardar o bem supremo e foco principal do Direito: o ser humano em sua integridade física, psicológica, socioambiental e ético-espiritual.
> – A afirmação da identidade sexual, compreendida pela identidade humana, encerra a realização da dignidade, no que tange à possibilidade de expressar todos os atributos e características do gênero imanente a cada pessoa. Para o transexual, ter uma vida digna importa em ver reconhecida a sua identidade sexual, sob a ótica psicossocial, a refletir a verdade real por ele vivenciada e que se reflete na sociedade.

– A falta de fôlego do Direito em acompanhar o fato social exige, pois, a invocação dos princípios que funcionam como fontes de oxigenação do ordenamento jurídico, marcadamente a dignidade da pessoa humanal cláusula geral que permite a tutela integral e unitária da pessoa, na solução das questões de interesse existencial humano.
– Em última análise, afirmar a dignidade humana significa para cada um manifestar sua verdadeira identidade, o que inclui o reconhecimento da real identidade sexual, em respeito à pessoa humana como valor absoluto.
– Somos todos filhos agraciados da liberdade do ser, tendo em perspectiva a transformação estrutural por que passa a família, que hoje apresenta molde eudemonista, cujo alvo é a promoção de cada um de seus componentes, em especial da prole, com o insigne propósito instrumental de torná-los aptos de realizar os atributos de sua personalidade e afirmar a sua dignidade como pessoa humana.
– A situação fática experimentada pelo recorrente tem origem em idêntica problemática pela qual passam os transexuais em sua maioria: um ser humano aprisionado à anatomia de homem, com o sexo psicossocial feminino, que, após ser submetido à cirurgia de redesignação sexual, com a adequação dos genitais à imagem que tem de si e perante a sociedade, encontra obstáculos na vida civil, porque sua aparência morfológica não condiz com o registro de nascimento, quanto ao nome e designativo de sexo.
– Conservar o sexo masculino no assento de nascimento do recorrente, em favor da realidade biológica e em detrimento das realidades psicológica e social, bem como morfológica, pois a aparência do transexual redesignado, em tudo se assemelha ao sexo feminino, equivaleria a manter o recorrente em estado de anomalia, deixando de reconhecer seu direito de viver dignamente.
– Assim, tendo o recorrente se submetido à cirurgia de redesignação sexual, nos termos do acórdão recorrido, existindo, portanto, motivo apto a ensejar a alteração para a mudança de sexo no registro civil, e a fim de que os assentos sejam capazes de cumprir sua verdadeira função, qual seja, a de dar publicidade aos fatos relevantes da vida social do indivíduo, forçosa se mostra a admissibilidade da pretensão do recorrente, devendo ser alterado seu assento de nascimento a fim de que nele conste o sexo feminino, pelo qual é socialmente reconhecido.
– Vetar a alteração do prenome do transexual redesignado corresponderia a mantê-lo em uma insustentável posição de angústia, incerteza e conflitos, que inegavelmente atinge a dignidade da pessoa humana assegurada pela Constituição Federal. No caso, a possibilidade de uma vida digna para o recorrente depende da alteração solicitada. E, tendo em vista que o autor vem utilizando o prenome feminino constante da inicial, para se identificar, razoável a sua adoção no assento de nascimento, seguido do sobrenome familiar, conforme dispõe o art. 58 da Lei nº 6.015/73.

> – Deve, pois, ser facilitada a alteração do estado sexual, de quem já enfrentou tantas dificuldades ao longo da vida, vencendo-se a barreira do preconceito e da intolerância. O Direito não pode fechar os olhos para a realidade social estabelecida, notadamente no que concerne à identidade sexual, cuja realização afeta o mais íntimo aspecto da vida privada da pessoa. E a alteração do designativo de sexo, no registro civil, bem como do prenome do operado, é tão importante quanto a adequação cirúrgica, porquanto é desta um desdobramento, uma decorrência lógica que o Direito deve assegurar.
> – Assegurar ao transexual o exercício pleno de sua verdadeira identidade sexual consolida, sobretudo, o princípio constitucional da dignidade da pessoa humana, cuja tutela consiste em promover o desenvolvimento do ser humano sob todos os aspectos, garantindo que ele não seja desrespeitado tampouco violentado em sua integridade psicofísica. Poderá, dessa forma, o redesignado exercer, em amplitude, seus direitos civis, sem restrições de cunho discriminatório ou de intolerância, alçando sua autonomia privada em patamar de igualdade para com os demais integrantes da vida civil. A liberdade se refletirá na seara doméstica, profissional e social do recorrente, que terá, após longos anos de sofrimentos, constrangimentos, frustrações e dissabores, enfim, uma vida plena e digna.
> – De posicionamentos herméticos, no sentido de não se tolerar imperfeições como a esterilidade ou uma genitália que não se conforma exatamente com os referenciais científicos, e, consequentemente, negar a pretensão do transexual de ter alterado o designativo de sexo e nome, subjaz o perigo de estímulo a uma nova prática de eugenia social, objeto de combate da Bioética, que deve ser igualmente combatida pelo Direito, não se olvidando os horrores provocados pelo holocausto no século passado. Recurso especial provido.[14]

Paulo Lôbo sublinha que "os tribunais brasileiros têm reconhecido a procedência do pedido de alteração do registro civil, com intuito de mudança do prenome e do sexo, para adaptar estes à realidade psíquica, ainda que não tenha havido a operação cirúrgica"[15]:

> APELAÇÃO CÍVEL. RETIFICAÇÃO DO REGISTRO CIVIL. TRANSEXUALISMO. ALTERAÇÃO DO GÊNERO. AUSÊNCIA DE CIRURGIA DE REDESIGNAÇÃO SEXUAL OU TRANSGENITALIZAÇÃO. POSSIBILIDADE.
> O sexo é físico-biológico, caracterizado pela presença de aparelho genital e outras características que diferenciam os seres humanos entre machos e

---

[14] SUPERIOR TRIBUNAL DE JUSTIÇA. *REsp* 1008398/SP, Rel. Ministra NANCY ANDRIGHI, TERCEIRA TURMA, julgado em 15/10/2009, DJe 18.11.2009.

[15] LÔBO, Paulo. *Direito civil*: parte geral. 2. ed. São Paulo: Saraiva, 2010, p. 164.

> fêmeas, além da presença do código genético que, igualmente, determina a constituição do sexo – cromossomas XX e XY. O gênero, por sua vez, refere-se ao aspecto psicossocial, ou seja, como o indivíduo se sente e se comporta frente aos padrões estabelecidos como femininos e masculinos a partir do substrato físico-biológico. É um modo de organização de modelos que são transmitidos tendo em vista as estruturas sociais e as relações que se estabelecem entre os sexos. Considerando que o gênero prepondera sobre o sexo, identificando-se o indivíduo transexual com o gênero oposto ao seu sexo biológico e cromossômico, impõe-se a retificação do registro civil, independentemente da realização de cirurgia de redesignação sexual ou transgenitalização, porquanto deve espelhar a forma como o indivíduo se vê, se comporta e é visto socialmente. APELAÇÃO PROVIDA, POR MAIORIA.[16]
>
> CONSTITUCIONAL. REGISTRO CIVIL DE NASCIMENTO. ALTERAÇÃO. DESIGNATIVO. SEXO. TRANSEXUAL. NÃO SUBMETIDO À CIRURGIA DE REDESIGNAÇÃO SEXUAL. DIGNIDADE. PESSOA. HUMANA
>
> 1.Os direitos e garantias fundamentais são desdobramentos imediatos dos princípios fundamentais, previstos na Magna Carta. O art. 5º, X, da Constituição Federal elenca os direitos que compõem a integridade moral que deve ser respeitada assim como as demais características da pessoa.
>
> 2. O reconhecimento judicial do direito dos transexuais à alteração de seu prenome e da designação sexual constante de seus assentos de registro civil, conforme o sentimento/entendimento que possuem de si mesmos, ainda que não tenham se submetido à cirurgia de transgenitalização, é um meio de garantir o cumprimento e a efetividade do princípio da dignidade da pessoa humana, da intimidade, da personalidade e da cidadania, além de ser uma forma de integrá-lo à sociedade.
>
> 3. Conclui-se com facilidade que os elementos identificadores do sexo não podem ser limitados à conformação da genitália do indivíduo ou ao sexo eminentemente biológico, pois outros fatores devem ser considerados, como: o psicológico, cultural e social, para a correta caracterização sexual. 4. Recurso conhecido e provido.[17]

Nesse contexto, o reconhecimento e inclusão do uso do nome social de pessoas travestis e transexuais perante a Administração Pública Municipal, antecipando um direito a ser implementado

---

16 TRIBUNAL DE JUSTIÇA DO RIO GRANDE DO SUL. *Apelação Cível Nº 70061053880*, Sétima Câmara Cível, Tribunal de Justiça do RS, Relator: Sandra Brisolara Medeiros, Julgado em 24.06.2015

17 TRIBUNAL DE JUSTIÇA DO DF. *Apelação Cível nº 20130710313876*, 5ª Turma Cível, Tribunal de Justiça do DF, Relator: Maria de Lourdes Abreu, DJE: 25.09.2015

quando da alteração do nome no registro civil, por ocasião de processos judiciais, atende ao princípio da dignidade humana e o concretiza. Princípio esse, segundo visto, que é o núcleo duro dos direitos e garantias individuais previstos na Constituição Federal.

Assim, traçadas essas premissas, urgente examinar as providências tributárias a serem tomadas em virtude do reconhecimento e inclusão do uso do nome social de pessoas travestis e transexuais.

Em um primeiro momento, poder-se-ia pensar que o uso do nome social por travestis e transexuais afetaria a higidez do crédito tributário, seja em seara do processo administrativo, seja em sede de execução fiscal.

Isso porque, o nome civil, por estar registrado no cartório das pessoas naturais, está atrelado ao nome constante no cadastro das pessoas físicas da Receita Federal (CPF), ao nome cadastrado na Justiça Eleitoral, ao nome dos sócios cadastrados na Junta Comercial, ao nome constante no Cartório de Registro de Imóveis, ao nome cadastrado na Polícia Federal para fins de emissão de passaporte, dentre tantos outros.

Em sendo assim, o uso do nome social poderia embaraçar a identificação das pessoas travestis e transexuais junto aos citados cadastros.

Esse questionamento não nos parece de todo irrazoável, eis porque quando do lançamento do crédito tributário, nos termos do artigo 142 do Código Tributário Nacional, a autoridade administrativa deve identificar o sujeito passivo.

Maria Ferragut afirma que sujeito passivo da obrigação tributária:

> é a pessoa física ou jurídica, privada ou pública, detentora de personalidade, e de quem juridicamente exige-se o cumprimento da prestação. Consta, obrigatoriamente, do polo passivo de uma relação jurídica, única forma que o direito reconhece para obrigar alguém a cumprir determinada conduta.[18]

Deste modo, por ocasião da inscrição em dívida ativa, no contexto do processo administrativo tributário, o termo de inscrição

[18] FERRAGUT, Maria Rita. *Responsabilidade tributária e o código civil de 2002*. 3. ed. São Paulo: Editora Noeses, 2013, p. 33.

deve, de forma compulsória, indicar o sujeito passivo da obrigação tributária, conforme disciplinado também nos artigos 2º, da Lei nº 6.830/80 c/c artigo 202, do Código Tributário Nacional.

E não só, a Lei nº 6.830/80, em seu artigo 4º, preconiza que a execução fiscal deve ser promovida em face do sujeito passivo, seja contribuinte, seja responsável tributário.

Contudo, saliente-se, porque obrigatório, que essa dúvida é apenas aparente. Com efeito, o próprio Decreto Municipal nº 30.306/2017, atento a isso, já aponta o devido equacionamento, determinando como os atos administrativos deverão ser praticados, senão vejamos.

O §2º, do artigo 1º, estabelece que "a anotação do nome social das pessoas travestis e transexuais ***deverá ser*** registrada por escrito, prioritariamente, quando necessário, acompanhado do respectivo nome civil, entre parênteses".

Por sua vez, o artigo 2º preconiza que "As pessoas travestis e transexuais ***deverão manifestar***, por escrito, seu interesse na inclusão do nome social, mediante o preenchimento e assinatura de requerimento próprio, conforme modelo constante do Anexo I deste decreto".

Ainda sobre essa questão, tem-se o §4º, do artigo 1º, disciplina que "O prenome anotado no registro civil ***deve ser utilizado*** para os atos que ensejarão a emissão de documentos oficiais, acompanhado do prenome escolhido".

Ora, todo esse regramento implica dizer que a inclusão e o uso do nome social pelas pessoas travestis e transexuais serão realizados a partir de requerimento assinado pelos próprios requerentes, em modelo padronizado já disponibilizado como anexo do dito decreto municipal, requerimento esse que, por certo, deverá ser arquivado junto aos devidos cadastros desta municipalidade.

E mais, o citado dispositivo 1º, §4º, determina que o prenome civil deve continuar a ser utilizado para os atos administrativos que ensejarão a emissão de documentos oficiais da Administração Pública Municipal, acompanhado do prenome social escolhido pelas pessoas travestis e transexuais.

Isso significa dizer que os atos de lançamento, as notificações, as inscrições em dívida ativa, os ajuizamentos de execuções fiscais deverão ser efetuados utilizando o prenome civil da pessoa acompanhado do prenome social, de modo que a higidez do crédito tributário não será afetada.

Em nosso sentir, nos moldes delineados no Decreto Municipal nº 30.306/2017, não há que se cogitar de risco para a garantia do crédito tributário.

E ainda por força da argumentação, frise-se que a invocação do entendimento sumulado nº 392[19] do Superior Tribunal de Justiça não nos parece que seja um obstáculo à adoção do prenome civil acompanhado do prenome social, e isso por dois motivos:

(i) primeiro, porque o Decreto 30.306/2017 entrou em vigor na data de sua publicação (artigo 5º), vale dizer, 18 de fevereiro de 2017 – data de publicação no Diário Oficial do Município do Recife.

Em sendo assim, infere-se que os atos administrativos até então editados não são alcançados pelos comandos normativos do citado decreto municipal, de sorte que os lançamentos, as notificações, as inscrições em dívida ativa, os ajuizamentos de execuções fiscais, dentre outros, efetuados utilizando apenas os prenomes civis das pessoas travestis e transexuais não precisam ser substituídos.

Isso é decorrência não apenas do disposto no aludido artigo 5º, mas também em razão da ausência, por óbvio, do requerimento de que trata o artigo 2º.

E, ainda, trata-se de um consectário lógico da irretroatividade da lei, tal como dispõe o artigo 6º, do Decreto-Lei nº.4.657, de 4 de setembro de 1942 –Lei de Introdução às Normas do Direito Brasileiro,[20] bem como do artigo 5º, inciso XXXVI, da Constituição Federal,[21] princípio esse que alcança, evidentemente, os atos infralegais.

(ii) segundo, porque mesmo que se cogitasse, por mera ilação, que os atos administrativos já efetivados tivessem que ser substituídos e alterados, ainda assim a súmula supracitada não se aplicaria à presente situação.

---

19 A Fazenda Pública pode substituir a certidão de dívida ativa (CDA) até a prolação da sentença de embargos, quando se tratar de correção de erro material ou formal, vedada a modificação do sujeito passivo da execução".

20 Art. 6º A Lei em vigor terá efeito imediato e geral, respeitados o ato jurídico perfeito, o direito adquirido e a coisa julgada.

21 Art. 5º XXXVI – a lei não prejudicará o direito adquirido, o ato jurídico perfeito e a coisa julgada.

A referida súmula indica: "A Fazenda Pública pode substituir a certidão de dívida ativa (CDA) até a prolação da sentença de embargos, quando se tratar de correção de erro material ou formal, vedada a modificação do sujeito passivo da execução".

Do exame do enunciado, constata-se que, embora a substituição da certidão de dívida ativa possa ocorrer até a prolação da sentença, é vedado adotar tal procedimento quando a alteração no título implicar mudança de sujeito passivo.

O entendimento expressado na súmula 392 é claro. É vedada a substituição da CDA para a correção do lançamento no que tange ao sujeito passivo. Isso porque, no momento do lançamento, o fisco tem o dever de identificar perfeitamente o contribuinte, comunicá-lo da constituição do crédito tributário, oportunizando, pois, a ampla defesa administrativa e o contraditório.[22]

Não se permite, portanto, a substituição da certidão de dívida ativa para fins de corrigir eventual erro na identificação do sujeito passivo. Contudo, isso não se confunde com adoção, posteriormente, do prenome social acompanhando o prenome civil. O primeiro ocorre quando o fisco se equivoca na identificação do contribuinte e constitui o crédito tributário contra quem não ocupa o polo passivo da obrigação tributária, isto é, contra uma pessoa diversa e não integrante da relação jurídico- tributária.

Nesse caso, a CDA não pode ser simplesmente alterada, pois o próprio lançamento contém um vício congênito. De outro lado, a inclusão e o uso, posteriormente, do prenome civil acompanhado do prenome social por pessoas transexuais e travestis em nada macula ou vicia o lançamento tributário.

Não se trata de lançamento nulo e nem tampouco a certidão de dívida ativa, porque não houve, em absoluto, mudança de sujeito passivo. O sujeito passivo indicado pelo prenome civil é exatamente o mesmo pelo indicado agora, só que acompanhado do prenome social escolhido.

Trata-se, sem sombra de dúvida, do mesmo ser humano. Isso é inquestionável.

---

[22] O procurador do município do Recife Leonardo Avelar da Fonte fez uma acurada abordagem da súmula 392 do STJ em sede de recurso de apelação nos autos execução fiscal nº 060063-66.1999.8.17.0001.

Em sendo assim, não havendo mudança de sujeito passivo da obrigação tributária, tem-se que o lançamento, a CDA e a execução fiscal serão perfeitos, não contendo qualquer erro, seja material seja formal.

Denota-se, portanto, que o enunciado 392 do Superior Tribunal de Justiça não se aplica à situação posta neste parecer.

3 Da conclusão

Nestes precisos termos, considerando a juridicidade do Decreto Municipal nº 30.306/2017, tem-se que é medida de rigor:

(i) que os atos administrativos (lançamentos, notificações, inscrições em dívida ativa, ajuizamentos de execuções fiscais, dentre outros) que ensejarão emissão de documentos oficiais por esta Municipalidade deverão utilizar o prenome civil acompanhado do prenome social escolhido pelas pessoas travestis e transexuais;

(ii) que a inclusão do nome social apenas, e tão-somente, será utilizada se as pessoas transexuais e travestis manifestarem, por escrito, o interesse na respectiva inclusão, através do preenchimento e assinatura de requerimento já disponibilizado como modelo no Anexo I do referido ato normativo (requerimento esse que deverá ser arquivado junto aos devidos cadastros desta Edilidade);

(iii) que os atos administrativos até então editados não são alcançados pelos comandos normativos do citado decreto municipal, na medida em que esse ato infralegal entrou em vigor na data de sua publicação – 18 de fevereiro de 2017, de modo que os lançamentos, as notificações, as inscrições em dívida ativa, os ajuizamentos de execuções fiscais, etc..., efetuados utilizando apenas os prenomes civis das pessoas travestis e transexuais não precisam ser substituídos.

É o parecer. À apreciação superior.

Recife, 07 de abril de 2017.

FORMA DE PAGAMENTO PELA ADMINISTRAÇÃO PÚBLICA DE ACORDOS EXTRAJUDICIAIS A SEREM FIRMADOS PELA PGM NO ÂMBITO DAS CÂMARAS DE PREVENÇÃO E RESOLUÇÃO DE CONFLITOS DA ADMINISTRAÇÃO PÚBLICA MUNICIPAL QUANDO ENVOLVEREM CONTROVÉRSIA JÁ SUBMETIDA AO JUDICIÁRIO

PARECER

MARCELA VILA NOVA DE ALMEIDA BARBOSA

Assunto: consulta sobre a forma de pagamento pela Administração Pública de acordos extrajudiciais a serem firmados pela PGM no âmbito das Câmaras de Prevenção e Resolução de Conflitos da Administração Pública municipal quando envolverem controvérsia já submetida ao Judiciário.

> *EMENTA:* CONSULTA. CONFLITO JUDICIALIZADO. ACORDO ADMINISTRATIVO QUE RESULTE EM OBRIGAÇÃO DE PAGAMENTO PELO ENTE PÚBLICO, NO ÂMBITO DAS CÂMARAS DE PREVENÇÃO E RESOLUÇÃO DE CONFLITOS. POSIÇÕES DIVERGENTES SOBRE A OBRIGATORIEDADE OU NÃO DE OBSERVÂNCIA AO REGIME DOS PRECATÓRIOS (ART. 100, CF/88). CORRENTE INTERMEDIÁRIA: OPÇÃO VIÁVEL PARA A ADMINISTRAÇÃO PÚBLICA. POSSIBILIDADE DE PAGAMENTO ADMINISTRATIVO, SEM SUBMISSÃO AO REGIME DE PRECATÓRIOS,

DESDE QUE A TRANSAÇÃO SEJA ANTERIOR À SENTENÇA, E O CREDOR REQUEIRA A DESISTÊNCIA DA AÇÃO JUDICIAL. SUGESTÃO DE INCLUSÃO DA PROPOSIÇÃO EM DECRETO QUE IRÁ REGULAMENTAR O FUNCIONAMENTO DAS CÂMARAS, JUNTAMENTE COM A PREVISÃO DE CONDIÇÕES OBJETIVAS PARA A CELEBRAÇÃO DO ACORDO. A NORMATIZAÇÃO CONFERE MAIOR SEGURANÇA JURÍDICA E EVITA EVENTUAIS FAVORECIMENTOS DE CREDORES DA FAZENDA PÚBLICA.

Relatório

Trata-se de consulta, formulada pelo procurador-chefe da Procuradoria Judicial, a pedido do Procurador Geral, acerca da seguinte questão: os acordos administrativos a serem firmados pela PGM no âmbito das Câmaras de Prevenção e Resolução de Conflitos da Administração Pública municipal que resultem em obrigação de pagamento pelo Poder Público, quando envolverem controvérsia já judicializada, estão submetidos ao regime constitucional de precatórios?

Essa questão central envolve um questionamento secundário que também deve ser resolvido: se o conflito está judicializado, o acordo sempre deve ser submetido à homologação judicial? Ou é possível estabelecer um marco/fase processual que permitiria o pagamento administrativo do acordo e consequente desistência da ação judicial?

A indagação está relacionada à necessidade de posicionamento da PGM-Município sobre o problema, considerando a recente instalação e funcionamento das Câmaras de Prevenção e Resolução de Conflitos, criadas pela Lei Complementar Municipal nº 320, de 27 de dezembro de 2021, na estrutura administrativa e organizacional da Procuradoria-Geral do Município de Município.

A resposta à consulta tem o objetivo de conferir segurança jurídica aos trabalhos a serem desempenhados pelo novo órgão nos procedimentos de autocomposição.

É o relatório. Passo a opinar.

Fundamentação

1 Breve introdução sobre as principais normas que regem a solução consensual de conflitos pela Administração Pública

A tendência de uma nova cultura que desloca o litígio do Judiciário para a solução consensual é uma realidade que deve ser encarada pelos entes públicos. A fim de acompanhar e regular o tema, a legislação sobre autocomposição surge com grande impacto nos conflitos que envolvem a Administração Pública, maior contendora (*repeat player*) no poder judiciário nacional.

É importante considerar a necessidade de autorização legislativa para a autocomposição realizada pelo ente público, em decorrência do princípio da legalidade a que se submete a Administração (art. 37, *caput*, CF/88), que só pode atuar na medida do que é autorizada por algum texto normativo.

Consolidando a tendência de leis esparsas, o novo Código de Processo Civil de 2015 estabelece no art. 3º, §2º que "*o Estado promoverá, sempre que possível, a solução consensual dos conflitos*", prevendo ainda a criação de Câmaras de Conciliação e Mediação voltadas a conflitos no âmbito administrativo (art. 174).[1]

Nesse contexto, foi editada a Lei Federal nº 13.140/15, que trata da mediação como meio de solução de controvérsias entre particulares e sobre a autocomposição de conflitos no âmbito da Administração Pública a fim de incentivar os meios alternativos de solução de conflitos para a Fazenda Pública. O art. 32 dispõe que:

> Art. 32. *A União, os Estados, o Distrito Federal e os Municípios poderão criar câmaras de prevenção e resolução administrativa de conflitos, no âmbito dos*

---

[1] Art. 174. A União, os Estados, o Distrito Federal e os Municípios criarão câmaras de mediação e conciliação, com atribuições relacionadas à solução consensual de conflitos no âmbito administrativo, tais como:
I – dirimir conflitos envolvendo órgãos e entidades da administração pública;
II – avaliar a admissibilidade dos pedidos de resolução de conflitos, por meio de conciliação, no âmbito da administração pública;
III – promover, quando couber, a celebração de termo de ajustamento de conduta.

> *respectivos órgãos da Advocacia Pública,* onde houver, com competência para:
> I – dirimir conflitos entre órgãos e entidades da administração pública;
> II – avaliar a admissibilidade dos pedidos de resolução de conflitos, por meio de composição, no caso de controvérsia entre particular e pessoa jurídica de direito público;
> III – promover, quando couber, a celebração de termo de ajustamento de conduta.
> §1º O modo de composição e funcionamento das câmaras de que trata o caput será estabelecido em regulamento de cada ente federado.
> §2º A submissão do conflito às câmaras de que trata o caput é facultativa e será cabível apenas nos casos previstos no regulamento do respectivo ente federado.
> §3º Se houver consenso entre as partes, o acordo será reduzido a termo e constituirá título executivo extrajudicial.
> §4º Não se incluem na competência dos órgãos mencionados no caput deste artigo as controvérsias que somente possam ser resolvidas por atos ou concessão de direitos sujeitos a autorização do Poder Legislativo.
> §5º Compreendem-se na competência das câmaras de que trata o caput a prevenção e a resolução de conflitos que envolvam equilíbrio econômico-financeiro de contratos celebrados pela administração com particulares.

A Lei nº 13.655/2018 introduziu vários artigos na Lei de Introdução às Normas de Direito brasileiro (Decreto-Lei nº 4.657/42), dentre eles destaca-se o art. 26:

> Art. 26. Para eliminar irregularidade, incerteza jurídica ou situação contenciosa *na aplicação do direito público,* inclusive no caso de expedição de licença, a autoridade administrativa poderá, após oitiva do órgão jurídico e, quando for o caso, após realização de consulta pública, e presentes razões de relevante interesse geral, celebrar *compromisso* com os interessados, observada a legislação aplicável, o qual só produzirá efeitos a partir de sua publicação oficial.
> §1º O compromisso referido no caput deste artigo:
> I – buscará solução jurídica proporcional, equânime, eficiente e compatível com os interesses gerais;
> II – (VETADO);
> III – não poderá conferir desoneração permanente de dever ou condicionamento de direito reconhecidos por orientação geral;
> IV – deverá prever com clareza as obrigações das partes, o prazo para seu cumprimento e as sanções aplicáveis em caso de descumprimento.

O termo "compromisso" na aplicação do direito público, referido no dispositivo, é uma cláusula geral para a realização de autocomposição pela Administração Pública, concedendo uma maior liberdade negocial para os entes públicos, dentro das exigências previstas nos arts. 10 e 11 do Decreto nº 9.830/2019, que regulamenta o art. 26 da LINDB.

No âmbito do Município de Município, foi editada a Lei Complementar Municipal nº 320, de 27 de dezembro de 2021, que instituiu, na estrutura administrativa e organizacional da Procuradoria-Geral do Município, as Câmaras de Prevenção e Resolução de Conflitos da Administração Pública municipal a fim de regulamentar a supracitada Lei Federal nº 13.140/2015.

Nos termos do art. 7º, II, da LC Municipal nº 320/2021, compete às Câmaras de Prevenção e Resolução de Conflitos "*avaliar a admissibilidade dos pedidos de resolução de conflitos, por meio de composição, no caso de controvérsia entre particular e Município*".

Ressalta-se que a Lei Complementar Municipal nº 315/2021 (Lei Orgânica da PGM-Município) atribui ao Procurador-Geral a competência para realizar procedimentos de autocomposição em nome do Município de Município, somente necessitando de autorização do Prefeito nas hipóteses de reconhecimento do pedido e confissão:

> *Art. 6º* – São atribuições do Procurador-Geral do Município:
> (...)
> IV – desistir, firmar compromisso, Termos de Ajustes e, quando previamente autorizado pelo Prefeito, reconhecer pedido e confessar nas ações de interesse do Município;

Houve um avanço em relação à antiga Lei Orgânica da PGM-Município (Lei Complementar nº 006/92),[2] que estabelecia a necessidade de prévia autorização do Prefeito em qualquer hipótese de acordo.

Quando o conflito a ser dirimido já está judicializado, o grau de autonomia das partes para definir o modo de satisfação da obrigação de pagar devida pelo ente público, em instrumento de

---

[2] Lei Complementar nº 006/92:
Art. 6º – São atribuições do Procurador Geral do Município:
(...)
IV – desistir, firmar compromisso e confessar nas ações de interesse do Município, desde que previamente autorizado pelo Prefeito;

autocomposição, depende da obrigatoriedade de sujeição ou não ao regime de precatórios.

Trata-se de questão espinhosa que merece a devida atenção da Advocacia Pública.

Nesse contexto, há duas situações distintas na consensualidade envolvendo o Poder Público: acordo submetido à homologação judicial e acordo realizado apenas extrajudicialmente.

Essa diferenciação é de suma importância, pois irá motivar diferentes respostas à questão objeto desta consulta, conforme o procedimento de acordo entabulado pela Administração Pública.

Feitas essas considerações introdutórias, passemos à análise das correntes interpretativas sobre o tema ora debatido, citando ainda o posicionamento adotado por algumas Procuradorias Estaduais no âmbito das respectivas Câmaras de Prevenção e Resolução do Conflitos.

2 Acordo homologado judicialmente: submissão ao regime de precatórios

O sistema de pagamento por precatório é prerrogativa processual do Poder Público. Além disso, referido instituto vocaciona-se a garantir que o pagamento de débitos judiciais seja feito mediante a prévia e necessária inserção do valor devido em orçamento, bem como que o seu pagamento respeite os princípios da impessoalidade e da moralidade administrativas.[3] Confira-se julgado do Supremo Tribunal Federal que aborda a finalidade do precatório:

> "A exigência constitucional pertinente à expedição de precatório – com a conseqüente obrigação imposta ao Estado de estrita observância da ordem cronológica de apresentação desse instrumento de requisição judicial de pagamento – tem por *finalidade (a) assegurar a* ***igualdade*** *entre os credores e proclamar a inafastabilidade do dever estatal de solver os débitos judicialmente reconhecidos em decisão transitada em julgado (RTJ*

[3] BARREIROS, Lorena Miranda Santos. *Convenções processuais e poder público*. Orientador: Prof. Dr. Fredie Souza Didier Junior. Tese (doutorado) – Universidade Federal da Bahia, Faculdade de Direito, 2016.

> *108/463), (b) impedir favorecimentos pessoais indevidos* ***[impessoalidade sob a perspectiva da imparcialidade]*** *e (c)* ***frustrar tratamentos discriminatórios****, evitando injustas perseguições ou preterições motivadas por razões destituídas de legitimidade jurídica."*
> (STF, Plenário, Rcl 3220 ED, Rel. Min. Celso de Mello, DLe 14.02.2013)

A condicionante da Carta da República para que os débitos da Fazenda Pública sejam quitados pela sistemática dos precatórios é a existência de "sentença judiciária", nos termos do art. 100, *caput*, da CF/88.[4]

O acordo homologado em juízo é materializado através de sentença, que extingue o processo com resolução do mérito (art. 487, III, b, CPC)[5]. Por conseguinte, os pagamentos devidos pela Fazenda Pública que sejam decorrentes de acordo homologado judicialmente exigem a observância ao regime jurídico dos precatórios.

Nessa linha de entendimento, a jurisprudência do TJ-CE é pacífica no sentido de que o ato judicial que homologa a autocomposição das partes tem natureza de sentença e se sujeita ao regime dos precatórios:

> PROCESSUAL CIVIL. CONSTITUCIONAL. APELAÇÃO CÍVEL. ATO JUDICIAL IMPUGNADO. ACORDO ENTRE ENTE PÚBLICO MUNICIPAL E PARTICULAR. ADMITIDO CONFORME LEI N. 13.140/2015. DÍVIDA RECONHECIDA. HOMOLOGAÇÃO JUDICIAL. VIOLAÇÃO A ORDEM DOS PRECATÓRIOS. IMPOSSIBILIDADE. ART. 100 DA CF/88. RECURSO PARCIALMENTE PROVIDO. SENTENÇA HOMOLOGATÓRIA REFORMADA EM PARTE. (...) 3. Qualquer interpretação que considera a impossibilidade de transação levada a efeito por pessoa jurídica de direito público viola a Lei Federal nº 13.140/2015, que foi editada especificamente para impulsionar os métodos alternativos de solução de conflitos, e que tem todo um capítulo voltado para a autocomposição de conflitos em que for parte pessoa

---

4 Art. 100. Os pagamentos devidos pelas Fazendas Públicas Federal, Estaduais, Distrital e Municipais, em virtude de *sentença judiciária*, far-se-ão exclusivamente na ordem cronológica de apresentação dos precatórios e à conta dos créditos respectivos, proibida a designação de casos ou de pessoas nas dotações orçamentárias e nos créditos adicionais abertos para este fim

5 Art. 487. Haverá resolução de mérito quando o juiz:
(...)
III – homologar:
(...)
b) a transação;

jurídica de direito público. 4. *O ato judicial que homologa a autocomposição das partes tem natureza de sentença e, no caso dos autos, se submete ao regime de execução contra a Fazenda (CPC, artigos 515, inciso II, 534 e 535), e por isso se sujeita ao regime jurídico estabelecido pelo art. 100 da CF/88.* (...) Sentença de homologação anulada em parte apenas para determinar que o pagamento do quantum devido ocorra por meio de precatório, de acordo com o art. 100 da CF/88.
(*TJ-CE* – APL: 00034258720168060145 CE 0003425-87.2016.8.06.0145, Relator: ROSILENE FERREIRA FACUNDO – PORT. 1392/2018, Data de Julgamento: 17.02.2020, 3ª Câmara Direito Público, Data de Publicação: 17.02.2020)

RECURSO DE APELAÇÃO CÍVEL. DIREITO CIVIL E ADMINISTRATIVO. AÇÃO DECLARATÓRIA DE DÉBITO CUMULADA COM PEDIDO DE INDENIZAÇÃO PROPOSTA CONTRA O MUNICÍPIO DE MUNICÍPIO. ACORDO JUDICIAL ENTRE O MUNICÍPIO E O PARTICULAR. SENTENÇA HOMOLOGATÓRIA DE ACORDO. DÍVIDA RECONHECIDA. HOMOLOGAÇÃO JUDICIAL. VIOLAÇÃO A ORDEM DOS PRECATÓRIOS. IMPOSSIBILIDADE. ART. 100 DA CF/88. RECURSO PARCIALMENTE PROVIDO. SENTENÇA HOMOLOGATÓRIA REFORMADA EM PARTE. (...). 10. Contudo, referido decisum merece reparo em um ponto específico. É que, *o ato judicial que homologa a autocomposição das partes tem natureza de sentença se submetendo ao regime de execução contra a Fazenda (CPC, artigos 515, inciso II, 534 e 535), e por isso se sujeita ao regime jurídico estabelecido pelo art. 100 da CF/88*. 11. Desta forma, no presente caso, ao ente público municipal é permitido realizar transação, no entanto, o pagamento do quantum devido deverá ocorrer por meio de precatório, com a obediência aos ditamente do art. 100 da CF/88 12. Apelação cível conhecida e parcialmente provida. Sentença Reformada tão somente para determinar que o pagamento do quantum ocorra por meio de precatório.
(*TJ-CE* – AC: 00384687120128060001 CE 0038468-71.2012.8.06.0001, Relator: TEODORO SILVA SANTOS, Data de Julgamento: 06.12.2021, 1ª Câmara Direito Público, Data de Publicação: 06.12.2021)

No mesmo sentido é o entendimento do Tribunal de Contas da União:

9. Equivocado o argumento de que o legislador constituinte restringiu o regime de precatórios ao pagamento de dívidas exigíveis em razão de determinada modalidade de sentença, porque, *o que verdadeiramente importa para subsunção do crédito do particular ao regime previsto no art. 100 da Constituição é a existência de decisão judicial que imponha obrigação de pagar quantia certa à Fazenda Pública.*
10. Reveste-se a sentença que homologa obrigação de pagar quantia certa de natureza condenatória, porquanto idênticos os procedimentos executivos das sentenças ditas condenatórias e daquelas ditas homologatórias.

(TCU, Acórdão nº 489/2017, Conselheiro Relator: Walton Rodrigues, data do julgamento: 22 de março de 2017).

Portanto, não há dúvidas de que os pagamentos oriundos de acordos homologados judicialmente devem observar a sistemática dos precatórios, prevista constitucionalmente.

3 Acordo extrajudicial de conflito judicializado: posições divergentes sobre a obrigatoriedade ou não de submissão ao regime de precatórios

Há posições divergentes quanto à legalidade de acordo administrativo celebrado para dirimir conflito judicializado que resulte em pagamentos devidos pelo Poder Público fora da ordem cronológica dos precatórios, resultando na extinção da ação por desistência (art. 485, VIII, CPC). Caso seja possível, questiona-se até que fase do processo judicial tal acordo seria viável.

Após o trânsito em julgado da decisão judicial que imponha obrigação de pagar contra a Fazenda Pública, o processo chega à fase de cumprimento de sentença, com regramento específico nos arts. 534 e 535 do CPC. Nessa hipótese, doutrina e jurisprudência são firmes no sentido de condicionar a celebração de acordo ao fato de que o crédito necessariamente deve obedecer à sistemática de precatórios. A título exemplificativo:

> E M E N T A: RECLAMAÇÃO – ALEGAÇÃO DE DESRESPEITO A ACÓRDÃO DO SUPREMO TRIBUNAL FEDERAL RESULTANTE DE JULGAMENTO PROFERIDO EM SEDE DE CONTROLE NORMATIVO ABSTRATO – INOCORRÊNCIA – SEQÜESTRO DE RENDAS PÚBLICAS LEGITIMAMENTE EFETIVADO – MEDIDA CONSTRITIVA EXTRAORDINÁRIA JUSTIFICADA, NO CASO, PELA INVERSÃO DA ORDEM DE PRECEDÊNCIA DE APRESENTAÇÃO E DE PAGAMENTO DE DETERMINADO PRECATÓRIO – IRRELEVÂNCIA DE A PRETERIÇÃO DA ORDEM CRONOLÓGICA, QUE INDEVIDAMENTE BENEFICIOU CREDOR MAIS RECENTE, DECORRER DA CELEBRAÇÃO, POR ESTE, DE ACORDO MAIS FAVORÁVEL AO PODER PÚBLICO – NECESSIDADE DE A ORDEM DE PRECEDÊNCIA SER RIGIDAMENTE RESPEITADA PELO PODER PÚBLICO – SEQÜESTRABILIDADE, NA

HIPÓTESE DE INOBSERVÂNCIA DESSA ORDEM CRONOLÓGICA, DOS VALORES INDEVIDAMENTE PAGOS OU, ATÉ MESMO, DAS PRÓPRIAS RENDAS PÚBLICAS – RECURSO IMPROVIDO. A SIGNIFICAÇÃO CONSTITUCIONAL DA NECESSIDADE DE EXPEDIÇÃO DOS PRECATÓRIOS JUDICIÁRIOS. – (...) *PAGAMENTO ANTECIPADO DE CREDOR MAIS RECENTE – CELEBRAÇÃO, COM ELE, DE ACORDO FORMULADO EM BASES MAIS FAVORÁVEIS AO PODER PÚBLICO – ALEGAÇÃO DE VANTAGEM PARA O ERÁRIO PÚBLICO – QUEBRA DA ORDEM CONSTITUCIONAL DE PRECEDÊNCIA CRONOLÓGICA* – INADMISSIBILIDADE. – O pagamento antecipado de credor mais recente, em detrimento daquele que dispõe de precedência cronológica, não se legitima em face da Constituição, pois representa comportamento estatal infringente da ordem de prioridade temporal, assegurada, de maneira objetiva e impessoal, pela Carta Política, em favor de todos os credores do Estado. O legislador constituinte, ao editar a norma inscrita no art. 100 da Carta Federal, teve por objetivo evitar a escolha de credores pelo Poder Público. *Eventual vantagem concedida ao erário público, por credor mais recente, não justifica, para efeito de pagamento antecipado de seu crédito, a quebra da ordem constitucional de precedência cronológica.* O pagamento antecipado que daí resulte – exatamente por caracterizar escolha ilegítima de credor – transgride o postulado constitucional que tutela a prioridade cronológica na satisfação dos débitos estatais, autorizando, em conseqüência – sem prejuízo de outros efeitos de natureza jurídica e de caráter político-administrativo -, a efetivação do ato de seqüestro (RTJ 159/943-945), não obstante o caráter excepcional de que se reveste essa medida de constrição patrimonial. Legitimidade do ato de que ora se reclama. Inocorrência de desrespeito à decisão plenária do Supremo Tribunal Federal proferida na ADI 1.662/SP. (STF – Rcl 3220 ED, Relator(a): CELSO DE MELLO, Tribunal Pleno, julgado em 24.04.2008, ACÓRDÃO ELETRÔNICO DJe-029 DIVULG 13.02.2013 PUBLIC 14.02.2013)

PROCESSUAL CIVIL. RECURSO ESPECIAL. ARTS. 129 E 730 DO CPC. *EXECUÇÃO DE TÍTULO JUDICIAL. ORDEM DOS PRECATÓRIOS. PRINCÍPIOS DA EQUIDADE, MORALIDADE E IMPESSOALIDADE. ACORDO EXTRAJUDICIAL NÃO HOMOLOGADO.* TRANSAÇÃO REVOGADA. PERDA DO OBJETO. VALOR DOS PARECERES DE JURISTAS E DE PROCURADORES DO ÓRGÃO PÚBLICO.
1. Cuida-se, originalmente, de Agravo de Instrumento contra decisão que, nos autos da Execução de Sentença, indeferiu a homologação judicial do acordo celebrado entre as partes, destinado ao pagamento parcelado de crédito reconhecido em sentença transitada em julgado, cujo valor foi apurado em processo de execução já consumado.
(...)
6. *É ilegal e, portanto, insuscetível de homologação judicial, a transação entre a Administração e o particular que viola a seqüência dos precatórios, mesmo se o credor renuncia à parte (in casu, parte ínfima) do crédito, vedação essa que*

> *incide tanto se já há precatório, como em momento anterior à sua expedição.*
> 7. *Descabe à Fazenda Pública realizar composição que envolva quantia certa em processo judicial de execução de sentença,* nos moldes do art. 730 do Código de Processo Civil, cujo rito culmina com a expedição de precatório. Admitir esse tipo de transação seria, por via transversa, violar a ordem cronológica de pagamento de precatórios.
> (...).
> 12. Agravo Regimental não provido.
> (STJ – AgRg no REsp n. 1.090.695/MS, relator Ministro Herman Benjamin, Segunda Turma, julgado em 8.9.2009, DJe de 4.11.2009)

A dúvida mais incisiva diz respeito à possibilidade de a Fazenda Pública celebrar acordos com o particular sem que haja submissão do crédito à fila dos precatórios, quando o conflito submetido ao Judiciário ainda está na fase de conhecimento, ou seja, antes do trânsito em julgado da sentença.

Eis o ponto nevrálgico da presente consulta que merece análise mais acurada.

A seguir, serão explicitadas três correntes interpretativas sobre a matéria: 1) IMPOSSIBILIDADE de pagamento administrativo fora do regime de precatórios, após o ajuizamento da ação judicial; 2) possibilidade de pagamento administrativo fora do regime de precatórios ANTES DO TRÂNSITO EM JULGADO; 3) possibilidade de pagamento administrativo fora do regime de precatórios ANTES DA SENTENÇA.

Frise-se que ainda não há jurisprudência firmada nos tribunais superiores chancelando ou proibindo quaisquer das três teses que serão apresentadas.

3.1 Corrente restritiva: impossibilidade de acordo para pagamento administrativo fora do regime de precatórios, após o ajuizamento da ação judicial

O Tribunal de Contas da União, em consulta formulada pela AGU (processo nº TC 034.696/2016-4), manifestou posição restritiva no sentido de que a transação realizada após o ajuizamento da ação é sempre judicial e pressupõe o pagamento dos débitos da Fazenda Pública pelo regime dos precatórios. Na ocasião, o Conselheiro Relator Walton Rodrigues divergiu do corpo técnico da referida Corte:

> Nessa linha, *não se mostra aderente aos princípios constitucionais da impessoalidade, da moralidade e da isonomia a possibilidade de o ente estatal transacionar com alguns particulares para encerrar determinado litígio, oferecendo-lhes forma de pagamento mais vantajosa que a prevista na Constituição, sem entabular idênticas tratativas com outros credores e sem quitar os precatórios emitidos antes do ato de liberalidade.*
> A relevância do regime de precatórios não permite, pois, interpretação do texto constitucional que conduza à vulneração ou aniquilação dos seus fundamentos estruturantes.
> (...)
> Não se mostra útil para o deslinde da matéria, ainda, o argumento de que a União poderia obter vantagem financeira com a desvinculação da dívida passiva decorrente de transação judicial do regime de precatórios, porque não se organiza o Estado Democrático de Direito sob a perspectiva do lucro, do mero interesse patrimonial, mas sob inspiração de relevantes valores sociais e individuais – dignidade da pessoa humana, valores sociais do trabalho e da livre-iniciativa, construção de sociedade livre, justa e solidária, desenvolvimento nacional e promoção do bem de todos – elevados à condição de fundamentos e objetivos fundamentais da República.
> Em razão desses preceitos e dos princípios constitucionais da impessoalidade, da moralidade e da isonomia, não dispõe a pessoa jurídica de direito público da prerrogativa que tem o particular de escolher os créditos que satisfará em primeiro lugar, por questões de afinidade pessoal, estratégia comercial ou vantagem financeira. *Não é lícito ao Poder Público preterir aqueles que suportaram o peso do processo judicial para ver reconhecido seu direito e que se inscreveram na longa fila dos precatórios, em detrimento dos agentes privados ungidos com a celebração de transação judicial, sob o argumento de que obterá vantagem patrimonial com o término do litígio."* (TCU, Acórdão nº 489/2017, Conselheiro Relator: Walton Rodrigues, data do julgamento: 22 de março de 2017).

A *Procuradoria Geral do Estado do Ceará* perfilha o mesmo entendimento, conforme Portaria PGE nº 021/2022, publicada no DOE de 28 de fevereiro de 2022, que dispõe sobre o procedimento aplicável para a adoção de meios alternativos de solução de conflitos perante a Câmara de Prevenção e Resolução de Conflitos da PGE-CE. Confira-se:

> Art. 12. Nos casos em que a resolução da controvérsia implicar o reconhecimento da existência de créditos em favor de terceiros, o Procurador-

> Geral do Estado solicitará aos órgãos competentes a liberação de numerário suficiente, inclusive com adequação orçamentária, para quitação das dívidas reconhecidas na composição.
> §1º Sendo o pagamento oriundo de outro Poder e de Entidade da Administração Indireta, a aprovação e a subscrição do ajuste devem envolver o Chefe e o Dirigente respectivos, ou autoridade por eles delegada.
> §2º *O adimplemento de obrigações de pagar, contraídas pela Fazenda Pública, seguirá a disciplina prevista no art. 100 da Constituição Federal,* ***quando o conflito a ser consensualmente dirimido já for objeto de processo judicial***. (...)

A crítica que pode ser feita é que a referida interpretação vai além do que exige o texto constitucional. Como visto, o art. 100, *caput*, CF/88 pressupõe a existência de sentença judicial para submissão do débito da Fazenda Pública ao regime de precatórios.

Essa corrente conservadora pode representar verdadeiro desestímulo à utilização da autocomposição para encerrar o litígio judicial com o Poder Público, na contramão da tendência de consensualidade e da desjudicialização dos conflitos, à luz dos princípios da razoabilidade e da eficiência.

3.2 Corrente permissiva: possibilidade de acordo para pagamento administrativo fora do regime de precatórios antes do trânsito em julgado

A segunda corrente interpretativa considera legítima a celebração de acordo que resulte em pagamento pelo Poder Público, sem obediência ao regime de precatórios, antes do trânsito em julgado da decisão judicial.

A *Procuradoria Geral do Estado de Goiás* adota esse entendimento, nos termos da Lei Complementar Estadual nº 144/2018, que instituiu a Câmara de Conciliação, Mediação e Arbitragem da Administração Estadual:

> "Art. 35. *omissis*
> (...)

> §2º *As partes de processos judiciais em que ainda não advindo trânsito em julgado poderão valer-se da presente Lei Complementar.*
> §3º ***Nos casos em que já houver trânsito em julgado**, eventual acordo posteriormente celebrado deverá ser homologado em juízo, sujeitando-se o cumprimento da obrigação pecuniária ao regime de precatórios."*

No despacho nº 988/2020, de 04.11.2020, a Procuradora Geral do Estado de Goiás,[6] aprovou parecer que corrobora tal entendimento, desde que cumpridos determinados requisitos cumulativos, que visam resguardar os princípios constitucionais que regem a Administração Pública (art. 37, CF/88). Confira-se:

> 28. Nesse contexto, considerando as mudanças políticas, econômicas, sociais e jurídicas ocorridas desde a promulgação da Constituição Federal de 1988, a guinada do Direito Administrativo rumo à consensualidade, a necessidade de interpretar a Lei segundo a finalidade social a que se destina (art. 5º da LINDB), a imperiosa redução do estoque de precatórios (art. 30, §7º, da LRF), a prioridade legal à solução consensual dos conflitos (art. 3º, §§2º e 3º, do CPC/2015 c/c arts. 1º, 16 e 17 da Lei Complementar Estadual nº 144/2018), a presunção de constitucionalidade dos §§2º e 3º do art. 35 da Lei Complementar Estadual nº 144/2018, os princípios da economicidade, da eficiência e da presunção de boa-fé, firma-se a seguinte orientação: *é juridicamente possível a celebração de acordos, que envolvam obrigações de pagamento em dinheiro por parte da Fazenda Pública, mesmo estando o conflito submetido ao Poder Judiciário, fora do regime de precatórios, desde que sejam observados cumulativamente os seguintes requisitos*: *i)* não tenha sido expedido o precatório; *ii)* ***não tenha ocorrido o trânsito em julgado da decisão proferida na fase de conhecimento***, haja vista a pendência de recursos; *iii)* seja extremamente provável a sucumbência da Fazenda Pública à luz das provas produzidas, da fase processual, da legislação e da jurisprudência; *iv)* haja demonstração inequívoca no processo administrativo da vantajosidade da proposta; *v)* haja demonstração da existência de dotação orçamentária própria e suficiente para a realização do pagamento; *vi)* autorização do Ordenador de Despesas devidamente formalizada *vii)* inexistência da correspondente redução dos recursos destinados aos pagamentos de precatórios; *viii)* ausência de indícios de favorecimento de qualquer credor em particular; *ix)* inexistência de negativa de igual tratamento a credor em situação análoga em passado recente, senão por falta de recursos disponíveis na época da proposta; *x)* prévia verificação da existência de possíveis interessados em situação idêntica e da disponibilidade de recursos para extensão da proposta a

---

6 Disponível em: https://www.procuradoria.go.gov.br/files/Despchos2019/Despacho2020/Despacho988.pdf

todos eles; e, *xi)* seja dada publicidade ao acordo a fim de que eventuais interessados em iguais condições também possam firmar a transação.

Também adota o mesmo entendimento a *Procuradoria Geral do Estado do Rio de Janeiro*, conforme Resolução PGE nº 4827 de 16 de março de 2022, publicada no DOE de 24.03.2022, que regulamenta o procedimento de autocomposição de controvérsias envolvendo a administração pública estadual:

> Art. 3º – A Procuradoria Geral do Estado, por meio de seus Procuradores lotados nas suas Procuradorias Especializadas e no âmbito da Administração Direta ou Indireta, resolverá os conflitos de interesses, sempre que possível, de forma consensual e pela via da negociação, mediante:
> (...)
> §4º – ***Nos casos em que já houver trânsito em julgado***, *eventual acordo posteriormente celebrado deverá ser homologado em juízo, sujeitando-se o cumprimento da obrigação pecuniária obrigatoriamente ao regime de precatórios ou da requisição de pequeno valor, conforme o caso.*

Essa tese também é passível de crítica, eis que pode ser compreendida como violação flagrante ao regime de precatórios ao permitir o pagamento administrativo mesmo após a sentença, enquanto não transitada em julgado. Trata-se de posição que pode trazer consequências negativas à atuação do Procurador-Geral (ato de improbidade ou processo junto ao Tribunal de Contas) e ao erário, por possível preterição e quebra da ordem cronológica de pagamento de precatórios, que poderá acarretar o sequestro de verbas públicas.

3.3 Corrente intermediária: possibilidade de acordo para pagamento administrativo fora do regime de precatórios antes da sentença. Opção que parece mais adequada à Administração Pública

A corrente intermediária propõe ser legítima a celebração de acordo administrativo, sem submissão dos pagamentos ao regime de precatórios, antes da prolação da sentença de primeiro grau.

A *Procuradoria Geral do Estado de Pernambuco* adota esse entendimento, conforme Decreto nº 52.466, de 22 de março de 2022, que alterou o Decreto nº 48.505, de 6 de janeiro de 2020, que regulamenta a Lei Complementar nº 417, de 9 de dezembro de 2019, que cria a Câmara de Negociação, Conciliação e Mediação da Administração Pública Estadual:

> Art. 20. O adimplemento de obrigações de pagar, contraídas pela Fazenda Pública, seguirá a disciplina prevista no art. 100 da Constituição Federal, *quando o conflito a ser consensualmente dirimido já for objeto de sentença judicial ou quando a autocomposição venha a ser judicialmente homologada.*

A *Procuradoria Geral do Estado de Alagoas* passou a adotar essa corrente em recentíssima tese proposta pela Câmara de Prevenção e Resolução Administrativa de Conflitos – CPRAC, aprovada pela Procuradora-Geral em 07.12.2022. Confira-se:

> *"Fica permitido o pagamento administrativo de acordo, celebrado na Câmara de Prevenção e Resolução Administrativa de Conflitos, envolvendo obrigações pecuniárias, cuja controvérsia já seja objeto de ação judicial, desde que observadas as seguintes condicionantes:*
> *– o acordo seja anterior à sentença de mérito, exarada na forma do art. 203, §1º, do CPC;*
> – demonstração inequívoca de interesse, por parte do órgão público interessado, de quitar administrativamente o débito;
> – Compromisso, assumido pelo titular do crédito, de desistir da demanda judicial;
> – Quitação plena, geral e irrestrita, conferida pelo titular do crédito no respectivo acordo;
> – Nos termos dos arts. 14 e 15, da Instrução Normativa PGE 002/2021, seja extremamente provável a sucumbência da Fazenda Pública, à luz das provas produzidas, circunstâncias processuais, análise da jurisprudência específica e legislação sobre o tema;
> – Reste demonstrado, inequivocamente, no processo administrativo, a vantajosidade financeira do acordo a ser celebrado;
> – Nos termos do art. 16, VII, do Decreto 64.050/2019, seja indicado, pelo respectivo ordenador da despesa, a dotação orçamentária e respaldo financeiro suficiente para suportar o pagamento da obrigação assumida;
> – ausência de indícios de favorecimento de qualquer credor em particular;
> – inexistência de negativa de igual tratamento a credor em situação análoga em passado recente, salvo por falta de recursos disponíveis na época da negociação."

Na doutrina, a tese é defendida na obra "Consensualidade e Poder Público", escrita pelos advogados públicos Murilo Teixeira Avelino (Procurador da Fazenda Nacional) e Ravi Peixoto (Procurador do Município de Recife).[7] Vejam-se as pertinentes lições dos autores:

> "Os acordos homologados em juízo exigirão a sistemática dos precatórios.
> Por outro lado, *parece possível cogitar a possibilidade da celebração de acordos administrativos até a sentença*. Nesses casos, *não haverá homologação judicial, não havendo qualquer espécie de sentença judiciária a fundamentar a cobrança da dívida do poder público*. Nessas hipóteses, caberia ao poder público, na celebração do acordo, exigir o pedido de desistência da ação por parte do autor. Da mesma forma, e ainda com mais motivos, aqueles firmados na via administrativa antes de qualquer ação judicial.
> Após a prolação de sentença contra o poder público, mesmo que pendente recurso, não parece mais possível que, mesmo celebrado acordo administrativo, seja dispensado o procedimento do precatório ou RPV. Afinal, a partir desse momento, nem sequer será possível a desistência da ação, já havendo título executivo, não definitivo apenas pela pendência de recurso."

Apesar da polêmica em torno do tema, a corrente intermediária pode ser vista como uma *opção adequada* para a Administração Pública a fim de obter maior autonomia e vantajosidade financeira em suas negociações, sem desrespeitar o regime constitucional de precatórios, já que não há "sentença judiciária", nos termos do art. 100, *caput*, da CF/88.

É preciso diferenciar duas ideias contidas no art. 100 da Carta da República, que ora trata de "sentença judiciária" e ora de "sentença judicial transitada em julgado", a partir dos seguintes questionamentos:

> 1. *Qual a condição que atrai o regime jurídico dos precatórios (art. 100, caput, CF/88)?*
> A existência de sentença judicial.
> 2. *Quais os requisitos necessários para a efetiva expedição do requisitório pela autoridade competente (art. 100, parágrafos, CF/88)?*

---

7 PEIXOTO, Ravi; AVELINO, Murilo. *Consensualidade e poder público*. Salvador: Juspodivm, 2022, p. 181.

a) sentença judicial prolatada em face de pessoa jurídica de direito público;
b) trânsito em julgado da sentença;
c) existência de obrigação pecuniária imposta ao poder público (obrigação de pagar quantia).

Portanto, a prolação da sentença de mérito em desfavor da Fazenda Pública *atrai o regime jurídico* de pagamento pela via de precatórios e requisições de pequeno valor, independentemente do trânsito em julgado. A definitividade do comando judicial é necessária para a expedição do requisitório, mas não para a definição do regime jurídico a que está sujeito o pagamento.

Isso significa que o acordo administrativo, celebrado extrajudicialmente, *após a prolação da sentença,* deve necessariamente ser levado à homologação judicial a fim de que o pagamento seja realizado pelo regime jurídico dos precatórios, e o processo seja extinto com resolução do mérito, nos termos do art. 487, III, b, CPC. Vale dizer, todo acordo administrativo realizado após a sentença vai representar, em última análise, um pagamento "em virtude de sentença judiciária", de modo que não é possível afastar a observância à ordem cronológica dos precatórios, nos termos do art. 100 da CF/88.

Esse raciocínio é corroborado pela regra do art. 485, §5º, do CPC,[8] segundo o qual não se admite a desistência da ação após a prolação da sentença, uma vez que a prestação jurisdicional já foi entregue. Logo, não caberia mais ao autor "desistir" da demanda, ainda que tenha chegado a um acordo na seara extrajudicial com o ente público.

Nos termos do art. 6º, parágrafo único, da LC Municipal nº 320/2021 a transação administrativa *"importará renúncia a todo e qualquer direito no qual possa fundar ação judicial, impugnação ou recurso administrativo, assim como* ***extinção daqueles que estiverem em tramitação judicial*** *ou administrativa."*

Se não é mais possível desistir da ação após a sentença, não faz sentido realizar o pagamento administrativo sem extinção da demanda judicial.

---

[8] Art. 485. O juiz não resolverá o mérito quando:
(...) §5º A desistência da ação pode ser apresentada até a sentença.

Diante de tais argumentos, conclui-se que é possível a celebração de acordo para pagamento administrativo, fora do regime de precatórios, *antes da prolação da sentença*, acarretando a consequente desistência da ação judicial.

Há um diferencial em relação ao *mandado de segurança*. O Supremo Tribunal Federal, no julgamento do RE 669.367/RJ, paradigma do Tema 530 da Repercussão Geral,[9] reconheceu que o impetrante pode desistir do mandado de segurança a qualquer tempo, mesmo após a sentença, independentemente da anuência da parte contrária, não se aplicando a regra prevista no Código de Processo Civil sobre a desistência da ação.

Portanto, se o conflito objeto do *mandamus* envolver obrigação pecuniária, é possível a celebração de acordo extrajudicial a qualquer tempo, *antes do trânsito em julgado*, condicionado à desistência da ação. Essa conclusão não viola o regime constitucional dos precatórios, eis que a desistência acarreta a extinção do *writ* sem resolução do mérito, não havendo mais que se falar em pagamento decorrente de sentença judicial.

Cumpre esclarecer que o acordo firmado no âmbito das Câmaras de Prevenção e Resolução de Conflitos com cláusula de pagamento pelo Poder Público, sem submissão ao art. 100 da CF/88, desde que observadas as balizas estabelecidas neste parecer, NÃO OFENDE o art. 3º da Resolução nº 29/2020 do Órgão Especial do TJ-CE. Essa norma disciplina, no âmbito do Poder Judiciário do Estado do Ceará, a expedição de Precatórios, de Requisições de Pequeno Valor e de Requisições de Pagamento de Superpreferência, bem como o processamento destas. Veja-se:

> *Art. 3º*. O deferimento, a homologação e o adimplemento de obrigação de pagar quantia certa de responsabilidade de ente público mediante *acordos*, judiciais ou não, sem a observância do art. 100, *caput*, e §3º, da Constituição Federal, configuram improbidade administrativa e

---

[9] Tese (Tema 530): "É lícito ao impetrante desistir da ação de mandado de segurança, independentemente de aquiescência da autoridade apontada como coatora ou da entidade estatal interessada ou, ainda, quando for o caso, dos litisconsortes passivos necessários, a qualquer momento antes do término do julgamento, mesmo após eventual sentença concessiva do 'writ' constitucional, não se aplicando, em tal hipótese, a norma inscrita no art. 267, §4º, do CPC/1973." (RE 669.367/RJ, Tribunal Pleno, Repercussão Geral, Rel. Ministro Luiz Fux, DJ 30.10.2014).

> caracterizam também, em sendo precatório a requisição que se deva expedir, quebra de ordem cronológica.
> *Parágrafo único.* Configurar-se-á a hipótese prevista no *caput* deste artigo independente de o ente devedor possuir precatórios pendentes de pagamento perante o Tribunal de Justiça.

O referido dispositivo não deve ser lido de forma isolada, pois resultaria na interpretação ilógica de que qualquer acordo extrajudicial que resulte em obrigação de pagar quantia certa – *mesmo que não exista conflito judicializado* – deve se submeter ao regime de precatórios.

Na realidade, o artigo 3º está inserido no "capítulo I" do "título I" da resolução que versa sobre as providências prévias à expedição da requisição judicial de pagamento. Portanto, *a norma pressupõe a existência de sentença judicial,* o que realmente impede o pagamento decorrente de acordo com o ente público sem observância ao regime jurídico dos precatórios, sob pena de configuração de improbidade administrativa e quebra da ordem cronológica.

Em relação às demandas judiciais sobre *desapropriação,* o Supremo Tribunal Federal finalizou recentemente, em 20.06.2022, o julgamento do recurso extraordinário com repercussão geral (RE 922.144) do *Tema 865* – Compatibilidade da garantia da justa e prévia indenização em dinheiro (CF/88, art. 5º, XXIV) com o regime de precatórios (CF/88, art. 100).

O ministro Roberto Barroso (relator) propôs a fixação da seguinte tese de repercussão geral: "*A complementação do valor da indenização ao final do processo judicial deverá ser efetuada mediante precatório, nos termos do art. 100 da Constituição Federal, no entanto, excepcionalmente, se o Poder Público não estiver em dia com os precatórios, o pagamento deverá ser feito mediante depósito judicial direto*".

Observa-se que o relator propõe autorizar, excepcionalmente, a possibilidade de pagamento da complementação do valor da indenização fora do regime de precatórios, mesmo após a prolação da sentença no processo judicial de desapropriação.

O julgamento foi suspenso para proclamação do resultado em sessão presencial, pois houve divergência entre os ministros em relação à tese a ser fixada.

É importante acompanhar qual será o posicionamento final do STF sobre a matéria, pois irá repercutir nas hipóteses de solução consensual de conflitos sobre desapropriação.

3.4 Da (des)necessidade de submissão do acordo administrativo à homologação judicial. Análise da Lei Complementar Municipal nº 320/2021

No tocante às demandas submetidas ao Judiciário, há diversos dispositivos da nova LC Municipal nº 320/2021 que partem da premissa de que é possível a solução consensual de litígios judiciais no âmbito das Câmaras de Prevenção e Resolução de Conflitos da Administração Pública Municipal de Município, ou seja, através de transação administrativa. Confiram-se:

> Art. 2º – A atuação das Câmaras de Prevenção e Resolução de Conflitos da Administração Pública municipal será voltada à consecução dos seguintes objetivos:
> I – promover e estimular a adoção de medidas para a negociação de controvérsias administrativas, no âmbito da Administração Pública municipal, e de *litígios judiciais, com vistas à resolução de conflitos e à pacificação social e institucional;*
> II – reduzir o dispêndio de recursos públicos na instauração, na *condução e no acompanhamento de processos* administrativos e *judiciais;*
> (...)
>
> Art. 5º – O Procurador do Município que atuar em processo administrativo ou *judicial* em defesa dos interesses da Administração Pública ficará impedido de atuar como negociador nas questões decorrentes desses mesmos processos.
> Art. 6º – A eficácia dos termos de transação administrativa, resultantes dos processos submetidos às Câmaras de Prevenção e Resolução de Conflitos, *dependerá de homologação pelo Procurador-Geral do Município.*
> Parágrafo único. *A transação administrativa homologada* implicará coisa julgada administrativa e importará renúncia a todo e qualquer direito no qual possa fundar ação judicial, impugnação ou recurso administrativo, assim como *extinção daqueles que estiverem em tramitação judicial* ou administrativa.

Depreende-se que a regra geral insculpida no supracitado art. 6º é que a eficácia dos termos de transação depende de homologação pelo Procurador-Geral do Município, acarretando inclusive a extinção da demanda judicial em tramitação e renúncia a todo e qualquer direito no qual possa fundar a ação judicial.

Com efeito, a transação extrajudicial tanto pode ser utilizada para prevenir litígio judicial como também para encerrá-lo. A princípio, não se exige a homologação judicial da transação administrativa, ressalvada a hipótese do §5º do art. 7º (matéria discutida em ação de improbidade administrativa). Caso a matéria objeto do litígio esteja em trâmite no Tribunal de Contas, o acordo deverá ser homologado pela Corte de Contas. Veja-se:

> Art. 7º – Compete às Câmaras de Prevenção e Resolução de Conflitos, na forma do art. 32 da Lei federal nº 13.140, de 26 de junho de 2015:
> (...)
> §5º – *Nas hipóteses em que a matéria objeto do litígio esteja sendo discutida em ação de improbidade administrativa ou sobre ela haja decisão do Tribunal de Contas da União ou do Tribunal de Contas do Estado, a* ***composição dependerá da homologação nos autos judiciais ou em trâmite no Tribunal de Contas.***

O §2º do art. 9º da LC Municipal nº 320/2021 corrobora a regra da desnecessidade de submissão à homologação judicial ao prever que o acordo realizado perante as Câmaras de Prevenção e Resolução de Conflitos constitui título executivo extrajudicial, em consonância com o art. 32, §3º, da Lei Federal nº 13.140/15:[10]

> Art. 9º – Os procedimentos de negociação serão utilizados de maneira preferencial para a resolução de conflitos no âmbito da Administração Pública municipal e observarão as regras da Lei federal n.º 13.140, de 26 de junho de 2015, e dos arts. 165 a 175 da Lei federal n.º 13.105, de 16 de março de 2015, no que couber.
> (...)
> §2º – *O acordo realizado perante as Câmaras de Prevenção e Resolução de Conflitos da Administração Pública municipal constitui título executivo extrajudicial e, caso homologado judicialmente, título executivo judicial,* nos termos do parágrafo único do art. 20 da Lei federal nº 13.140, de 26 de junho de 2015.

Analisando a legislação municipal, à luz da conclusão proposta no tópico anterior, tem-se que o acordo administrativo celebrado

---

[10] Art. 32. A União, os Estados, o Distrito Federal e os Municípios poderão criar câmaras de prevenção e resolução administrativa de conflitos, no âmbito dos respectivos órgãos da Advocacia Pública, onde houver, com competência para:
(...)
§3º Se houver consenso entre as partes, o acordo será reduzido a termo e constituirá título executivo extrajudicial.

no âmbito das Câmaras de Prevenção e Resolução de Conflitos da Administração Pública Municipal que resulte em obrigação de pagamento pelo ente público *não necessita de homologação judicial e pode ser realizado fora do regime dos precatórios, DESDE QUE A TRANSAÇÃO SEJA ANTERIOR À SENTENÇA DE MÉRITO, E O CREDOR REQUEIRA A DESISTÊNCIA DA AÇÃO JUDICIAL.*

A título de *sugestão*, é interessante que seja incluído no decreto que irá regulamentar o funcionamento das Câmaras de Prevenção e Resolução de Conflitos (art. 7º, §1º, LC Municipal nº 320/2021),[11] dispositivo com a conclusão ora proposta sobre a questão, à semelhança do decreto da PGE-PE já mencionado.[12] A positivação da norma possui o objetivo de conferir maior segurança jurídica e evitar eventuais favorecimentos de credores da Fazenda Pública.

Em acréscimo, além das *duas condicionantes* já citadas (acordo anterior à prolação da sentença e o credor requerer a desistência da ação judicial), a PGM-Município pode avançar para propor condições objetivas para a celebração do acordo com pagamento administrativo, nas hipóteses de conflito judicializado, com vistas a concretizar os princípios da impessoalidade e da eficiência, tais como:

a) demonstração inequívoca de interesse, por parte do órgão público interessado, de quitar administrativamente o débito;

b) quitação plena, geral e irrestrita, conferida pelo titular do crédito no respectivo acordo e renúncia a todo e qualquer direito no qual possa fundar ação judicial;

c) a sucumbência da Fazenda Pública ser extremamente provável, à luz das provas produzidas, circunstâncias processuais, análise da jurisprudência específica e legislação sobre o tema;

d) demonstração inequívoca da vantajosidade financeira do acordo a ser celebrado;

e) indicação, pelo respectivo ordenador da despesa, da dotação orçamentária e respaldo financeiro suficiente para suportar o pagamento da obrigação assumida;

---

[11] Art. 7º, §1º – A submissão do conflito às Câmaras de Prevenção e Resolução de Conflitos é facultativa e será cabível nos casos previstos nesta Lei Complementar, em outras leis ou em decreto do Chefe do Poder Executivo, na forma do parágrafo único do art. 3º.

[12] "O adimplemento de obrigações de pagar, contraídas pela Fazenda Pública, seguirá a disciplina prevista no art. 100 da Constituição Federal, quando o conflito a ser consensualmente dirimido já for objeto de sentença judicial ou quando a autocomposição venha a ser judicialmente homologada" (Decreto nº 52.466, de 22 de março de 2022).

f) ausência de indícios de favorecimento de qualquer credor em particular;

g) inexistência de negativa de igual tratamento a credor em situação análoga em passado recente, salvo por falta de recursos disponíveis na época da negociação.

4 Conclusão

Ante o exposto, *OPINO* no seguinte sentido:

a) é possível a celebração de acordo administrativo no âmbito das Câmaras de Prevenção e Resolução de Conflitos da Administração Pública Municipal que resulte em obrigação de pagamento pelo ente público, sem submissão ao regime jurídico dos precatórios (art. 100, CF/88), desde que a transação seja anterior à sentença de mérito, e o credor requeira a desistência da ação judicial;

b) após a prolação da sentença, o acordo administrativo deve necessariamente ser levado à homologação judicial, a fim de submeter os pagamentos ao regime jurídico dos precatórios;

c) a título de sugestão, com o objetivo conferir maior segurança jurídica e evitar eventuais favorecimentos de credores da Fazenda Pública, a conclusão adotada neste parecer pode ser incluída no decreto que irá regulamentar o funcionamento das Câmaras de Prevenção e Resolução de Conflitos (art. 7º, §1º, LC Municipal nº 320/2021), juntamente com a previsão de condições objetivas para a celebração do acordo, tais como:

- demonstração inequívoca de interesse, por parte do órgão público interessado, de quitar administrativamente o débito;
- quitação plena, geral e irrestrita, conferida pelo titular do crédito no respectivo acordo e renúncia a todo e qualquer direito no qual possa fundar ação judicial;
- a sucumbência da Fazenda Pública ser extremamente provável, à luz das provas produzidas, circunstâncias processuais, análise da jurisprudência específica e legislação sobre o tema;
- demonstração inequívoca da vantajosidade financeira do acordo a ser celebrado;

- indicação, pelo respectivo ordenador da despesa, da dotação orçamentária e respaldo financeiro suficiente para suportar o pagamento da obrigação assumida;
- ausência de indícios de favorecimento de qualquer credor em particular;
- inexistência de negativa de igual tratamento a credor em situação análoga em passado recente, salvo por falta de recursos disponíveis na época da negociação;

É o parecer, salvo melhor juízo, que se submete à consideração superior.

Fortaleza/CE, 16 de dezembro de 2022.

Marcela Vila Nova de Almeida Barbosa
Procuradora do Município de Fortaleza
OAB/CE nº 23.274

DIREITOS DAS PESSOAS AFETADAS POR SISTEMAS DE INTELIGÊNCIA ARTIFICIAL E A OBSERVÂNCIA DOS SEGREDOS INDUSTRIAL E COMERCIAL

DANIELA COPETTI CRAVO

1 Introdução

Preocupações relacionadas à discriminação ou manipulação são recorrentes quando o assunto envolve inteligência artificial. Alguns escândalos servem de alerta e sinalizam como o uso de sistemas automatizados sem as devidas salvaguardas e sem um tratamento adequado dos dados pessoais pode gerar violações graves aos direitos fundamentais.

Na Holanda, o uso de algoritmo para criação de perfis de risco relacionados à detectação de fraudes em benefícios de assistência infantil ocasionou danos irreparáveis a famílias que erroneamente eram apontadas como suspeitas de fraude. Como o sistema foi treinado e alimentado com dados enviesados, esse acabou produzindo resultados discriminatórios, imprecisos e injustos, que afetaram principalmente minorias e famílias mais vulneráveis financeiramente.[1]

Em razão disso, algumas vítimas cometeram suicídio, e crianças foram retiradas de sua família natural. Situações como essa devem ensejar responsabilização. Também devem servir de alerta e reflexão para fins de não repetição.

Preocupados, pois, com os riscos e as consequências de um uso inadequado de novas tecnologias, legisladores das mais diferentes jurisdições têm avançando em propostas de regulação da inteligência artificial. Nesse campo, surge como protagonista a União Europeia, com alvitre de primeira regulação abrangente da inteligência artificial.

---

[1] Ver: https://www.europarl.europa.eu/doceo/document/E-9-2023-000780_EN.html e https://autoriteitpersoonsgegevens.nl/actueel/boete-belastingdienst-voor-discriminerende-en-onrechtmatige-werkwijze

O projeto da União Europeia já foi aprovado pelo Parlamento Europeu.[2] No entanto, resta pendente a negociação dos legisladores com os Estados-Membros quanto aos detalhes finais do projeto.

No Brasil, algumas proposições legislativas com o objetivo de estabelecer balizas para o desenvolvimento e a aplicação de sistemas de inteligência artificial no Brasil têm sido apresentadas. A respeito, cita-se o Projeto de Lei (PL) nº 2.338/2023, em trâmite no Senado Federal, que é resultado do trabalho da Comissão de Juristas instituída para analisar as propostas existentes e subsidiar a elaboração de minuta de substitutivo.[3]

Ponto relevante nas normas de regulação da inteligência artificial diz respeito aos direitos das pessoas afetadas por sistemas de inteligência artificial, os quais, quando os marcos regulatórios forem aprovados, passarão a integrar um sistema de tutela de direitos, complementando aqueles direitos já existentes e aplicáveis à temática da inteligência artificial, tais como os previstos na LGPD (Lei Geral de Proteção de Dados).

Ocorre que o exercício desses direitos pode gerar, ainda que de maneira aparente, possíveis conflitos em matéria de tutela da informação, nomeadamente no que toca à proteção dos segredos industrial e comercial. Para bem endereçar essa aparente antinomia, o presente artigo tem como objetivo propor alguns vetores interpretativos para o correto equilíbrio entre o exercício dos direitos das pessoas afetadas por sistemas de inteligência artificial e a observância dos segredos industrial e comercial.

2 Regulação da inteligência artificial e a tutela de direitos

Segundo Veronese, Silveira e Lemos,[4] a regulação da inteligência artificial, em sentido estrito, pode se dar de dois modos:

---

2 Ver: https://www.europarl.europa.eu/doceo/document/TA-9-2023-0236_EN.html

3 Disponível em: https://www12.senado.leg.br/noticias/materias/2023/05/12/senado-analisa-projeto-que-regulamenta-a-inteligencia-artificial

4 VERONESE, A.; SILVEIRA, A.; LEMOS, A. N. L. E. Inteligência artificial, mercado único digital e a postulação de um direito às interferências justas e razoáveis: uma questão jurídica entre a ética e a técnica. *In*: FRAZÃO, Ana; MULHOLLAND, Caitlin. (Org.).

"o primeiro modo se refere à regulação da criação e da modificação dos programas de computador. O segundo modo se refere à regulação de parte da matéria-prima utilizada pelos programas de computador: a proteção dos dados pessoais".

Tanto no primeiro quanto no segundo modo, visualizamos uma capitulação de direitos às pessoas naturais. Tais direitos não só podem como devem ser aplicados de forma sistemática e complementar, na busca de uma tutela efetiva.

Nesse contexto, interessante trazer o entendimento de Doneda,[5] no sentido de que temas como os limites às decisões automatizadas cada vez mais encontram um espaço natural para desenvolvimento nas legislações de proteção de dados. Assim, não há como deixar de reconhecer que as normas de proteção de dados possuem pontos de intersecção com o tema da inteligência artificial.

Sobre isso, cita-se a Análise preliminar do Projeto de Lei nº 2.338/2023 elaborada pela ANPD (Autoridade Nacional de Proteção de Dados),[6] que bem destaca a relação da proteção de dados com a regulação da Inteligência Artificial, nomeadamente no que toca à tutela de direitos. Na Análise, a ANPD destaca a necessidade de compatibilidade jurídica entre as normas da temática (em especial as que ainda estão por vir, como a proposta no PL 2.338/2023), seja para evitar insegurança jurídica, seja para assegurar o respeito às competências da ANPD em regular o tema que lhe é afeto.

Dentre os direitos das pessoas afetadas por sistemas de inteligência artificial, destacam-se os direitos à informação, à explicação, à contestação e de solicitar revisão, os quais estão previstos no PL 2.338/2023. Tais direitos têm relação com os seguintes direitos dos titulares previstos na LGPD: direito de acesso (artigo 9º e 19 da LGPD), direito de solicitar a revisão de decisões automatizadas (artigo 20 da LGPD) e direito à explicação (artigo 20, §1º, da LGPD).

Inteligência artificial e direito: ética, regulação e responsabilidade. 1. ed. São Paulo: Thomson Reuters Brasil, 2019, v. 1, p. 233-264.

5 DONEDA, Danilo. Panorama histórico da proteção de dados pessoais. *In*: MENDES, Laura Schertel; BIONI, B. R; DONEDA, D.; SARLET, I. W.; RODRIGUES, O. L. *Tratado de proteção de dados pessoais*. 1. ed. Rio de Janeiro: Editora Forense, 2020.

6 ANPD. *Análise preliminar do Projeto de Lei nº 2338/2023*, que dispõe sobre o uso da Inteligência Artificial. Disponível em: analise-preliminar-do-pl-2338_2023-formatado-ascom.pdf (www.gov.br). Acesso em: 23 jul. 2024.

Conforme expresso na LGPD, os direitos estabelecidos no artigo 20, §1º, e no artigo 19, inciso II, devem observar os segredos comercial e industrial.[7] Evidente, todavia, que a observância dos segredos comercial e industrial como previsto, por exemplo, no artigo 20, §1º, da LGPD, deve ser feita de forma adequada e harmônica com a tutela de direitos, para fins de que não haja um esvaziamento do núcleo essencial dos direitos assegurados aos titulares dos dados.

Veja-se que não se trata de um conflito ou uma antinomia entre o exercício dos direitos pelas pessoas afetadas/titular dos dados e a observância dos segredos comercial e industrial, mas, sim, de uma possível compatibilização, harmônica com o regime e os princípios adotados pela Constituição Federal.

Nessa linha, lembra-se que o fenômeno jurídico é marcado pela pluralidade de normas. Muito embora essa pluralidade não seja uma novidade, ela se torna ainda mais acentuada na realidade vivenciada, em que a evolução tecnológica, social e econômica acarreta um intenso processo de produção de normas. Tal situação demanda do operador uma habilidosa coordenação de valores, objetivos, princípios e regras, o que – além de complexo – pode gerar insegurança.

Esse cenário é especialmente vivenciado no âmbito da tutela da informação, justamente pela existência de leis que aparentemente parecem estar em conflito. Porém, a orientação mais alinhada com a juridicidade é aquela que busca um diálogo harmônico e complementar entre todas essas normas, de forma que sejam buscadas soluções que não aniquilem o núcleo essencial dos valores em jogo (como proteção de dados, o livre

---

7 No âmbito da União Europeia, a Diretiva 943/2016 sobre Segredos Comerciais, no seu considerando 35, estabelece que a diretiva não deverá afetar os direitos nem as obrigações estabelecidas na Diretiva 95/46/CE, em especial os direitos do titular a aceder aos respetivos dados pessoais sujeitos a tratamento e a obter a retificação, o apagamento ou o bloqueio dos dados, caso estes sejam incompletos ou incorretos nem, se for caso disso, a obrigação de tratar dados sensíveis nos termos do artigo 8º, nº 5, da Diretiva 95/46/CE. Segundo NOTO e SAPPA, independentemente do pressuposto da Diretiva de que não haverá conflitos, os segredos comerciais e a proteção de dados pessoais colidem e irão de fato colidir. Portanto, é crucial entender como governar tais conflitos. NOTO, La Diega G; SAPPA, C. The internet of things (IoT) at the intersection of data protection and trade secrets. non-conventional paths to counter data appropriation and empower consumers. *Eur J Consum Law/Revue européenne de droit de la consummation* 3:419–458, 2020.

desenvolvimento da personalidade e proteção dos segredos industrial e comercial).[8]

Feitas essas considerações, passa-se a analisar a questão dos segredos industrial e comercial, o que esses abrangem e como devem ser tutelados.

3 Observância dos segredos industrial e comercial

No direito brasileiro não há uma definição precisa do que seja segredo de empresa,[9-10] o qual abarca as espécies segredo comercial e segredo industrial. Na verdade, consoante expõe Elisabeth Fekete, o sistema brasileiro de proteção do segredo de empresa é baseado nas normas de repressão à concorrência desleal.[11]

Juliana Krueger Pela[12] salienta que, apesar da inegável relevância do tema para a prática empresária e para a estruturação do sistema de propriedade intelectual, o campo ainda é pouco explorado no Brasil. A violação do segredo de empresa está, no Brasil, relacionada à prática de concorrência desleal (art. 195, XI e XII da Lei 9.279/1996), a qual é qualificada com um crime na legislação brasileira. Apenas de forma secundária são reconhecidos os efeitos civis de práticas dessa natureza.[13]

---

[8] Como bem destaca Spiecker, "ainda falta muito para a criação de um direito da informação uniformizado, que estabeleça um equilíbrio adequado entre os múltiplos interesses, torne os mercados da informação funcionais e aprimore decisões tanto privadas quanto públicas". Por tal razão, é quase inevitável que o direito à proteção de dados pessoais entre em colisão com outros direitos. SPIECKER, Indra. O direito à proteção de dados na internet em caso de colisão. *Revista Brasileira de Direitos Fundamentais & Justiça, 12*(38), 2018.

[9] SILVEIRA, João Marcos. A proteção jurídica dos segredos industriais e de negócio. *Revista de Direito Mercantil, Industrial, Econômico e Financeiro,* São Paulo, v. 40, n. 121, p. 152, jan./mar, 2001.

[10] Tendo em vista que a expressão "segredo de empresa" é um gênero que acaba abarcando as demais espécies, como os segredos comercial e industrial (BARBOSA, Denis Borges. *Tratado de propriedade intelectual.* Tomo I. Rio de Janeiro: Lumen Juris, 2013, p. 124), optou-se por utilizar o gênero "segredo de empresa" no presente artigo.

[11] FEKETE, Elisabeth Kasznar. *O regime jurídico do segredo de indústria e comércio no direito brasileiro.* Forense: Rio de Janeiro, 2003.

[12] PELA, Juliana Krueger. The Brazilian Regulation of Trade Secrets. A proposal for its review. *Gewerblicher Rechtsschutz und Urheberrecht – Internationaler Teil,* v. 6, p. 546, 2018.

[13] PELA, Juliana Krueger. The Brazilian Regulation of Trade Secrets. A proposal for its review. *Gewerblicher Rechtsschutz und Urheberrecht – Internationaler Teil,* v. 6, p. 546, 2018.

Sobre a definição de concorrência desleal, Flávia Parente[14] destaca que, muito embora não se saiba exatamente como defini-la, é senso comum caracterizá-la quando a competição entre concorrentes é exercida de maneira contrária às práticas usuais dos empresários e de forma imoral, abusiva e desonesta.[15]

Complementa, ainda, a autora, que os doutrinadores costumam trazer exemplos do que seria segredo de empresa. Podem ser apontados os seguintes: os dados sobre clientes, meios e processos mediante os quais os empresários atraem a clientela, aumentando-a, e que, devido à importância estratégica, devem ser mantidos em sigilo.[16] Para Newton Silveira,[17] o segredo industrial seria um bem imaterial de exclusividade imperfeita, sendo elemento do estabelecimento empresarial.

Nos Estados Unidos, a título de comparação, o segredo de empresa é mais consolidado, tendo um crescimento significativo na sua importância, inclusive com um *boom* de litígios nessa temática.[18] Já na União Europeia, o tema foi objeto da Diretiva 943/2016, que reconhece que as informações são a moeda da economia do conhecimento e, como tal, uma vez qualificadas para proteção de segredos comerciais, merecem proteção em termos legais em toda a União Europeia. Tal harmonização serve, ademais, para promover o *Single Market* europeu.[19]

Para Jacques Labrunie,[20] o segredo de negócio é, sem dúvida, um fato, e não um direito em si. Com efeito, não se vislumbraria, no direito pátrio, nem a possibilidade de direito de propriedade, nem

---

14 PARENTE, Flávia. Concorrência desleal e segredos de fábrica e de negócios – análise do art. 195 xi da Lei de Propriedade Industrial. *Revista de Direito Mercantil Industrial, Econômico e Financeiro*, v. 139, p. 182, 2005.

15 Cf., ASCARELLI, Tullio. *Teoria dela concorrenza e dei beni immateriali. Lezioni di dirrito industriale*. 2. ed. Giuffrè: Milano, 1957, p. 179-213.

16 PARENTE, Flávia. Concorrência desleal e segredos de fábrica e de negócios – análise do art. 195 XI da Lei de Propriedade Industrial. *Revista de Direito Mercantil Industrial, Econômico e Financeiro*, v. 139, p. 182, 2005.

17 SILVEIRA, Newton. Limites convencionais à concorrência. *Revista de Direito Mercantil Industrial Econômico e Financeiro*, Nova Serie, v. 20, p. 48, Jul./Set. 1981.

18 ALMELING, David S. Seven Reasons Why Trade Secrets Are Increasingly Important, *27 Berkeley Technology Law Journal*, 2012.

19 FALCE, Valéria. Trade Secrets – Looking for (Full) Harmonization in the Innovation Union. IIC – *International Review of Intellectual Property and Competition Law*, v. 46, p. 964, 2015.

20 LABRUNIE, Jacques. *Proteção ao segredo de negócio*. Direito empresarial contemporâneo. São Paulo: Juarez de Oliveira, p. 93-94, 2000.

proteção da posse, uma vez que o cerne recai sobre o segredo e o conhecimento. Assim, na esteira do mencionado autor, o legislador pátrio teria entendido que o segredo é um *plus*, uma vantagem mercadológica, de natureza concorrencial e, por isso, inserida no contexto da repressão à concorrência desleal.

Sobre o que deve ser entendido como segredo, Elizabeth Fekete[21] pontua que qualquer informação da empresa, decorrente de investimento de tempo, dinheiro e trabalho, pode ser protegida pela legislação do segredo de negócio, desde que observadas as condições legais. O primeiro requisito para o empresário fazer jus à tutela legal diz respeito a um conhecimento que deve ser mantido sob reserva ou sigilo, o que não significa o total "não acesso", já que esse pode ocorrer para fins de desempenho das atividades rotineiras a empresa.

Ao contrário, ficam excluídas da proteção as informações de conhecimento público, fulcro no art. 195, XI da LPI. Situações comportamentais do detentor do segredo que demonstram a sua intenção de não tornar públicas tais informações manifestam-se pela celebração de termos de confidencialidade com os funcionários contratados, sendo possível que tais pactos sejam firmados, após a ruptura do contrato de trabalho,[22] bem como o não pedido de patente, uma vez que esses acabam sendo publicados na Revista da Propriedade Industrial (RPI) do Instituto Nacional da Propriedade Industrial (INPI). Ou seja, para fins de tutela, é indispensável que as informações tenham sido objeto de precauções razoáveis, as quais demonstram a intenção de manter a informação em segredo.[23]

---

21 FEKETE, Elisabeth Kasznar. *O regime jurídico do segredo de indústria e comércio no direito brasileiro*. Forense: Rio de Janeiro, 2003.

22 CONTRATO DE TRABALHO (EM GERAL) – CLÁUSULA ILEGAL – DANOS MATERIAIS – INDENIZAÇÃO – INEXISTÊNCIA – Não afronta o art. 5º, inc. XIII da Constituição Federal de 1988 cláusula contratual firmada por empregado, após ruptura do contrato de trabalho, comprometendo-se a não prestar serviços à empresa concorrente, quer como empregado, quer como autônomo. Inexistência de erro ou coação a anular o pactuado. Não há ilegalidade a macular ao pactuado e nem danos materiais decorrentes da limitação expressamente aceita. Impende aqui, invocar-se também o princípio da boa-fé, presente em todos os atos da vida civil e pressuposto deles, mormente quando em ajuste, estão pessoas capazes, de mediano conhecimento jurídico e alto nível profissional, como é o caso das partes envolvidas no Termo de Confidencialidade e Compromissos Recíprocos. (TRT 2ª Reg. RO 20020208981 – (20020534563) 5ª T. Rel. Juíza Rita Maria Silvestre – DOESP 30.08.2002).

23 FEKETE, Elisabeth Kasznar. *O regime jurídico do segredo de indústria e comércio no direito brasileiro*. Forense: Rio de Janeiro, 2003.

Para tanto, sempre será necessária uma análise feita caso a caso. Ademais, o bem jurídico tutelado pelo segredo de empresa deve possuir valor econômico, não podendo o seu conteúdo ser irrelevante no mercado. Trata-se de algo que configure uma vantagem sobre os concorrentes e que tenha aplicabilidade ao negócio da empresa.[24]

Nessa senda, emerge a seguinte reflexão: como harmonizar o monopólio da informação intangível protegido genericamente por meio do segredo de empresa e, por outro lado, os direitos garantidos aos titulares dos dados pessoais[25] e às pessoas afetadas por sistemas de inteligência artificial?

4 Proposta de harmonização

Conforme destacam Noto e Sappa,[26] os segredos industrial e comercial são muitas vezes considerados como uma opção mais viável do que as patentes, em particular na área da tecnologia da informação. Por causa disso, é possível que a divulgação de informações e a transparência voltada para o interesse público sejam mais marginais do que o adequado. Com efeito, segundo os mencionados autores, a única maneira de se recuperar dessa tendência é por meio de uma leitura equilibrada das normas dos segredos industrial e comercial quanto à implementação da proteção e aos seus limites.

Como proteger, pois, os segredos industrial e comercial contidos nos detalhes técnicos da inteligência artificial sem que isso crie um obstáculo ao exercício dos direitos das pessoas afetadas por sistemas de inteligência artificial? O primeiro passo para responder a essa indagação seria tentar identificar o que pode, em tese, ser considerado abrangido no segredo.

---

24 FEKETE, Elisabeth Kasznar. *O regime jurídico do segredo de indústria e comércio no direito brasileiro*. Forense: Rio de Janeiro, 2003.

25 MALGIERI, Gianclaudio; BESLAY, Laurent; SANCHEZ, Ignacio. The right to data portability in the GDPR: towards user-centric interoperability of digital services. *Computer Law & Security Review*, Londres, v. 34, n. 2, p. 193-203, abr. 2018.

26 NOTO, La Diega G; SAPPA, C. The internet of things (IoT) at the intersection of data protection and trade secrets. non-conventional paths to counter data appropriation and empower consumers. *Eur J Consum Law/Revue européenne de droit de la consummation* 3:419–458, 2020.

Veja-se, nesse intuito, que no texto da LGPD, podemos encontrar em torno de treze disposições sobre a necessária observância dos segredos industrial e comercial. [27-28-29] Em que pese a grande preocupação do legislador com a proteção do conhecimento empresarial no âmbito da proteção dos dados pessoais, este é um dos temas mais negligenciados e pouco explorados no Brasil,[30] não havendo uma definição precisa do seu conteúdo, além de estar condicionado à prática de concorrência desleal.

No PL nº 2.338/2023 também encontramos menções acerca dos segredos industrial e comercial. O artigo 20, inciso V, prevê que os agentes de inteligência artificial que forneçam ou operem sistemas de alto risco deverão adotar medidas técnicas para viabilizar a explicabilidade dos resultados dos sistemas de inteligência artificial e de medidas para disponibilizar aos operadores e potenciais impactados informações gerais sobre o funcionamento do modelo de inteligência artificial empregado, explicitando a lógica e os critérios relevantes para a produção de resultados, bem como, mediante requisição do interessado, disponibilizar informações adequadas que permitam a interpretação dos resultados concretamente produzidos, respeitado o sigilo industrial e comercial.

Já no artigo 26 do PL nº 2.338/2023, há a previsão de que as conclusões da avaliação de impacto serão públicas, garantidos os

---

27 A esse respeito, citam-se os seguintes dispositivos: Art. 6 º, inciso VI, sobre o princípio da transparência, artigo 9º, inciso II, sobre o direito de acesso, art. 10, §3º, que trata do relatório de impacto à proteção de dados pessoais, art. 18, inciso V, que traz o direito à portabilidade de dados, art. 19, inciso II, e §3º (confirmação e acesso a dados pessoais), art. 20, §1º e 2º, que versa sobre o direito à revisão de decisões automatizadas, art. 38 (relatório de impacto) e art. 48, a respeito da comunicação de incidente de segurança (§1º, inciso III). Havia também disposições no artigo 56, que restou vetado.

28 A Medida Provisória (MP) 869/2018 pretendia determinar que a autoridade competente em matéria de proteção de dados fosse responsabilizada caso não zelasse pela preservação do segredo empresarial. Com a apreciação da MP pelo Poder Legislativo, houve a conversão da MP na Lei 13.853/2019, que não ratificou a hipótese da responsabilização, mas determinou, no artigo 55-J, inciso II e §5º, da LGPD, que a autoridade deverá zelar pela preservação do segredo empresarial e dispor sobre as formas de publicidade, respeitado o segredo de empresa (inciso X).

29 As disposições acerca dos segredos comercial e industrial foram trazidas pela EMP9 recebida em Plenário, durante a apreciação do PL 4060/2012 pela Câmara dos Deputados, estando em apenso à proposição principal o PL 5.276/2016 e o PL 6.291/16.

30 PELA, Juliana Krueger. The Brazilian Regulation of Trade Secrets. A proposal for its review. *Gewerblicher Rechtsschutz und Urheberrecht – Internationaler Teil*, [S.l], v. 6, p. 546-550, 2018.

segredos industrial e comercial. O artigo 43 também menciona o respeito aos segredos industrial e comercial pela autoridade competente quando da criação e manutenção de base de dados de inteligência artificial de alto risco, acessível ao público, que contenha os documentos públicos das avaliações de impacto.

Considerando, portanto, que não há uma definição precisa do conteúdo do segredo, o qual está condicionado à prática de concorrência desleal, as disposições sobre o tema previstas na LGPD e na futura norma regulatória da inteligência artificial no Brasil precisarão ser aplicadas com cautela, seja pela falta de tradição e consenso no tema, seja pela ausência de vetores interpretativos na própria LGPD e no PL nº 2.338/2023, que não definem o que pode ser considerado como segredo, nem em que medida ou grau esse interesse deve ser observado.

Nesse contexto, deve-se ponderar que, se a proteção dos segredos industrial e comercial é condicionada a um ato de concorrência desleal, a simples obtenção de uma cópia dos dados para uso pessoal e o exercício do direito de acesso pelo titular não podem ser negados, *prima facie,* com base no segredo de empresa, já que em regra tal exercício não tem o condão de gerar prejuízos competitivos de forma desleal à empresa.

Outro ponto nevrálgico envolvendo o segredo de empresa reside nas inferências, que são obtidas por meio do tratamento do dado "cru", realizado em geral com inteligência artificial. Essas inferências apontam os gostos, preferências e posições de determinada pessoa. Também se enquadra como inferências a criação de perfis e de sistemas de *rating.*

Sendo produzidas pelas empresas por meio dos seus investimentos em tecnologias, será que as inferências poderiam ser protegidas pelos segredos industrial e comercial? Responder a essa questão não é tarefa fácil, até mesmo porque seria necessário investigar com profundidade a natureza das inferências, a fim de verificar se elas são consideradas dados pessoais.

De qualquer forma, é possível ponderar que conhecimentos gerados pela utilização de dados que não sejam mais associados ao dado original, de maneira que o titular não possa mais ser identificado, impossibilitando o *backtrace,* podem, caso preenchidos os demais requisitos, ser protegidos pelo segredo de empresa.[31] Ademais, as técnicas e os algoritmos utilizados para obtenção de informações e conhecimentos também podem vir a estar abarcados no segredo de empresa, se satisfeitas as demais condições para tanto.[32-33]

Com efeito, toda vez que o exercício de algum direito do titular dos dados vulnerar o segredo de empresa, assim entendido como a técnica usada ou o conhecimento anonimizado, e não as inferências em si, o controlador poderá justificar eventual negativa ou limitação dos direitos do titular, desde que assim proceda de forma transparente e expressa, demonstrando especificamente todo o investimento interno feito para proteger o segredo.

Em adição, mostra-se necessária uma atuação da Autoridade Nacional de Proteção de Dados Pessoais (ANPD) e da futura autoridade em matéria de inteligência artificial,[34] para fins de sistematizar e regulamentar de forma clara o tema dos segredos industrial e comercial, bem como para exercer um controle sobre possíveis negativas ou restrições de direitos sob a alegação da proteção do segredo de empresa.

No âmbito europeu, e tendo como base a proposta de Regulamento da Inteligência Artificial, Mylly[35] aponta que os segredos comerciais podem não criar tanto obstáculo à transparência algorítmica como poderia se supor inicialmente.[36]

---

31 Assunto correlato, diz respeito a certos "*blind spots*" das legislações de proteções de dados. Há situações em que não haverá a incidência da LGPD, por não se tratar mais de dado pessoal, porém ainda assim é possível que o uso de inteligência artificial gere impactos a grupos ou a indivíduos. A respeito, ver: VILLANI, Cédric. *For a meaningful artificial intelligence.* Disponível em: https://www.aiforhumanity.fr/pdfs/MissionVillani_Report_ENG-VF.pdf . Acesso em: 20 ago. 2023, p. 121.

32 WACHTER, Sandra; MITTELSTADT, Brent, A Right to Reasonable Inferences: Re-Thinking Data Protection Law in the Age of Big Data and AI. *Columbia Business Law Review,* Nova York, n. 494, 2019, p. 79.

33 Todavia, há a possibilidade de mitigação da proteção ao algoritmo em prol do titular dos dados. Como exemplo, citam-se os *metamorphic algorithms,* os quais, ao processarem o dado pessoal, acabam se modificando.

34 O PL nº 2.338/2023 estabelece no artigo 32 que o Poder Executivo designará autoridade competente para zelar pela implementação e fiscalização da futura lei.

35 MYLLY, UM. *Transparent AI? Navigating Between Rules on Trade Secrets and Access to Information.* IIC 54, 1013–1043 (2023).

36 No âmbito da proteção de dados, NOTO e SAPPA defendem que os segredos comerciais não poderão limitar os direitos de ser informado, de retificação, de apagamento, de restringir o processamento, de se opor e de não estar sujeito à tomada de decisões automatizadas. NOTO, La Diega G; SAPPA, C. The internet of things (IoT) at the intersection of data protection and

Tal afirmação é pertinente ao objeto de estudo deste artigo e pode ser utilizada por analogia, uma vez que os direitos à explicação e de acesso têm direta relação com a transparência algorítmica. O primeiro fundamento para essa conclusão é que, mesmo que uma explicação não seja completa, ainda assim essa pode ser suficiente para o propósito de alcançar um controle significativo.

Ou seja, é possível que sejam dadas informações significativas às pessoas afetadas por sistemas de inteligência sem que tais informações revelem ou coloquem em vulnerabilidade o segredo comercial ou industrial. Transparência não significa necessariamente "transparência total", de forma que o necessário é que a explicação seja adequada aos fins visados, ainda que essa não seja necessariamente completa.[37]

Impende apontar também que o desenvolvimento de sistemas de inteligência artificial pode depender de uma grande quantidade de componentes de ciência básica e módulos de *software* preexistentes. Também há o desenvolvimento de sistemas pautados em standards, os quais, para cumprir o seu papel, devem ser abertos. Para mais, os sistemas de inteligência artificial contêm muitos componentes que utilizam dados coletados de fontes disponíveis publicamente.

Nesses casos, parece razoável concluir que situações tais como as narradas acima talvez não cumpram os requisitos para fins de proteção dos segredos industrial e comercial. Tais características do desenvolvimento de sistemas de inteligência artificial aparentemente reduzem a extensão da proteção dos segredos industrial e comercial. Todavia, a maneira específica como esses componentes geralmente conhecidos são reunidos pode vir a ser considerada abarcada no segredo.[38]

5 Considerações finais

Em última análise, considerando que o tema dos segredos industrial e comercial é ainda um dos temas mais negligenciados e

---

trade secrets. non-conventional paths to counter data appropriation and empower consumers. *Eur J Consum Law/Revue européenne de droit de la consummation* 3:419–458, 2020.

[37] MYLLY, UM. *Transparent AI? Navigating Between Rules on Trade Secrets and Access to Information.* IIC 54, 1013–1043 (2023).

[38] MYLLY, UM. *Transparent AI? Navigating Between Rules on Trade Secrets and Access to Information.* IIC 54, 1013–1043 (2023).

pouco explorados no Brasil, bem como que não há uma definição precisa desta proteção, conclui-se que essa deverá ser aplicada com cautela. Nesse contexto, deve-se ponderar que, se a proteção dos segredos industrial e comercial é condicionada a um ato de concorrência desleal, a simples obtenção de uma cópia dos dados para uso pessoal e o exercício do direito de acesso pelo titular não podem ser negados, *prima facie*, com base no segredo de empresa, já que em regra tal exercício não tem o condão de gerar prejuízos competitivos de forma desleal à empresa.

Outro ponto nevrálgico envolvendo os segredos industrial e comercial reside nas inferências, que são obtidas por meio do tratamento do dado "cru", realizado em geral com inteligência artificial. Essas inferências apontam os gostos, as preferências e posições de determinada pessoa. Também se enquadra como inferências a criação de perfis e de sistemas de *rating*.

A esse respeito, é possível ponderar que conhecimentos gerados pela utilização de dados que não sejam mais associados ao dado original, de maneira que o titular não possa mais ser identificado, impossibilitando o *backtrace*, podem, caso preenchidos os demais requisitos, ser protegidos pelo segredo de empresa. Ademais, as técnicas e os algoritmos utilizados para obtenção de informações e conhecimentos também podem vir a estar abarcados no segredo de empresa, se satisfeitas as demais condições para tanto.

Em adição, mostra-se necessária uma atuação da Autoridade Nacional de Proteção de Dados Pessoais (ANPD) e da futura autoridade em matéria de inteligência artificial, para fins de sistematizar e regulamentar de forma clara o tema dos segredos industrial e comercial, bem como para exercer um controle sobre possíveis negativas ou restrições de direitos sob a alegação da proteção do segredo de empresa.

Anota-se, ademais, que o conflito entre segredo e transparência deve ser encarado mais como uma antinomia aparente do que real. O primeiro fundamento para essa conclusão é que, mesmo que uma explicação não seja completa, ainda assim essa pode ser suficiente para o propósito de alcançar um controle significativo.

Ou seja, é possível que sejam dadas informações significativas às pessoas afetadas por sistemas de inteligência, sem que tais informações revelem ou coloquem em vulnerabilidade os segredos industrial e comercial. Transparência não significa necessariamente "transparência total", de forma que o necessário é que a explicação seja adequada aos fins visados, ainda que essa não seja necessariamente completa.

Impende apontar também que o desenvolvimento de sistemas de inteligência artificial pode depender de uma grande quantidade de componentes de ciência básica e módulos de *software* preexistentes. Também há o desenvolvimento de sistemas pautados em *standards*, os quais, para cumprir o seu papel, devem ser abertos. Para mais, os sistemas de inteligência artificial contêm muitos componentes que utilizam dados coletados de fontes disponíveis publicamente.

Nesses casos, parece razoável concluir que situações tais como as narradas acima podem não cumprir os requisitos para proteção do segredo de empresa, uma vez que tais características do desenvolvimento de sistemas de inteligência artificial aparentemente reduzem a extensão da proteção do segredo de empresa. Todavia, a maneira específica como esses componentes geralmente conhecidos são reunidos pode vir a ser considerada abarcada no segredo.

Por derradeiro, a transparência ilumina a confiança, garantindo que a tecnologia sirva à humanidade com responsabilidade. Portanto, o correto equilíbrio entre o exercício dos direitos das pessoas afetadas por sistemas de inteligência artificial e a observância dos segredos industrial e comercial são a chave para uma sociedade onde a inovação prospera sem comprometer a dignidade e a liberdade de cada indivíduo.

Referências

ALMELING, David S. Seven Reasons Why Trade Secrets Are Increasingly Important, *27 Berkeley Technology Law Journal*, 2012.

ANPD. Análise preliminar do Projeto de Lei nº 2338/2023, que dispõe sobre o uso da Inteligência Artificial. Disponível em: analise-preliminar-do-pl-2338_2023-formatado-ascom.pdf (www.gov.br). Acesso em: 23 jul. 2024.

ASCARELLI, Tullio. *Teoria dela concorrenza e dei beni immateriali.* Lezioni di dirrito industriale. 2. ed. Giuffrè: Milano, 1957.

BARBOSA, Denis Borges. *Tratado de propriedade intelectual.* Tomo I. Rio de Janeiro: Lumen Juris, 2013.

DONEDA, Danilo. *Da privacidade à proteção de dados pessoais.* 2. ed. São Paulo: Thomson Reuters Brasil, 2021.

DONEDA, Danilo. Panorama histórico da proteção de dados pessoais. *In:* MENDES, Laura Schertel; BIONI, B. R.; DONEDA, D.; SARLET, I. W.; RODRIGUES, O. L. *Tratado de proteção de dados pessoais.* 1. ed. Rio de Janeiro: Editora Forense, 2020.

FALCE, Valéria. Trade Secrets – Looking for (Full) Harmonization in the Innovation Union. *IIC – International Review of Intellectual Property and Competition Law*, v. 46, 2015.

FEKETE, Elisabeth Kasznar. *O regime jurídico do segredo de indústria e comércio no direito brasileiro.* Forense: Rio de Janeiro, 2003.

LABRUNIE, Jacques. *Proteção ao segredo de negócio.* Direito empresarial contemporâneo. São Paulo: Juarez de Oliveira, 2000.

MALGIERI, Gianclaudio; BESLAY, Laurent; SANCHEZ, Ignacio. The right to data portability in the GDPR: towards user-centric interoperability of digital services. *Computer Law & Security Review*, Londres, v. 34, n. 2, p. 193-203, abr. 2018.

MYLLY, UM. *Transparent AI? Navigating Between Rules on Trade Secrets and Access to Information.* IIC 54, 1013–1043 (2023).

NOTO, La Diega G; SAPPA, C. The internet of things (IoT) at the intersection of data protection and trade secrets. non-conventional paths to counter data appropriation and empower consumers. *Eur J Consum Law/Revue européenne de droit de la consummation* 3:419–458, 2020.

PARENTE, Flávia. Concorrência desleal e segredos de fábrica e de negócios – Análise do art. 195 XI da Lei de Propriedade Industrial. *Revista de Direito Mercantil Industrial, Econômico e Financeiro*, v. 139, 2005.

PELA, Juliana Krueger. The Brazilian Regulation of Trade Secrets. A proposal for its review. *Gewerblicher Rechtsschutz und Urheberrecht – Internationaler Teil*, v. 6, 2018.

SILVEIRA, João Marcos. A proteção jurídica dos segredos industriais e de negócio. *Revista de Direito Mercantil, Industrial, Econômico e Financeiro*, São Paulo, v. 40, n. 121, jan./mar, 2001.

SILVEIRA, Newton. Limites convencionais à concorrência. *Revista de Direito Mercantil Industrial Econômico e Financeiro*, Nova Serie, v. 20, Jul./Set. 1981.

SPIECKER, Indra. O direito à proteção de dados na internet em caso de colisão. *Revista Brasileira De Direitos Fundamentais & Justiça, 12*(38), 2018.

TRT 2ª Reg. RO 20020208981 – (20020534563) 5ª T. Rel. Juíza Rita Maria Silvestre – DOESP 30.08.2002.

VERONESE, A.; SILVEIRA, A.; LEMOS, A. N. L. E. Inteligência artificial, mercado único digital e a postulação de um direito às interferências justas e razoáveis: uma questão jurídica entre a ética e a técnica. *In:* FRAZÃO, Ana; MULHOLLAND, Caitlin. (Org.). *Inteligência artificial e direito:* ética, regulação e responsabilidade. 1. ed. São Paulo: Thomson Reuters Brasil, 2019, v. 1, p. 233-264.

VILLANI, Cédric. *For a meaningful artificial intelligence.* Disponível em: https://www.aiforhumanity.fr/pdfs/MissionVillani_Report_ENG-VF.pdf . Acesso em: 20 ago. 2023.

WACHTER, Sandra; MITTELSTADT, Brent. A right to reasonable inferences: re-thinking data protection law in the age of big data and AI. *Columbia Business Law Review*, Nova York, n. 494, 2019.

O STF, O ERRO GROSSEIRO E A CONSTITUCIONALIDADE DO ART. 28 DA LINDB: ANÁLISE DO JULGAMENTO DAS ADIS 6421 E 6428

RAFAEL RAMOS

1 Considerações iniciais

No final de março de 2024, chegou ao final o julgamento das ADIs 6421e 6428, que discutiam a constitucionalidade do art. 28 da Lei de Introdução às Normas do Direito Brasileiro (LINDB), na redação dada pela Lei nº 13.655/2018, arts. 12 e 14 do Decreto nº 9.830/2019 e a Medida Provisória nº 966/2020. Referidas ADIs propostas, no contexto da pandemia de Covid-19, respectivamente pela Rede Sustentabilidade e pelo Partido Democrático Trabalhista – PDT, tinham como principal argumento a suposta violação do art. 37, §6º, CF.[1]

Em razão da relevância do tema em debate – a limitação da responsabilidade do gestor público – o julgado acabou contando com a participação de alguns importantes *amici curiae*, o Instituto Brasileiro de Direito Administrativo (IBDA) e a Sociedade Brasileira de Direito Público (SBDP),[2] trazendo argumentos contrários à declaração de inconstitucionalidade.

A participação do IBDA, capitaneada pelos professores Cristiana Fortini e Maurício Zochun, contou com a realização de sustentação oral, por ocasião do julgamento no Plenário Virtual

---

[1] A análise da decisão do STF deixará de lado a alegação da inconstitucionalidade da MP nº 966, tendo em vista que a medida provisória questionada (MP nº 966/2020) perdeu a eficácia em decorrência do término do prazo para sua votação pelo Congresso Nacional. A respeito da MP nº 966, ver MAFFINI, Rafael. LINDB, Covid-19 e sanções administrativas aplicáveis a agentes públicos. *In:* MAFFINI, Rafael; RAMOS, Rafael. (Org.). *Nova LINDB*: Consequencialismo, deferência judicial, motivação e responsabilidade do gestor. 1. ed. Rio de Janeiro: Editora Lumen Juris, 2020, v. 1, p. 191-221.

[2] A Manifestação da SBDP foi subscrita por Carlos Ari Sundfeld, Juliana Palma, André Rosilho entre outros.

da Corte, pelo professor Rodrigo Valgas, assim como a entrega de parecer elaborado pela sua Comissão de Estudos sobre a Lei de Introdução às Normas do Direito Brasileiro,[3] tendo como principais argumentos:

> (a) *Princípio da legalidade e proporcionalidade:* O princípio da legalidade é uma pedra angular do Estado de Direito, garantindo que ninguém seja responsabilizado por condutas não previstas em lei. Responsabilizar o gestor apenas por dolo ou erro grosseiro está em conformidade com esse princípio, pois exige que haja uma clara violação intencional ou negligência grave para que a responsabilização ocorra. Isso evita a imposição de penalidades excessivas ou injustas, garantindo a proporcionalidade da punição em relação à gravidade da conduta.
> (b) *Estímulo à atuação administrativa eficiente:* a responsabilidade do gestor apenas por dolo ou erro grosseiro incentiva uma atuação mais proativa e eficiente por parte dos administradores públicos, já que a responsabilidade fosse ampliada para incluir negligência simples, por exemplo, muitos gestores poderiam se sentir inibidos em tomar decisões necessárias, temendo possíveis consequências jurídicas. Com a restrição da responsabilidade a condutas mais graves, o gestor tem maior margem de manobra para atuar em prol do interesse público sem receios excessivos;
> (c) *Eficiência e desenvolvimento administrativo:* a restrição da responsabilidade a dolo ou erro grosseiro contribui para a eficiência administrativa e o desenvolvimento institucional. Gestores públicos desempenham funções complexas e, ocasionalmente, podem enfrentar situações ambíguas ou incertas. Ao permitir que atuem com maior liberdade, desde que ajam de boa-fé e sem negligência grave, pode-se alcançar resultados mais eficazes e inovadores na administração pública;
> (d) *Segurança jurídica:* a clara definição de quais condutas são passíveis de responsabilização – dolo ou erro grosseiro – proporciona maior segurança jurídica aos gestores públicos. Eles podem orientar suas ações com base em critérios mais objetivos, evitando interpretações subjetivas que poderiam surgir se a responsabilidade fosse estendida a outros graus de negligência. Isso também evita litígios desnecessários e promove uma administração mais confiável e previsível;
> (e) *Recomendações dos órgãos de controle externo:* nos últimos anos foram editadas diversas recomendações de órgãos de controle (CNJ, CNMP e TCU) com explícita menção à LINDB, demonstrando sua compatibilidade com o texto constitucional.

---

3 Composta pelos seguintes membros: Rafael Ramos (Presidente), Alessandra Wegermann, Alice Voronoff, André Cyrino, André J. Rosilho, Camila Morais Azevedo, Daniela Zago, Eurico Bitencourt, Juliano Heinen, Luís Manoel Borges do Vale, Patrícia Baptista, Phillip Gil França, Raquel Carvalho e Vladimir da Rocha França.

2 Texto e contexto da Lei nº 13.655/2018

O vetusto Decreto-Lei nº 4.657 de 04 de setembro de 1942, inicialmente denominado Lei de Introdução ao Código Civil (LICC), tem por objeto a interpretação e a aplicação de enunciados normativos. Mais especificamente, embora situado no plano infraconstitucional, contém dispositivos de interpretação, aplicação e integração de outras leis no tempo e no espaço, sendo, pois, considerado "lei das leis".

No entanto, o legislador, percebendo que a denominação dada (LICC) não abarcava adequadamente todo o campo de incidência do referido diploma legislativo, pois não limitada ao âmbito do Direito Civil, alterou a sua denominação, através da Lei nº 12.376/2010, para Lei de Introdução às Normas do Direito Brasileiro (LINDB).

A alteração da denominação, por si só, evidentemente, não foi capaz de promover a necessária atualização da LINDB. Vale lembrar que o Decreto-Lei nº 4.657 entrou em vigor em 1942, ou seja, ainda na vigência do Código Civil de 1916, cujos valores eram ligados ao liberalismo e ao individualismo.

De lá para cá, muita coisa mudou. No campo normativo, por exemplo, tivemos a entrada em vigor de um novo Código Civil (2002), de dois códigos de Processo Civil (1973 e 2015) e de três constituições (1946, 1967/69 e 1988). A Constituição de 1988, no que lhe concerne, foi responsável por promover, ao mesmo tempo, a reconstitucionalização e a redemocratização do país. Mais do que isso, alçou o cidadão, não mero administrado, à condição de titular de direitos fundamentais oponíveis ao Estado. Além disso, deu um impulso significativo à atuação dos órgãos de controle: Poder Judiciário, Ministério Público e Tribunal de Contas.

Em 2018, através da Lei nº 13.655,[4] a LINDB sofreu, sem sombra de dúvidas, a sua mais profunda alteração, por meio da inserção de dez novos artigos com o objetivo declarado de promover segurança jurídica e eficiência na criação e na aplicação

---

[4] A Lei nº 13.655/2018 é fruto do trabalho acadêmico dos professores Carlos Ari Sundfeld (FGV Direito SP) e Floriano de Azevedo Marques Neto (Faculdade de Direito da USP), responsáveis pela elaboração do anteprojeto de lei. Ver SUNDFELD, Carlos Ari (Org.). *Contratações públicas e seu controle*. São Paulo: Malheiros, 2013, p. 277-285.

do direito público. Dessa forma, foram incorporados ao texto legal dispositivos a respeito de consequencialismo (art. 20 e 21), primado da realidade (art. 22), regime de transição (art. 23), segurança jurídica e proteção da confiança (art. 24), consensualidade (art. 26), custos e externalidades do processo (art. 27), limitações na responsabilidade do agente público (art. 28), consulta pública (art. 29) e eficácia vinculante de precedentes administrativos (art. 30).

A Nova LINDB, impregnada pelo pragmatismo e pelo realismo, é uma resposta ao ambiente de crescente decisionismo e controle asfixiante que tem como consequências a insegurança e a paralisia decisória na Administração Pública. O mundo da aplicação descontextualizada da lei e sem a devida consideração das consequências concretas de cada decisão não é compatível com uma gestão pública eficiente idealizada pelo texto constitucional. A nova legislação tem como objetivo ser uma importante ferramenta para lidar com esse cenário.[5]

De fato, a Lei nº 13.655/2018 buscou dar ao agente público honesto os instrumentos necessários para o aperfeiçoamento e a inovação da gestão pública com a necessária segurança. O excesso de controle instalado nos últimos anos, em inúmeros casos, acabou por ter como consequência negativa o que alguns vão chamar de "apagão das canetas" ou, no limite, o direito administrativo do medo. Num ambiente em que o medo é latente, por óbvio, as práticas inovadoras tendem a desaparecer em razão do risco da eventual responsabilização.

3 A constitucionalidade da limitação da responsabilidade do gestor público

O art. 28 da LINDB, em face da falibilidade do ser humano, ao declarar que "o agente público responderá pessoalmente por suas

[5] Ver SUNDFELD, Carlos Ari. *Direito administrativo*: o novo olhar da LINDB. Belo Horizonte: Fórum, 2022; PALMA, Juliana Bonacorsi de. Segurança jurídica para a inovação pública: a nova Lei de Introdução às Normas do Direito Brasileiro (Lei nº 13.655/2018). *Revista de Direito Administrativo*, [S. l.], v. 279, n. 2, p. 209–249, 2020. DOI: 10.12660/rda.v279.2020.82012. Disponível em: https://periodicos.fgv.br/rda/article/view/82012. Acesso em: 23 jul. 2024.

decisões ou opiniões técnicas em caso de dolo ou erro grosseiro", nada mais fez do que reconhecer um "espaço de tolerância jurídica ao erro" por parte de gestores públicos.[6]

Sendo importante ressaltar que a limitação da responsabilidade do gestor público por norma infraconstitucional não é nenhuma novidade, pois outros dispositivos legais já traziam tal orientação. O Código de Processo Civil de 2015, por exemplo, traz diversos dispositivos com restrições à responsabilidade pessoal de certos agentes públicos: magistrados (art. 143),[7] integrantes do Ministério Público (art. 181),[8] membros da Advocacia Pública (art. 184),[9] membros da Defensoria Pública (art. 187).[10] Nada obstante, não houve declaração de inconstitucionalidade de tais dispositivos legais.

O art. 143, CPC, refere que "o juiz responderá, civil e regressivamente, por perdas e danos quando: I – no exercício de suas funções, proceder com dolo ou fraude". Ou seja, referido artigo impõe restrição à responsabilidade muito superior à fixada no art. 28 da LINDB, "pois sequer a *culpa* em quaisquer de seus graus pode gerar responsabilidade pessoal do magistrado, mas apenas *dolo* ou *fraude*, que têm por premissa a *intenção* em causar dano".[11]

Outro exemplo que poderia ser dado é o da Lei nº 12.527/2011 (mais conhecida como Lei de Acesso à Informação). O citado diploma, ao tratar da responsabilidade do agente público civil ou militar, elege como conduta ilícita suscetível de responsabilização: "agir com dolo ou má-fé na análise das solicitações de acesso à informação;" (art. 32, III).[12]

Como refere Rodrigo Valgas dos Santos, "o art. 28 da LINDB veio apenas consagrar o *princípio da isonomia*, posto que a exigência

---

6 DIONISIO, Pedro de Hollanda. *O direito ao erro do administrador público no Brasil*: contexto, fundamentos e parâmetros. 1. ed. Rio de Janeiro: Editora GZ, 2019, p. 2.

7 "Art. 143. O juiz responderá, civil e regressivamente, por perdas e danos quando: I - no exercício de suas funções, proceder com dolo ou fraude; (...)"

8 "Art. 181. O membro do Ministério Público será civil e regressivamente responsável quando agir com dolo ou fraude no exercício de suas funções."

9 "Art. 184. O membro da Advocacia Pública será civil e regressivamente responsável quando agir com dolo ou fraude no exercício de suas funções."

10 "Art. 187. O membro da Defensoria Pública será civil e regressivamente responsável quando agir com dolo ou fraude no exercício de suas funções."

11 SANTOS, Rodrigo Valgas dos. Art. 28 da LINDB: a cláusula da proteção decisória do agente público no direito brasileiro. *In*: RAMOS, Rafael (Coordenador). *Comentários à nova LINDB*: Lei 13.655/2018. Belo Horizonte: Fórum, 2023, p. 164.

12 Outros exemplos: art. 38, §2º, Lei nº 13.327/2016, art. 40, Lei nº 13.140/2015 etc.

de responsabilização apenas nos casos de dolo ou fraude é adotada para magistrados, promotores públicos, ministros e conselheiros de tribunais de contas, sendo isonômico e razoável aplicar a responsabilidade por atividade decisória ou técnica no exercício de função administrativa apenas nos casos de dolo ou erro grosseiro".[13]

Demais disso, a graduação da culpa, de longa data, é adotada pela doutrina pátria, distinguindo-a em grave, leve e levíssima,[14] sendo o erro grosseiro equivalente à culpa grave. No Código Civil, inclusive, a graduação da culpa encontra previsão expressa no parágrafo único do art. 944: "Art. 944. A indenização mede-se pela extensão do dano. Parágrafo único. Se houver excessiva desproporção entre a *gravidade da culpa* e o dano, poderá o juiz reduzir, equitativamente, a indenização".

Aliás, na 1ª Jornada de Direito Administrativo promovida pela IBDA, realizada em 2019 na cidade de Tiradentes (MG),[15] que teve por tema a "LINDB e seus impactos no Direito Administrativo", foi aprovado o seguinte enunciado: "O art. 28 da LINDB, para os casos por ele especificados (decisões e opiniões técnicas) disciplinou o §6º do artigo 37 da Constituição, passando a exigir dolo ou erro grosseiro (culpa grave) também para fins da responsabilidade regressiva do agente público".[16]

O art. 37, §6º, CF/88, por sua vez, segundo Gustavo Binenbojm e André Cyrino, ao se referir à culpa, "não fechou questão sobre o grau ou intensidade de sua incidência para a configuração da responsabilidade do agente público. Assim, logo à partida, a crítica adota uma versão de *maximalismo* constitucional incompatível tanto

---

[13] SANTOS, Rodrigo Valgas dos. Art. 28 da LINDB: a cláusula da proteção decisória do agente público no direito brasileiro, p. 166.

[14] Ver, por exemplo, CAVALIERI FILHO, Sérgio. *Programa de responsabilidade civil*. 6. ed. São Paulo: Malheiros, 2006, p. 61/62; MIRAGEM, Bruno. *Responsabilidade civil*. 2. ed. Rio de Janeiro: Forense, 2021, p. 141-143.

[15] Referido evento contou com a participação dos seguintes juristas: Adriana da Costa R. Schier (PR), Clóvis Beznos (SP), Cristiana Fortini (MG), Emerson Gabardo (PR), Florivaldo Dutra de Araújo (MG), Geraldo Spagno (MG), João Paulo Lacerda (MS), Joel Niebuhr (SC), José Osório Nascimento Neto (PR), Lígia Melo Casimiro (CE), Maria Fernanda Pires (MG), Raquel Urbano de Carvalho (MG), Rogério Medeiros (MG), Rodrigo Valgas dos Santos (SC), Rúsvel Beltrame da Rocha (MG), Pedro Niebuhr (SC). Coordenação: André Freire (SP), Irene Nohara (SP), Luciano Ferraz (MG), Vanice Valle (RJ). Coordenação Geral: Fabrício Motta (GO).

[16] Disponível em: https://ibda.com.br/wp-content/uploads/2023/06/Enunciados-IBDA-publicacao-Forum-2.pdf.

com a letra expressa da Lei Maior, quanto com uma visão aberta e democrática do constitucionalismo. Por evidente, não existe uma interdição a que o legislador democrático *densifique* o conceito de culpa ou adote uma certa modalidade ou intensidade para que a responsabilidade reste configurada".[17]

O art. 28 da LINDB veio, na verdade, suprir lacuna legislativa, tendo em vista a ausência de norma protetiva do agente público honesto que porventura cometa algum erro. O sistema normativo prevê diversos instrumentos legais para lidar com o gestor público desonesto (*v. g.*, Lei de Improbidade Administrativa), mas não havia norma para disciplinar, *em caráter geral*, o erro do gestor de boa-fé. Aliás, na linha da tese firmada pelo julgado, havia violação a proporcionalidade, em especial na sua vertente de vedação à proteção insuficiente.

A Lei nº 13.655/2018 é uma resposta legislativa para enfrentar o chamado "apagão das canetas" e o "direito administrativo do medo"[18] e tem como uma de suas marcas o fortalecimento do dever de motivação. Daqui para a frente, por expressa exigência legal, decisões que venham a sancionar o gestor público reclamam considerar as "circunstâncias fáticas, o grau de responsabilidade com que o administrador decidiu, a realidade que estava diante quando da decisão etc.",[19] em razão do dever de contextualização, previsto no art. 22 da LINDB.[20]

Mais: a partir do art. 28 da LINDB, a responsabilidade pessoal do agente público fica limitada a situações em que houver a prática de

---

[17] BINENBOJM, Gustavo; CYRINO, André. O Art. 28 da LINDB – A cláusula geral do erro administrativo. *Revista de Direito Administrativo*, 203–224. https://doi.org/10.12660/rda.v0.2018.77655. No mesmo sentido, PALMA, Juliana Bonacorsi de; ROSILHO, André. Constitucionalidade do Direito ao Erro do Gestor Público do art. 28 da Nova LINDB. *Revista da CGU*. Volume 13, nº 23, Jan-Jun 2021. Disponível em: file:///C:/Users/55519/Downloads/admin,+Constitucionalidade+do+Direito+ao+Erro+do+Gestor+P%C3%BAblico+do+art.+28+da+Nova+LINDB%20(1).pdf. Acesso em: 23 jul. 2024.

[18] Ver, por todos, SANTOS, Rodrigo Valgas dos. *Direito administrativo do medo*: risco e fuga da responsabilização dos agentes públicos. São Paulo: RT, 2020.

[19] HEINEN, Juliano. Comentários ao art. 28 da LINDB. *In*: DUQUE, Marcelo Schenk; RAMOS, Rafael. (Org.). *Segurança jurídica na aplicação do direito público*. Comentários à Lei nº 13.655/18. 1ed.Salvador: Juspodivm, 2019, p. 166.

[20] Ver MENDONÇA, José Vicente Santos de; ALBUQUERQUE, Lucca Fernardes. Art. 22 da LINDB: decifrando o dever de contextualização. *In*: Ramos, Rafael (Coord.). *Comentários à Nova LINDB*: Lei 13.655/2018. Belo Horizonte: Fórum, 2024, p. 67-80.

um ato intencional (dolo) ou um erro de natureza grave (grosseiro).[21] Nesse sentido, o Decreto nº 9.830/2019 declara que "considera-se erro grosseiro aquele manifesto, evidente e inescusável praticado com culpa grave, caracterizado por ação ou omissão com elevado grau de negligência, imprudência ou imperícia" (ar. 12, §1º).

Aliás, o Supremo Tribunal Federal, em julgado de 2007, quando tratou de analisar a responsabilidade de um parecerista, empregou expressamente o termo "erro grosseiro": "É lícito concluir que é abusiva a responsabilização do parecerista à luz de uma alargada relação de causalidade entre seu parecer e o ato administrativo do qual tenha resultado dano ao erário. Salvo demonstração de culpa ou erro grosseiro, submetida às instâncias administrativo-disciplinares ou jurisdicionais próprias, não cabe a responsabilização do advogado público pelo conteúdo de seu parecer de natureza meramente opinativa".[22] Ou seja, não há nenhuma novidade na utilização da expressão erro grosseiro.

4 Responsabilização e proporcionalidade: da proibição de excesso à proibição de proteção insuficiente

O princípio da proporcionalidade é instrumento, largamente utilizado no âmbito da jurisdição constitucional brasileira, de controle das restrições ao exercício dos direitos fundamentais, sendo nessa acepção ligado à sua tradicional feição de *proibição de excesso.*

No entanto, nos últimos anos, a partir da ideia dos deveres de proteção do Estado, a doutrina vem falando na *dupla face* da proporcionalidade, "atuando simultaneamente como critério para o controle da legitimidade constitucional das medidas restritivas do âmbito de proteção dos direitos fundamentais, bem como para o controle da omissão ou atuação insuficiente do Estado no cumprimento dos seus deveres de proteção".[23]

---

[21] DIONISIO, Pedro de Hollanda. *O direito ao erro do administrador público no Brasil*: contexto, fundamentos e parâmetros. 1. ed. Rio de Janeiro: Editora GZ, 2019, p. 93.

[22] MS 24631, Relator(a): Joaquim Barbosa, Tribunal Pleno, julgado em 09.08.2007.

[23] SARLET, Ingo Wolfgang; MARINONI, Luiz Guilherme; MITIDIERO, Daniel. *Curso de direito constitucional*. 4. ed. São Paulo: Saraiva, 2015, p. 386.

A proporcionalidade, enquanto *proibição de proteção insuficiente*, tem inclusive encontrado aceitação na jurisprudência do STF:

> DIREITO CONSTITUCIONAL. RECURSO EXTRAORDINÁRIO. REPERCUSSÃO GERAL. EQUIPARAÇÃO DO PRAZO DA LICENÇA-ADOTANTE AO PRAZO DE LICENÇA-GESTANTE. 1. A licença maternidade prevista no artigo 7º, XVIII, da Constituição abrange tanto a licença gestante quanto a licença adotante, ambas asseguradas pelo prazo mínimo de 120 dias. Interpretação sistemática da Constituição à luz da dignidade da pessoa humana, da igualdade entre filhos biológicos e adotados, da doutrina da proteção integral, do princípio da prioridade e do interesse superior do menor. 2. As crianças adotadas constituem grupo vulnerável e fragilizado. Demandam esforço adicional da família para sua adaptação, para a criação de laços de afeto e para a superação de traumas. Impossibilidade de se lhes conferir proteção inferior àquela dispensada aos filhos biológicos, que se encontram em condição menos gravosa. *Violação do princípio da proporcionalidade como vedação à proteção deficiente*. 3. Quanto mais velha a criança e quanto maior o tempo de internação compulsória em instituições, maior tende a ser a dificuldade de adaptação à família adotiva. Maior é, ainda, a dificuldade de viabilizar sua adoção, já que predomina no imaginário das famílias adotantes o desejo de reproduzir a paternidade biológica e adotar bebês. Impossibilidade de conferir proteção inferior às crianças mais velhas. *Violação do princípio da proporcionalidade como vedação à proteção deficiente.* 4. Tutela da dignidade e da autonomia da mulher para eleger seus projetos de vida. Dever reforçado do Estado de assegurar-lhe condições para compatibilizar maternidade e profissão, em especial quando a realização da maternidade ocorre pela via da adoção, possibilitando o resgate da convivência familiar em favor de menor carente. Dívida moral do Estado para com menores vítimas da inepta política estatal de institucionalização precoce. Ônus assumido pelas famílias adotantes, que devem ser encorajadas. 5. Mutação constitucional. Alteração da realidade social e nova compreensão do alcance dos direitos do menor adotado. Avanço do significado atribuído à licença parental e à igualdade entre filhos, previstas na Constituição. Superação de antigo entendimento do STF. 6. Declaração da inconstitucionalidade do art. 210 da Lei nº 8.112/1990 e dos parágrafos 1º e 2º do artigo 3º da Resolução CJF nº 30/2008. 7. Provimento do recurso extraordinário, de forma a deferir à recorrente prazo remanescente de licença parental, a fim de que o tempo total de fruição do benefício, computado o período já gozado, corresponda a 180 dias de afastamento remunerado, correspondentes aos 120 dias de licença previstos no art. 7º, XVIII, CF, acrescidos de 60 dias de prorrogação, tal como estabelecido pela legislação em favor da mãe gestante. 8. Tese da repercussão geral: "Os prazos da licença adotante não podem ser inferiores aos prazos da licença gestante, o mesmo valendo para as respectivas prorrogações. Em relação à licença

adotante, não é possível fixar prazos diversos em função da idade da criança adotada". (RE 778889, Relator(a): Roberto Barroso, Tribunal Pleno, julgado em 10.03.2016, Acórdão Eletrônico Repercussão Geral – Mérito DJe-159 Divulg. 29.7.2016 Public. 01.08.2016)

O legislador, ao positivar no artigo 28 da LINDB que "o agente público responderá pessoalmente por suas decisões ou opiniões técnicas em caso de dolo ou erro grosseiro", veio, na verdade, suprir, em norma de caráter geral, uma *proteção insuficiente dos agentes públicos*. As leis editadas, no que diz respeito à responsabilização dos agentes públicos, sempre tiveram em mente o agente público desonesto (por exemplo, Lei nº 8.429/1992). No entanto, faltava o devido tratamento e proteção ao agente público bem-intencionado que eventualmente possa cometer algum erro. Lacuna finalmente suprida com a Lei nº 13.655/2018.[24]

5 A LINDB e os órgãos de controle externo

Passados mais de seis anos, desde a sua entrada em vigor, fato é que a Lei nº 13.655/2018 (Nova LINDB) não impediu qualquer tipo de fiscalização ou ação dos órgãos de controle sobre a atuação irregular de agentes públicos desonestos. Na verdade, ela tem sido responsável por promover uma maior aproximação da atuação administrativa e controladora da *realidade vivida* diariamente por gestores e particulares de boa-fé e por permitir a inovação na gestão pública com a necessária segurança jurídica.

Mais: referida lei gradativamente tem ganhado espaço em decisões de gestores públicos, de órgãos controladores (Ministério Público e Tribunais de Contas) e órgãos do Poder Judiciário, desde as instâncias inferiores até as Cortes Supremas (STF e STJ). No período da pandemia de Covid-19, um grande teste para a nova lei, o Conselho Nacional de Justiça, o Conselho Nacional do Ministério

[24] Ver BINENBOJM, Gustavo; DIONISIO, Pedro de Hollanda. Os três passos do controle do erro administrativo: as diferentes etapas e objetivos na construção de parâmetros de controle. *Revista de Direito Administrativo*, 280(2), 109–135. https://doi.org/10.12660/rda.v280.2021.84493. Ver também a magnífica monografia de DIONISIO, Pedro de Hollanda. *O direito ao erro do administrador público no Brasil*: contexto, fundamentos e parâmetros. Rio de Janeiro: GZ, 2019.

Público e o Tribunal de Contas da União, por exemplo, editaram recomendações com referências à LINDB.

No âmbito do Conselho Nacional de Justiça, a Recomendação nº 66/2020,[25] relativa ao julgamento das ações que versem sobre o direito à saúde e a adoção de medidas para garantir os melhores resultados à sociedade durante o período excepcional de pandemia da Covid-19, prevê:

> (...) Art. 3º Recomendar a todos os juízos com competência para o julgamento sobre o direito à saúde que avaliem, com maior deferência ao respectivo gestor do SUS, considerando o disposto na *LINDB*, durante o período de vigência do 'estado de calamidade' no Brasil: (...)
> Art. 5º Recomendar a todos os juízos com competência sobre o direito à saúde que *seja observado o efeito prático da decisão* no contexto de calamidade, com vistas ao cumprimento do interesse público e da segurança do sistema sanitário, bem como a efetividade judicial e a celeridade no cumprimento da decisão.

No âmbito do Conselho Nacional do Ministério Público, a Recomendação Conjunta PRESI-CN nº 2/2020,[26] relativa a critérios de atuação na fiscalização de políticas públicas, vem impregnada pela ideia de deferência às escolhas administrativas legítimas dos gestores públicos, prevista no art. 22, LINDB, como é possível ver, exemplificativamente, no art. 2º:

> Art. 2º Recomendar aos membros do Ministério Público brasileiro que, na fiscalização de atos de execução de políticas públicas, seja *respeitada a autonomia administrativa do gestor* e observado o limite de análise objetiva de sua legalidade formal e material.
> Parágrafo único. Diante da falta de consenso científico em questão fundamental à efetivação de política pública, *é atribuição legítima do gestor a escolha de uma dentre as posições díspares e/ou antagônicas, não cabendo ao Ministério Público a adoção de medida judicial ou extrajudicial destinadas a modificar o mérito dessas escolhas.*

---

[25] Disponível em: https://atos.cnj.jus.br/atos/detalhar/3318.

[26] Disponível em: https://www.cnmp.mp.br/portal/images/Recomendacoes/RECOMENDAO-CONJUNTA-PRESI-CN-N-2-DE-19-DE-JUNHO-DE-2020-1.pdf.

No âmbito do Tribunal de Contas da União, a *Resolução 315/2020*,[27] dispondo sobre a elaboração de deliberações que contemplem medidas a serem tomadas pelas unidades jurisdicionadas no âmbito do TCU, prevê expressamente a "necessidade de adequação da atuação do TCU às disposições contidas na Lei de Introdução às Normas do Direito Brasileiro", sem fazer qualquer ressalva quanto a observância do art. 28.

Ao que tudo indica, como refere Gustavo Justino de Oliveira, tais recomendações, impregnadas pelo pragmatismo e consequencialismo previstos pela Lei nº 13.655/2018, dão sinais alvissareiros de uma mudança de curso na trajetória institucional dos órgãos de controle externo. De um hiperativismo do controle da gestão pública, responsável, em muitas situações, pela paralisia decisória para posicionamentos revisionais mais deferentes e que prestigiam a discricionariedade do gestor sem o comprometimento da necessária atuação fiscalizadora da atividade da Administração Pública.[28]

6 Considerações finais

O STF, ao concluir o julgamento das ADIs 6421 e 6428, seguindo o voto condutor do julgado da lavra do Ministro Luís Roberto Barroso, fixou a seguinte tese: "1. Compete ao legislador ordinário dimensionar o conceito de culpa previsto no art. 37, §6º, da CF, respeitado o princípio da proporcionalidade, em especial na sua vertente de vedação à proteção insuficiente; 2. Estão abrangidas pela ideia de erro grosseiro as noções de imprudência, negligência e imperícia, quando efetivamente graves".

---

[27] Disponível em: https://pesquisa.apps.tcu.gov.br/documento/ato-normativo/*/TIPO%253A%2528Resolu%25C3%25A7%25C3%25A3o%2529%2520NUMATO%253A315%2520NUMANOATO%253A2020/DTRELEVANCIA%2520desc%252CNUMATOINT%2520desc/0/%2520?uuid=ee4d0190-96e6-11ea-b39d-7744880a9168.

[28] Ver OLIVEIRA, Gustavo Justino de. O hiperativismo do controle externo da gestão pública pós-lei federal nº 13.655/18: panorama das adaptações comportamentais e normativas do TCU e do Conselho Nacional do Ministério Público – CNMP frente aos novos parâmetros pragmatistas e consequencialistas de Direito Público fixados pela LINDB. *In:* RAMOS, Rafael; MAFFINI, Rafael (Coordenadores). *Nova LINDB*: consequencialismo, deferência judicial, motivação e responsabilidade do gestor público. Rio de Janeiro: Lumen Juris, 2020, p. 261-277.

Em suma, a limitação da responsabilidade do gestor apenas por dolo ou erro grosseiro (art. 28 da LINDB) não desborda dos limites da *liberdade de conformação normativa* deferida ao legislador, mostrando-se, na verdade, uma abordagem constitucionalmente adequada, pois preserva princípios fundamentais do Estado de Direito, incentiva a atuação administrativa responsável e eficiente e promove segurança jurídica.

Referências

BINENBOJM, Gustavo; CYRINO, André. O Art. 28 da LINDB – A cláusula geral do erro administrativo. *Revista de direito administrativo*, [S. l.], p. 203–224, 2018. DOI: 10.12660/rda.v0.2018.77655. Disponível em: https://periodicos.fgv.br/rda/article/view/77655. Acesso em: 19 jun. 2024.

BINENBOJM, Gustavo; DIONISIO, Pedro de Hollanda. Os três passos do controle do erro administrativo: as diferentes etapas e objetivos na construção de parâmetros de controle. *Revista de Direito Administrativo*, 280(2), 109–135.

CAVALIERI FILHO, Sérgio. *Programa de responsabilidade civil*. 6. ed. São Paulo: Malheiros, 2006.

DIONISIO, Pedro de Hollanda. *O direito ao erro do administrador público no Brasil*: contexto, fundamentos e parâmetros. 1. ed. Rio de Janeiro: Editora GZ, 2019.

HEINEN, Juliano. Comentários ao art. 28 da LINDB. *In:* DUQUE, Marcelo Schenk; RAMOS, Rafael. (Org.). *Segurança jurídica na aplicação do direito público*. Comentários à Lei nº 13.655/18. 1. ed. Salvador: Juspodivm, 2019, p. 161-176.

MAFFINI, Rafael. LINDB, Covid-19 e sanções administrativas aplicáveis a agentes públicos. *In:* MAFFINI, Rafael; RAMOS, Rafael. (Org.). *Nova LINDB*: Consequencialismo, deferência judicial, motivação e responsabilidade do gestor. 1. ed. Rio de Janeiro: Editora Lumen Juris, 2020, v. 1, p. 191-221.

MENDONÇA, José Vicente Santos de; ALBUQUERQUE, Lucca Fernardes. Art. 22 da LINDB: decifrando o dever de contextualização. *In*: Ramos, Rafael (Coord.). *Comentários à Nova LINDB*: Lei nº 13.655/2018. Belo Horizonte: Fórum, 2024, p. 67-80.

MIRAGEM, Bruno. *Responsabilidade civil*. 2. ed. Rio de Janeiro: Forense, 2021.

OLIVEIRA, Gustavo Justino de. O hiperativismo do controle externo da gestão pública pós-lei federal nº 13.655/18: panorama das adaptações comportamentais e normativas do TCU e do Conselho Nacional do Ministério Público – CNMP frente aos novos parâmetros pragmatistas e consequencialistas de Direito Público fixados pela LINDB. *In:* RAMOS, Rafael; MAFFINI, Rafael (Coordenadores). *Nova LINDB*: consequencialismo, deferência judicial, motivação e responsabilidade do gestor público. Rio de Janeiro: Lumen Juris, 2020, p. 261-277.

PALMA, Juliana Bonacorsi de. Segurança jurídica para a inovação pública: a nova Lei de Introdução às Normas do Direito Brasileiro (Lei nº 13.655/2018). *Revista de Direito Administrativo*, [S. l.], v. 279, n. 2, p. 209–249, 2020. DOI: 10.12660/rda.v279.2020.82012. Disponível em: https://periodicos.fgv.br/rda/article/view/82012. Acesso em: 23 jul. 2024.

PALMA, Juliana Bonacorsi de; ROSILHO, André. Constitucionalidade do Direito ao Erro do Gestor Público do art. 28 da Nova LINDB. *Revista da CGU*, volume 13, nº 23, Jan-Jun 2021. Disponível em: file:///C:/Users/55519/Downloads/admin,+Constitucionalidade+do+Direito+ao+Erro+do+Gestor+P%C3%BAblico+do+art.+28+da+Nova+LINDB%20(1).pdf Acesso em: 23 jul. 2024.

RAMOS, Rafael (Coord.). *Comentários à Nova LINDB*: Lei nº 13.655/2018. Belo Horizonte: Fórum, 2024.

RAMOS, Rafael; MAFFINI, Rafael (Coord.). *Nova LINDB*: consequencialismo, deferência judicial, motivação e responsabilidade do gestor público. Rio de Janeiro: Lumen Juris, 20220.

SANTOS, Rodrigo Valgas dos. *Direito administrativo do medo*: risco e fuga da responsabilização dos agentes públicos. São Paulo: RT, 2020.

SANTOS, Rodrigo Valgas dos. Art. 28 da LINDB: a cláusula de proteção decisória do agente público no direito brasileiro. *In:* RAMOS, Rafael (Coord.). *Comentários à Nova LINDB*: Lei nº 13.655/2018. Belo Horizonte: Fórum, 2024, p. 161-180.

SARLET, Ingo Wolfgang; MARINONI, Luiz Guilherme; MITIDIERO, Daniel. *Curso de direito constitucional*. 4. ed. São Paulo: Saraiva, 2015.

SUNDFELD, Carlos Ari. *Direito administrativo*: o novo olhar da LINDB. Belo Horizonte: Fórum, 2022.

Alex Roberto Padovani
Ex-Procurador Municipal de Araguaína/TO. Atualmente, Oficial de Justiça do TJPA (desde fevereiro de 2024). Pós-graduado em Direito Constitucional e Administrativo. Pós-graduado em Regime Próprio de Previdência Social (RPPS) e Previdência Complementar. Especializando em Processo Administrativo Previdenciário.

André Fabiano Guimarães de Araújo
Doutorando e Mestre em Direito do Estado pela Universidade de São Paulo (USP). Procurador do Município de Campinas/SP.

Daniela Copetti Cravo
Procuradora do Município de Porto Alegre. Doutora e Mestre em Direito pela UFRGS. Pós-Doutorado no Departamento de Direito Público e Filosofia do Direito da Faculdade de Direito da UFRGS (2019 – 2020). Encarregada pela Proteção de Dados Pessoais na Procuradoria Geral do Município de Porto Alegre (PGM/Porto Alegre). Professora Convidada de Cursos de Especialização em Direito (Damásio, UFRGS, UniRitter, Unisinos, FMP/RS, Universidade Católica de Pernambuco, Ebradi) e de cursos de curta duração (Editora Fórum, PUC-Rio, AJURIS, ITS Rio, Verbo Jurídico, ESDM, Fadisma, *Opice Blum Academy*). Professora orientadora de Mestrado na *Ambra University*. Coordenadora na Escola Superior de Direito Municipal (ESDM). Premiada no V Prêmio de Monografias SEAE. Autora do Livro "Direito à Portabilidade de Dados", que atualmente está na segunda edição. Vice-líder do Grupo de Pesquisa Comércio Internacional, Mercados, Investimentos Internacionais e Circulação de Riquezas. Visitante de Investigação na *Facultad de Derecho da Universidad de Chile*. Participou do *United Nations Public Service Forum* e do *Internet Governance Forum* (IGF) *Workshop* na Colômbia e da *South School on Internet Governance* no Panamá. Foi Professora substituta da Faculdade de Direito da UFRGS (2017 a 2019). Foi Diretora Acadêmica da ESDM (2021–2022). Foi Assessora do MPF junto ao CADE. Foi Analista de Políticas Sociais no Ministério da Saúde em Brasília. Participou da pesquisa financiada pelo Conselho Nacional de Justiça (CNJ) sobre Demandas Judiciais e Morosidade da Justiça Civil. Foi Professora da Faculdade de Direito da São Judas Tadeu (2022).

Edcarlos Alves Lima
Mestre em Direito Político e Econômico pela Universidade Presbiteriana Mackenzie (2022). Especialista em Direito Tributário pela Universidade Presbiteriana Mackenzie (2012). Especialista em Gestão Pública pela Universidade Tecnológica Federal do Paraná (2013). LLM em Direito Municipal da Católica *Business School* (UNICAP). Coordenador pedagógico e Professor do curso de Direito das Faculdades Integradas Rio Branco Granja Vianna. Procurador-Chefe do Departamento de Consultoria Jurídica em Licitações, Contratos e Ajustes Congêneres, da Procuradoria Geral do Município de Cotia. Autor de artigos jurídicos e de capítulos de livros. Autor do livro "Inovação e Contratações Públicas Inteligentes" pela editora Fórum. Instrutor e palestrante na área de licitações e contratos.

Gustavo Machado Tavares
Procurador do Município do Recife. Especialista em Direito Tributário pelo Instituto Brasileiro de Estudos Tributários – IBET. Especialista em Direitos Humanos pela Universidade Católica de Pernambuco – UNICAP. Presidente da Associação Nacional das Procuradoras e dos Procuradores Municipais/ANPM (2021–2023). Presidente da Associação dos Procuradores do Município do Recife/APMR (2015–2017 e 2019–2021). Conselheiro do Instituto dos Advogados de Pernambuco – IAP (2020–2022 e 2022–2024). Conselheiro Seccional da OAB/PE (2019–2021).

Hélio Augusto Teixeira Silva
Mestre em Sustentabilidade Socioeconômica e Ambiental pela UFOP. Procurador do Município de Ouro Preto.

Marcela Vila Nova de Almeida Barbosa
Procuradora do Município de Fortaleza. Advogada. Mestranda em Direito e Gestão de Conflitos pela Universidade de Fortaleza (Unifor). Membro da Academia Brasileira de Direito Eleitoral e Político (ABRADEP).

Pablo Freire Romão
Procurador do Município de Fortaleza. Advogado. Mestre em Direito e Gestão de Conflitos pela Universidade de Fortaleza (Unifor). Pós-graduado em Direito Processual Civil pela Universidade de Fortaleza (Unifor). Pós-graduando no LLM Processos e Recursos nos Tribunais Superiores pelo Instituto Brasileiro de Ensino, Desenvolvimento e Pesquisa (IDP). Membro da Associação Norte e Nordeste de Professores de Processo (ANNEP).

Rafael Ramos
Presidente da Comissão de Estudos sobre a Lei de Introdução às Normas do Direito Brasileiro do Instituto Brasileiro de Direito Administrativo (IBDA). Mestre em Direito pela PUC/RS. Procurador Municipal de Porto Alegre.

Robson Soares de Souza
Procurador Efetivo do Município de São Lourenço/MG. Mestre em Direito pela Faculdade de Direito do Sul de Minas. Presidente da Comissão de Direito Público da 19ª Subseção da OAB/MG, gestão 2022/2024.

Valdecir Balbino da Silva
Procurador do Município de Campo Grande/MS. Mestrando em Criminologia. Especialista em Direito Municipal, Criminologia e Psicologia Forense. *E-mail:* balbino.vbs@gmail.com.

Esta obra foi composta em fonte Palatino Linotype, corpo 10,5
e impressa em papel Offset 75g (miolo) e Supremo 250g (capa)
pela Formato Artes Gráficas.